HELGA GFADER

Mit guten Manieren zum Erfolg

HELGA GFADER

Mit guten Manieren zum Erfolg

Knigge für den internationalen Manager

Wirtschaftsverlag Langen Müller/Herbig

Redaktion: KONTURWERK, München
Schutzumschlag: Atelier Bachmann, Reischach
Satz: Fotosatz Völkl, Puchheim
Druck: Jos. C. Huber KG, Dießen
Binden: Großbuchbinderei Monheim
Printed in Germany
ISBN: 3-7844-7332-6

Der Inhalt

Vorwort

Eine geschmackvoll gekleidete, von Kopf bis Fuß gepflegte Frau, ein soignierter Mann in Kleidung, die seine Persönlichkeit unterstreicht und zu seiner Position paßt, sind ein erfreulicher Anblick. Zusammen mit einem taktvollen Benehmen und ebenso perfekten, dem Zeitgeist entsprechenden Umgangsformen, die diese Menschen souverän beherrschen und ebenso sicher in jeder Situation anzuwenden verstehen, ist ihr Selbstbewußtsein und ihre Selbstsicherheit in der Gesellschaft, im Privatleben und genauso im Beruf deutlich erkennbar: Das sichere Auftreten bereitet ihnen keinerlei Schwierigkeiten! Der Erfolg, den sie haben, ist sichtbar!

Es kommt nicht von ungefähr: Zum positiven »ersten Eindruck« – zum äußeren Rahmen – gehört das richtige, taktvolle Verhalten zusammen mit den perfekten wie angenehmen Manieren einfach dazu. Erst ein stilvolles Auftreten in jeder Situation macht aus einer Frau die Dame, aus dem Mann den Herrn! Das »Gewußt wie« spielt dabei eine entsprechend große Rolle.

Doch leider werden gerade diese Kriterien von sehr vielen Menschen nicht wichtig genug genommen, teilweise sogar gänzlich vernachlässigt. Es sind jedoch gerade diese Dinge, auf die es ankommt. Sie sind ein ganz wesentlicher Teil und ein sichtbares Zeichen für die persönliche Kultur jedes Menschen. Wer kultivierte Umgangsformen besitzt, wem Tischmanieren nicht fremd sind, wer die gesellschaftlichen Spielregeln kennt und beachtet, wer seiner Kleidung die nötige Aufmerksamkeit widmet, um damit seine Persönlichkeit zu unterstreichen, den zeichnet sicheres Auftreten aus, dem fällt der tägliche Umgang mit seinen Mitmenschen ganz einfach leichter; der Erfolg rückt in greifbare Nähe. Alle diese Merkmale machen deutlich sichtbar, ob ein Mensch Stil besitzt, ob er persönliche Sicherheit im Auftreten, sei es nun in der Gesellschaft, im Privatleben oder im Beruf, hat oder eben nicht!

Alte Werte werden heute wieder wichtig genommen! Traditionsbewußtsein wird wieder gepflegt. Die Etikette erlebt ihre Renaissance. Wer es versteht, stilvoll und souverän aufzutreten, wer seine Persönlichkeit durch die passende Kleidung ins rechte Licht rückt – wer in jeder Situation durch ein höfliches Benehmen angenehm auffällt, der erscheint glaubwürdig, dem wird Kompetenz zugetraut! Die Frau – der Mann – tut sich, in vielem ganz erheblich leichter und ist den Menschen, die »keine Kinderstube« besitzen, die einen nachlässigen Eindruck machen und durch laxes Verhalten auffallen, in vielen Situationen weit überlegen!

Wohl sind es nicht mehr die Anstandsregeln eines Freiherrn von Knigge, nach denen wir uns zu richten haben. Auch das spanische Hofzeremoniell – über Jahrhunderte wurden die Verhaltensnormen in unserem Kulturkreis danach ausgerichtet – hat sich überlebt. Doch der starke Einfluß, den die französische Etikette einstmals auf unsere Umgangsformen hatte, ist auch heute noch in unserer modernen, aufgeschlossenen Zeit spürbar.

Es gelten gewisse Verhaltensnormen und gesellschaftliche Spielregeln, nach denen wir uns – ohne Einschränkung – zu richten haben. Zwar hat der herrschende Zeitgeist den höflichen Umgang mit anderen Menschen ganz wesentlich beeinflußt und ihm einen Stempel aufgedrückt! Aber trotz allem: Es gibt noch immer Richtlinien und Standards, durch die ein gepflegtes Miteinander erleichtert wird. Und diese Verhaltensnormen sollten wir alle kennen, beherrschen und anwenden!

Es besteht kein Zweifel: Wir leben heute in einer sehr offenen, freien Gesellschaft, die nur mehr wenig gemeinsam hat mit der »geschlossenen, scheinbar intakten Gesellschaft« von früher, in der strenge Sitten und Bräuche das Zusammenleben in geordnete Bahnen lenkten. Doch es wird immer mehr erkennbar: Der moderne Mensch von heute verlangt wieder nach mehr Ordnung, sucht nach einem Griff, um sich festzuhalten, möchte Richtlinien, um sein Leben übersichtlich zu gestalten. Zum einen deshalb, um vor sich selbst mit Anstand und Würde bestehen zu können. Zum anderen ist der Grund darin zu suchen, negative Konfrontationen mit seinen Mitmenschen zu vermeiden. Ethik, Moral und Benehmen sind ein Korsett. Sie haben zwar scheinbar nichts miteinander zu tun, denn selbst ausgezeichnete Manieren können weder die Ethik noch die Moral ersetzen, aber alle drei zusammen sind notwendig, um mit Fairneß anderen Menschen zu begegnen.

Der immer härter werdende Wettbewerb im Geschäftsleben und die geänderte Stellung der Frauen machen es immer wichtiger, sich durch stilvolles Auftreten und das Beachten der Spielregeln private Sympathien und dauerhafte Freundschaften, beruflichen Erfolg und geschäftlichen Vorteil zu sichern.

Die Reisefreudigkeit, das Zusammentreffen mit fremden Kulturen, mit anderen Lebensformen und die zunehmende Internationalisierung der Märkte in einer Welt, die in ihrer ganzen Dimension auf die Geschwindigkeit einer Concorde geschrumpft ist, verlangt nach souveränem und sicherem Auftreten, nicht nur in der gewohnten regionalen Umgebung oder auf nationalem Boden, sondern man muß auch die internationalen Gepflogenheiten kennen, um Tabus nicht zu verletzen. Die Amerikaner bringen es mit folgendem Satz auf den Punkt: »When in Rome do as the Romans do!« – was heißen soll, daß es ungemein wichtig ist, wo immer man sich im Ausland befindet, sich den Landessitten so gut es geht anzupassen, um nicht bestehende Tabus zu verletzen.

Zeitgerechte, moderne Umgangsformen, manierliches Benehmen, einwandfreies Verhalten dürfen sich allerdings nicht allein auf rein gesellschaftliche Zusammenhänge beschränken. Sie müssen ihren festen Platz im Privatleben haben, aber auch im Beruf. In der Wirtschaft, im Geschäftsleben und in der Politik muß diesen Kriterien wieder mehr Beachtung geschenkt werden. Die »Anything goes«-Mentalität der vergangenen Jahre scheint ganz offensichtlich, und das ist gut so, ihr Ende zu erleben.

Mit diesem Buch will ich die unterschiedlichen Bedürfnisse von Menschen in der Gesellschaft, im Privatleben und im Berufsalltag aufgreifen und Ihnen zeigen: Wie können Sie Reibungspunkte vermeiden? Wie verhalten Sie sich richtig in Situationen, in denen es darauf ankommt? Wie gehen Sie mit anderen Menschen richtig um? Welche Etiketteregeln müssen Sie kennen, welche Verhaltensstandards müssen Sie beherrschen, welche Konventionen und Gebräuche müssen Sie anwenden, um nicht als Flegel oder als Frau, die sich nicht zu benehmen weiß, abgestempelt zu werden?

Mit diesem Buch will ich allen helfen, zeitgerechte Umgangsformen kennenzulernen, diese perfekt und selbstbewußt zu beherrschen – sie situationsgerecht, sicher und gewandt anzuwenden.

Mit diesem Buch will ich allen Sicherheit im Auftreten vermitteln und zu größerer persönlicher Souveränität im Umgang mit anderen Menschen verhelfen.

Mit diesem Buch will ich Ihnen zeigen, wie leicht es im Grunde genommen ist, jeden Menschen so zu behandeln, wie Sie und auch er selbst behandelt werden möchten!

Feldkirch, im Juli 1994 *Helga Gfader*

Der Wandel der Werte

Die Höflichkeit, das gute Benehmen, das die Aristokratie einst pflegte und das sich die Bürger dann zu ihrer Selbstau+fwertung angeeignet haben, das ist unserer Gesellschaft ganz offensichtlich, zum Großteil verlorengegangen.

Schuld am Wertewandel haben die gesellschaftlichen Veränderungen, die während der letzten Jahrzehnte immer intensiver unser Leben beeinflußten. Damit verbunden war eine allzu freizügige, antiautoritäre Erziehung, die jeglichen Zwang, jede Regel ablehnte. Bis dahin gültige Verhaltensregeln wurden als spießig und hoffnungslos veraltet angesehen, und ehemals traditionelle Verhaltenskodexe der Gesellschaft wurden von einem Tag zum anderen als vollkommen überflüssig betrachtet. Es kommt also nicht von ungefähr, daß es gerade den Vertretern der »68er« Generation an kultivierten Umgangsformen fehlt. Doch nicht nur die nun den Kinderschuhen entwachsenen VertreterInnen dieser Altersstufe haben so ihre Schwierigkeiten mit den gültigen Anstandsregeln. Auch die »Turnschuhgeneration« der achtziger Jahre ist scheinbar ohne gute Kinderstube aufgewachsen. Und sie trägt nicht unwesentlich mit dazu bei, daß gepflegte Umgangsformen so selten geworden sind.

Mitgeprägt wurde der Wandel der Werte mit Sicherheit durch den rasanten Konjunkturaufschwung, der uns einen bis dahin nie gekannten Wohlstand brachte. Wir konnten uns alles leisten, was mit Geld zu bezahlen war. Damit einher ging eine Freiheit, an die die Generationen vorher nicht einmal in ihren kühnsten Träumen zu denken gewagt hätten. Alles war plötzlich erlaubt, alles war möglich! Die Folge davon war eine allzu große Leichtfertigkeit quer durch alle gesellschaftlichen Schichten. Bis dahin geltende Tabus fielen. Aufgeschlossenheit wurde demonstriert, doch die dafür notwendige Toleranz fehlte.

Gerade in den erwähnten Faktoren mag die Schuld zu suchen sein, daß die Verhaltensregeln heute immer weniger beachtet werden und daß es nur mehr relativ wenige Menschen gibt, die mit wirklich gutem Benehmen angenehm auffallen.

Doch langsam verliert das Spiel ohne Regeln seinen Reiz. Der laxe Umgang, den viele Menschen untereinander pflegen, wird immer mehr zur Belastung für uns alle. Immer mehr Menschen merken, daß es kein Gewinn war, alle alten Anstandsregeln über Bord zu werfen, die Verhaltensnormen der Gesellschaft nicht mehr wichtig zu nehmen. Gedankenloses Tun, ungehobeltes Betragen und Rücksichtslosigkeit belasten das menschliche Miteinander. Sie sind mitverantwortlich für fehlende Liberalität und mitschuld an der zunehmenden Aggressivität.

Mit einigen Beispielen will ich versuchen, dies näher zu erklären:

Nicht jeder empfindet reine Freude daran, wenn er von einem wildfremden Menschen geduzt wird! Das in unserem Kulturkreis übliche Sie dient als Distanzhalter, der erst dann überschritten werden darf, wenn sich eine freundschaftliche, vertrautere Beziehung aufgebaut hat.

Immer mehr Menschen ärgern sich darüber, wenn beim sommerlichen Spaziergang durch eine Stadt, beim Einkaufsbummel oder im Restaurant, beim Besuch von Museen und Ausstellungen, ja selbst in Kirchen halbnackte, transpirierende Frauen und Männer diese Orte mit einem Strandbad verwechseln. Das natürliche Ästhetik-Empfinden wird durch dieses freizügige Zurschaustellen ungemein gestört.

Und niemand freut sich, wenn der Anrufer am Telefon es nicht für nötig empfindet, seinen Namen zu nennen, und es erst der Nachfrage: »Bitte wer spricht?« bedarf, um dieses zu erfahren. Oder wenn jemand bei einer falschen Verbindung, die jedem von uns passieren kann, einfach wortlos den Hörer auflegt.

Die »Anything goes«-Libertinage, die uns die Blumenkinder der »Sixties«, die antiautoritäre Erziehung der »68er-Generation« bescherten, scheint – hoffentlich endgültig – der Vergangenheit anzugehören.

Die Erkenntnis, daß der Gebrauch kultivierter Umgangsformen das menschliche Miteinander erleichtert und angenehmer macht, setzt sich immer stärker durch. Immer mehr Menschen stellen fest, daß durch gute Manieren das sichere Auftreten verbessert, der berufliche und gesellschaftliche Erfolg erleichtert wird.

Gepflegtes Benehmen, gewandte Umgangsformen haben jedoch nichts mit Anpassung, berechnender Taktik und Karrieresucht zu tun. Ganz im Gegenteil: Ein Mensch mit korrekten Umgangsformen besitzt auch Toleranz und berücksichtigt in jeder Situation die Gefühle seiner Mitmenschen. Er vermeidet Egoismus und stellt seine eigenen Wünsche nicht in den Vordergrund. Ein solcher Mensch besitzt daher Repräsentationsqualitäten und Verhandlungsgeschick, er ist zuverlässig, verantwortungsbewußt – ein angenehmer, gerne gesehener Partner ohne Allüren.

Der Mensch als Persönlichkeit gerät wieder in den Blickpunkt des Interesses, daher werden auch Werte wichtig: Sie sind es, die einen großen Teil der persönlichen Kultur des Menschen ausmachen. Die Art und Weise des Miteinander-Umgehens wird hauptsächlich von den Umgangsformen, dem Benehmen, der Höflichkeit bestimmt. Und die wiederum sind der unmittelbare Ausdruck, wie man sein Gegenüber einordnet, wie man vom Gegenüber gesehen werden möchte. Mitbeteiligt daran, das darf nicht übersehen werden, ist natürlich auch die Art, wie der Mensch sich kleidet. Das Outfit des einzelnen, die Abstimmung von Form, Farbe, Stil auf seine Persönlichkeit, seine Position ist mitverantwortlich für einen positiven Eindruck. Zusammen mit seinem Verhalten, seinen Umgangsformen demonstriert er seinen Wert und wird dadurch auch als einzigartige Persönlichkeit wahrgenommen.

Wir erleben eine Renaissance der Werte; Höflichkeit wird wieder praktiziert. Etikette und Verhaltensregeln werden wieder wichtig genommen. Das Beherrschen zeitgerechter Umgangsformen, korrekter Manieren, eine gekonnte Selbstpräsentation, unterstrichen durch die passende Kleidung, wird als Zeichen der Selbstaufwertung erkannt und gilt immer mehr als taugliches und vor allem wichtiges Mittel einer persönlichen Individualisierungsstrategie.

Wer sich mit diesem Thema befaßt, wird rasch bemerken, daß Höflichkeit und Manieren der Ausdruck einer inneren Haltung sind und sich dadurch je nach Situation verschieden äußern. Die zeitgerechten Umgangsformen sind zwanglos, ehrlicher, freier geworden, sie lassen sich von jedem erlernen, der darauf Wert legt. Sie haben nichts mehr gemeinsam mit den starren Anstandsregeln, den verklemmten Verhaltensvorschriften vergangener Epochen.

Der gekonnte Umgang mit den gesellschaftlichen Spielregeln macht aus jeder Person eine einzigartige Persönlichkeit. Einwandfreies Benehmen, tadellose Umgangsformen bis hin zur genauen Beachtung der modernen Etikette sind wichtige Bestandteile für ein tadelloses, stilvolles Verhalten, auf das immer mehr geachtet wird. Die richtig ausgewählte, mit Stilgefühl und Ästhetik subtil auf die Persönlichkeit abgestimmte Bekleidung, die zudem der Position des Trägers entspricht, ermöglicht demjenigen, der die Bedeutung eines passenden Äußeren für den »ersten Eindruck« kennt, Selbstaufwertung und Abgrenzung.

Diese Merkmale sind es, die für eine subtile Ego-Inszenierung notwendig sind und die jedem Menschen, der sie beachtet, den Zugang zu höheren Ebenen erleichtern. Diese Attribute sind daher auch beteiligt daran, ob das persönliche Image positiv oder eben negativ wahrgenommen wird. Sie sind entscheidend mitverantwortlich für die Harmonie und den Erfolg im gesellschaftlichen, privaten und beruflichen Bereich. Korrektes Verhalten steht in engem Zusammenhang mit einem sicheren Auftreten. Gemeinsam sind sie daher wichtige Instrumente zur Erreichung eines positiven Image, für eine positive Stellung in der Gesellschaft.

Aber noch etwas ist von großer Bedeutung: die richtige Einschätzung, das feine Gespür für das Machbare. Fingerspitzengefühl für die jeweilige Situation ist wichtig. Aber alle diese Charakteristiken lassen sich nicht so einfach in Regeln fassen! Denn Regeln sind im Grunde genommen nur Anhaltspunkte, Empfehlungen, dürfen jedoch niemals ein starres »Muß« sein!

Korrekte Umgangsformen – Zeichen persönlicher Kultur

Gute Manieren und korrekte Umgangsformen, noch vor Jahren hat man sie als verstaubte Relikte feudalistischer Zeiten beiseite geschoben. Heute erkennt man in ihnen einen elementaren Bestandteil für das Verhalten einer zivilisierten Gesellschaft, auf den immer weniger Menschen verzichten möchten.

Allerdings sind gute Manieren nicht erst dann notwendig, wenn man eine Führungsposition erreicht hat, wenn man einen entsprechenden Rang im öffentlichen Leben einnimmt und in der Gesellschaft eine Rolle spielt.

Gepflegtes Benehmen, der bewußte Umgang mit anderen Menschen ist immer wichtig und gilt für alle und jeden. Korrektes Verhalten in jeder Situation, gleichgültig ob man sich in den eigenen »vier Wänden« befindet, in einem Restaurant mit Freunden ißt, in der Bahn fremden Menschen gegenübersitzt oder im Ausland seine Geschäfte erledigt oder einen Urlaub verbringt, verrät Niveau, echte Bildung und persönlichen Stil.

Man muß erkennen, daß gute Manieren und korrektes

Verhalten ein Zeichen persönlicher Souveränität sind und man durch sie den Respekt vor anderen Menschen zum Ausdruck bringt. Genaugenommen sind gepflegte Umgangsformen nichts anderes als ein Ausdruck von Achtung dem anderen gegenüber, ein Zeichen von Menschlichkeit. Und allein darauf kommt es an!

Verhaltenserwartungen erfüllen

Jeder von uns hat, wenn man es genau betrachtet, täglich mehrere und oft sehr vielfältige Rollen zu erfüllen. Maßgeblich daran beteiligt sind die Lebensumstände, in denen sich der einzelne befindet.

So kann innerhalb nur eines Tages ein und derselbe Mann im Privatleben Ehepartner und Vater sein. Tagsüber übt er seinen Beruf aus und wird vielleicht für die Geschicke eines Unternehmens Verantwortung tragen – abends wird er seinen Gastgeberpflichten gerecht zu werden versuchen oder seine gesellschaftliche Rolle ausfüllen. Es sind also jeweils ganz unterschiedliche, variable Verhaltenserwartungen, und die jeweilige Reaktion wird abgestimmt sein auf die entsprechende Rolle, die er gerade verkörpert.

Eine Frau, die ihren Beruf mit Engagement ausübt, daneben ihren Partner bei wichtigen öffentlichen Repräsentationsaufgaben unterstützt, nebenbei ihrer Aufgabe als Ehefrau und Mutter gerecht zu werden versucht, einen anspruchsvollen Haushalt führt und trotz vielfacher Belastung eine genauso perfekte wie charmante Gastgeberin ist, muß noch wesentlich mehr Rollen gerecht werden wie ein Mann. Die Verhaltenserwartungen, die an sie gestellt werden, sind erheblich größer. Viele Frauen erfüllen sie mit Charme, Einfühlungsvermögen und Flexibilität.

Jeder von uns stellt in den meisten Fällen seine Verhaltensweisen ganz *unbewußt* auf die jeweils gegebene Situation ein. Allerdings trifft das hauptsächlich auf solche Gelegenheiten zu, die in unserem Alltag immer wiederkehren. Alles, was außerhalb der Routine von uns erwartet wird – Anlässe, die für uns neu sind –, da werden und müssen wir uns *bewußt* darauf einstellen.

Zu diesen Verhaltenserwartungen, die wir erfüllen müssen, gehören auch die Regeln für den höflichen Umgang miteinander. Bis auf ganz wenige Standardmuster sind diese gleichermaßen rollen- wie situationsabhängig. Niemand von uns kann sich überall und zu jedem Zeitpunkt gleich verhalten – es sei denn, er legt es darauf an, aufzufallen oder anzuecken.

So ist es beispielswiese in unserem Kulturkreis üblich, nach einer ausgezeichneten Theateraufführung den Schauspielern Beifall zu spenden! Es käme dagegen wohl niemandem von uns in den Sinn, nach einer herzergreifenden Trauerrede zu klatschen – es wäre mehr als deplaziert, und alle Anwesenden wären peinlich berührt.

Oder nehmen wir an, jemand würde den Hotelportier, der ihm diensteifrig die Tür zur Hotelhalle öffnet, per Handschlag begrüßen. Genauso verkehrt wäre es allerdings auch, wenn der Mitarbeiter einer Bank im Büro seine Kunden empfängt und statt korrekter Geschäftskleidung im saloppen Jogginganzug und in Turnschuhen erscheint.

Beispiele, die mangelnde Übereinstimmung zwischen dem Verhalten und der allgemeinen Verhaltenserwartung zeigen, gibt es unzählige. Es wird kaum jemand, der die Höflichkeitsregeln kennt, sich in dieser Form lächerlich machen und sich dadurch selbst ins »Abseits« stellen.

Gepflegtes Benehmen ist Ausdruck einer inneren Haltung, die sich immer der aktuellen Situation anpaßt. Die zeitgemäßen Umgangsnormen, die Formen des Verhaltens sollen anpassungsfähige Vorgaben sein, die nicht mit starren und sturen Benimmvorschriften verwechselt werden dürfen, die unbedingt einzuhalten sind.

Die skeptische Frage vieler, ob sich die Formen und Normen im Umgang mit anderen Menschen nicht überlebt haben, ist durchaus berechtigt. Unsere Gesellschaft hat grundlegende Wandlungen und tiefgreifende Veränderungen durchgemacht. Die Gesellschaft, der Beruf, das Verhältnis zwischen den Geschlechtern, aber auch die soziale Hierarchie – das alles ist nicht mehr vergleichbar mit der scheinbar festgefügten Welt früherer Jahre und Jahrhunderte.

Unser Lebensstil, vor allem der unserer Jugend, das Verhalten untereinander und miteinander ist anders geworden. Die gesellschaftlichen Spielregeln, die Manieren wurden dadurch beeinflußt und verändert. Leider nicht unbedingt zum Vorteil. Die Mobilität und die Reisefreudigkeit haben den Umgang miteinander geprägt. Wir haben andere Kulturen kennengelernt. Die Sitten anderer Länder, die sich von unseren Vorstellungen deutlich unterscheiden, haben wir uns teilweise angeeignet. Der »American way of life« beispielsweise hat nur zu deutliche Spuren hinterlassen.

Erfreulicherweise beginnt langsam ein Umdenken. Besonders die jüngere Generation bemerkt, daß es bestimmter Normen und Regeln bedarf, um das Zusammenleben einfacher zu machen. Sie hat erkannt, daß die gesellschaftlichen Spielregeln mithelfen, das Miteinander reibungsloser zu gestalten. Gepflegtes Benehmen, zeitgerechte Umgangsformen sind Verhaltensmuster, die es zu erlernen und anzuwenden gilt. Doch diese erfordern Gespür für Menschen und Situationen, für Mögliches und Unmögliches. Takt, Toleranz, Höflichkeit und Lebensart oder »Savoir vivre«, wie es die Franzosen nennen, sind wieder gültige Prinzipien zwischenmenschlicher Beziehungen. Mit dieser Grundeinstellung sind die modernen Verhaltensregeln eine wertvolle Orientierungshilfe und tragen dazu bei, das Zusammenleben der Menschen leichter, angenehmer zu machen.

Bewahren Sie Distanz

Die Grenzen des Erträglichen zu sprengen, die Grenzen des Erlaubten zu überschreiten, dem anderen zu nahe zu kommen, das galt schon immer als Zeichen von schlechten Manieren.

Den persönlichen Freiraum eines Menschen zu verletzen, sein Bedürfnis nach Abstand nicht zu beachten, seine Grenzen unaufgefordert zu überschreiten, das wird selbst in unserer modernen, freizügigen Gesellschaft als sehr unhöflich angesehen.

Jeder, der die Grenzen des anderen mißachtet, gibt deutlich zu erkennen, daß seine Kinderstube nicht die beste war. Wie oft passiert es, daß man von einer völlig fremden Person einfach mit »Du« angesprochen wird? Wie oft kommt es vor, daß beispielsweise ein Verkäufer, eine Verkäuferin im Modegeschäft dem Kunden ohne Einwilligung das Kleidungsstück zurechtzupft? Gutgemeinte Hilfestellung auf der einen Seite, doch massive Ablehnung auf der anderen Seite ist die Folge. Denn was als Hilfe und Zuvorkommenheit gedacht war, empfindet der Kunde sehr oft als Eingriff in seine Intimsphäre.

Stellen Sie sich doch einmal vor, wie Sie sich fühlen und wie Sie reagieren, wenn Sie in einer überfüllten Straßenbahn dichtgedrängt zwischen vielen völlig unbekannten Menschen stehen. Was tun Sie, wenn Ihre persönliche Bewegungsfreiheit eingeschränkt wird?

Ein weiteres Beispiel: Sie treffen zufällig eine ehemalige Arbeitskollegin, zu der Sie nie einen besonders freundschaftlichen Kontakt hatten. Sie kommt auf Sie zu, breitet ihre Arme aus und begrüßt Sie mit Bussi-Bussi. Wie verhalten Sie sich in diesem Fall?

Jeder Mensch reagiert in einer solchen Situation anders. Die einen machen sich breit, schaffen sich Platz. Andere wiederum versuchen sich so klein und schmal wie nur möglich zu machen. Einige schauen in die Luft, um jedem Blickkontakt mit dem Gegenüber auszuweichen. Andere dagegen senken ihren Kopf, um so das Visavis nicht anschauen zu müssen. Das sind körpersprachliche Reaktionen, die völlig unbewußt passieren. Sie verdeutlichen unser Unbehagen und helfen, jeden möglichen Kontakt zu etwas uns Fremdem zu verhindern.

Die höfliche Art des Miteinander-Umgehens, die gegenseitige Achtung ist es, die einen gepflegten Menschen von einem Flegel unterscheidet! Wer gute Manieren besitzt, wird, wann immer es möglich ist, versuchen, die persönlichen Grenzen des anderen zu erkennen! Er wird sich bemühen, das Bedürfnis nach Distanz nicht zu verletzen, wird ganz selbstverständlich den Freiraum jedes Menschen, mit dem er zu tun hat, beachten und diesen auch akzeptieren. Denn daraus resultiert die gegenseitige Achtung, die positive Art des Miteinander-Zurechtkommens.

Wer von uns hat sich denn nicht schon oft unbehaglich gefühlt, wenn ihm eine fremde Person zu nahe gekommen ist? Wenn uns jemand, den wir nicht kennen, der uns vielleicht gar nicht sonderlich sympathisch ist, berührt? Wie oft ist es uns schon passiert, daß wir von einem Gegenüber unwillkürlich einen, vielleicht auch mehrere Schritte abgerückt sind? Wer ist nicht irritiert, wenn er bemerkt, daß der Gesprächspartner etwas zurückweicht? Situationen, die täglich passieren, die immer wieder vorkommen und die damit zu tun haben, daß die persönliche Distanz nicht beachtet wird, daß wir vielleicht auch selbst, meistens ganz unbewußt, die Grenze zum anderen überschritten haben.

Verhaltensforscher haben herausgefunden, daß Menschen sehr unterschiedliche, je nach Situation variable Distanzzonen besitzen, die sie in den meisten Fällen völlig unbewußt und vielfach automatisch gegenüber anderen Menschen verteidigen. Der räumliche Abstand, den man zu seinem Gegenüber einnimmt, wird folgendermaßen berechnet:

Die *intime Distanz* – naher Körperkontakt bis zu einem Abstand von etwa 60 Zentimeter.

Nur Menschen, die wir mögen, die wir sehr gut kennen, lassen wir so nahe an uns heran – Partner/Kinder/Eltern/Freunde usw.

Die *persönliche Distanz* – hier beträgt der Abstand bis etwa 120 Zentimeter.

Beim Händereichen, bei der Begrüßung wird dieser Abstand eingenommen.

Die *gesellschaftliche Distanz* – der Abstand beträgt hier bis zu etwa zwei Meter.

Es ist die Abwartehaltung, wird also bei Menschen eingenommen, die sich nicht kennen – z. B. bei einer Unterhaltung zwischen mehreren Personen.

Die *öffentliche Distanz* – dieser Abstand beträgt mehrere Meter. Er kommt z. B. bei Ansprachen vor – »Rednerdistanz« zwischen Vortragendem und Publikum.

Am Beispiel des bei uns üblichen Begrüßungsrituals können wir erkennen, ob unsere Grenzen von anderen Personen respektiert werden oder ob diese unser Bedürfnis nach Distanz nicht beachten. Normalerweise kommen sich zwei sich die Hände reichende Personen bis auf etwa 80 Zentimeter nahe. Als Basis dafür gilt der etwas abgewinkelte, leicht vorgestreckte rechte Arm.

Wie oft kommt es vor, daß beispielsweise ein Fremder oder ein nicht so gut Bekannter bereits mit weit ausgestreckter Hand auf uns zukommt. Er ergreift unsere hingehaltene Hand, schüttelt sie kräftig und macht keine Anstalten, sie wieder loszulassen, oder er zieht uns nahe an sich heran. Solch eine Begrüßung empfinden viele Menschen als äußerst unangenehm. Einige lassen diese besitzergreifende Geste, widerwillig zwar, über sich ergehen. Andere dagegen versuchen, sich irgendwie davon zu befreien.

Wie oft kommt es vor, daß jemand, den wir kaum kennen, seinen Arm auf oder gar um unsere Schulter legt? Über eine solch plumpe Vertraulichkeit ist fast jeder konsterniert und wird auf irgendeine Art versuchen, sich davon zu befreien.

Das Unbehagen über die Nichtbeachtung des Distanzbereiches wird sich nur sehr selten verbal äußern. In den meisten Fällen sind es körpersprachliche Hinweise, durch die sich das dabei empfundene Mißfallen mitteilt.

Um auf Distanz zu gehen, weicht jemand einen, vielleicht auch mehrere Schritte zurück, ein deutliches Zeichen des Unbehagens, das aussagt: »Du bist mir zu nahe gekommen!« Andere wiederum drehen den Kopf zur Seite, heben ihn in die Höhe und schauen dabei demonstrativ nach oben. Es kann auch sein, daß jemand, der sich bedrängt fühlt, den Oberkörper zurückneigt oder sich gar abwendet.

Ist es Ihnen nicht auch schon aufgefallen, daß jemand, den Sie mit Handschlag begrüßen wollten, Ihnen seinen Arm ausgestreckt entgegenreichte oder daß er den Arm steif machte? Mit diesen Reaktionen versucht die betreffende Person, sich den nötigen persönlichen Abstand zu verschaffen, den sie für ihr Wohlbefinden braucht.

Ganz anders sind die körpersprachlichen Reaktionen jedoch dann, wenn das jeweilige Gegenüber einen positiven »ersten Eindruck« auf uns macht, wenn der oder die Betreffende als sympathisch empfunden wird. Die Nähe zu dieser Person wird nicht als unangenehm empfunden, ganz im Gegenteil: Oft wird der Abstand Schritt für Schritt verringert. Man kommt sich näher.

Es gibt, wie Sie sicher erkannt haben, unzählige Arten, sich Abstand und Platz zu verschaffen, und jede Person gibt der anderen unbewußt Hinweise dafür, ob ihr etwas angenehm ist oder ob sie mit dem, was mit ihr passiert, doch nicht einverstanden ist.

Wer zeigen will, daß er versteht, mit anderen Menschen gewandt umzugehen, wer als Mensch mit Manieren erkannt werden möchte, muß deshalb lernen, diese meist unbewußten Hinweise des jeweiligen Gegenübers richtig zu deuten. Und was natürlich auch wichtig ist, er muß diese Signale unbedingt beachten und akzeptieren.

Körpersprache – Gestik – Mimik

»Wir verwenden Zeit und Energie, um neben unserer Muttersprache noch weitere Sprachen zu erlernen. Doch die Körpersprache ist für uns im Laufe der Zeit zu einer Fremdsprache geworden. Fremdsprachen müssen nicht unbedingt gelernt werden, doch wir kommen weiter, d. h., wir werden uns in vielem leichter tun, wenn wir uns bemühen, sie zu beherrschen und zu verstehen!« Diese Worte stammen von dem großen Pantomimen Samy Molcho, Professor am weltberühmten Max-Reinhardt-Seminar in Wien. Er ist wohl der fachlich kompetenteste Lehrmeister, wenn es um Körpersprache geht. Er war es auch, der sagte: »Was wir sind, sind wir durch unseren Körper. Der Körper ist der Handschuh unserer Seele, seine Sprache sind die Worte des Herzens!« Wie recht er mit diesen Aussagen hatte, beweist u. a. auch die Tatsache, daß in unzähligen Management-, Verkaufs- und Kommunikationsseminaren dem Thema Körpersprache schon seit längerem besonders viel Zeit gewidmet wird.

Es stimmt wirklich: Die Körpersprache sagt mehr über unsere Empfindungen aus, als wir ahnen. Jede innere Bewegung, Gefühle und Emotionen drücken sich, bevor wir diesen durch Worte Ausdruck geben können, durch unseren Körper aus. Die Sprache des Körpers ist eine ehrliche Sprache, die kaum manipuliert werden kann. Es ist auch niemandem möglich, sich des Kommunikationsmittels Körpersprache zu entziehen. Ganz zu schweigen davon, daß es auch niemandem gelingt, sie zu unterdrücken.

Unser Körper sendet laufend, unbewußt und intuitiv, durch die Haltung, durch Gebärden von Händen und Armen, durch das Mienenspiel unzählige Signale und Botschaften aus, die wichtige Informationen über unser Inneres, die Einstellung, über unser Wohlbefinden oder die Abwehr geben. Ein Blick, das leichte Lächeln, ein zustimmendes Nicken oder ein energisches Schütteln des Kopfes; eine wegwerfende Handbewegung oder der feste Händedruck sagen dem, der es zu deuten versteht, mehr als tausend Worte.

Wie bei jeder Form der Kommunikation kann man auch von der Körpersprache immer zwei Dinge ablesen: Frage und Antwort, Tun und Lassen, Wirkung und Gegenwirkung. Gepflegtes Benehmen und korrekte Umgangsformen stehen in engem Zusammenhang mit der Körpersprache, drücken sich auch durch Mimik oder Gestik aus.

Lernen Sie zunächst einmal, Ihre eigenen körperlichen Ausdrucksformen zu erkennen. Fangen Sie damit an, sich selbst zu beobachten. Stellen Sie sich vor einen Spiegel, und stellen Sie sich verschiedenste Situationen vor, versuchen Sie, sich bewußt zu werden, welchen Gesichtsausdruck, welche Bewegungen Sie dabei erkennen lassen. Schritt für Schritt gelingt es Ihnen dadurch, sich auf Ihre Kommunikationspartner einzustellen. Die Haltung des Körpers gibt Ihnen wertvolle Hinweise auf den Verhaltensstandard, und die Ausdrucksform des Körpers ermöglicht Ihnen, erste Anhaltspunkte zu bekommen, welche Umgangsformen, welchen Stil das Gegenüber anwendet. Es gelingt Ihnen aber auch, Ihre eigene Selbstsicherheit zu optimieren, Ihr persönliches Auftreten zu vervollkommnen.

Beginnen wir bei der Mimik: Ein undurchdringliches Pokerface verrät anderen, daß man bewußt versucht, jede innere Regung zu verbergen. Sympathisch wirkt man dagegen, wenn ein von Herzen kommendes Lächeln das Gesicht freundlich erscheinen läßt. Lernen Sie, Ihren Gesichtsausdruck zu kontrollieren, und fangen Sie gleichzeitig an, in den Gesichtern Ihrer Gesprächspartner zu lesen.

Die *Augen* gelten als Spiegel der Seele. Überprüfen Sie einmal die verschiedensten Formen des Augenausdrucks. Wie sehen Sie aus, wenn Sie z. B. glücklich, traurig, interessiert, erstaunt, gelangweilt usw. dreinschauen? Gelingt es Ihnen, Ihrem Gegenüber direkt in die Augen zu schauen, Blickkontakt zu halten? Dadurch beweisen Sie Interesse und erwecken Vertrauen. Wenn Sie jedoch vermeiden, dem Gegenüber in die Augen zu schauen, Ihre Augen senken oder zur Seite blicken, verrät das unter anderem mangelndes Selbstbewußtsein, aber auch Angst oder Unehrlichkeit. Verständlicherweise machen Sie einen schlechten Eindruck, erzeugen Mißtrauen und signalisieren Schwäche.

Der *Mund* kann ebenfalls ein Gradmesser für die persönliche Einstellung sein. Beobachten Sie aufmerksam, wie sich Ihr Mund verzieht, wenn Sie lachen. Daran läßt sich erkennen, ob das Lachen von Herzen kommt und ehrlich gemeint ist oder ob es spöttisch, falsch, nervös oder gar unehrlich ist. Versuchen Sie gemeinsam mit Ihrem Partner gegenseitig verschiedene körpersprachliche Ausdrucksarten. Interpretieren Sie diese.

Auch die *Nase* kann als perfekter Indikator angesehen werden, wenn es darum geht, durch die Körpersprache Hinweise zu senden und zu empfangen. Abgesehen vom Rümpfen der Nase, das Widerwillen nur zu deutlich erkennbar macht, sind es noch viele andere Gesten, die sich unzweideutig über die Nase mitteilen. Reiben Sie sich nicht auch manchmal mit dem Finger die Nase?

Das Spiel der *Hände* ist das wohl lebendigste Potential der Körpersprache. Die Art und Weise, wie Sie Ihre Hände in bestimmten Situationen bewegen oder im Zügel haben, wie Sie diese in Ruhestellung halten. Man kann die Hände aber auch dazu verwenden, seine Worte mit Gesten zu untermalen oder Aussagen zu bekräftigen. Möglich ist es natürlich auch, die Arme vor dem Körper zu verschränken. Die Hände geben den wohl sichersten Eindruck von Ihrem Verhalten und Ihrem Charakter.

Vielen Menschen bereitet die Haltung ihrer Hände beim Gehen und noch mehr beim Stehen Schwierigkeiten. Wie oft kann man erkennen, daß das Gegenüber krampfhaft damit beschäftigt ist, seine Hände irgendwie zu plazieren. Die Art, wie die Hände vielfach gehalten werden, wirkt jedoch auf den Betrachter oftmals irritierend, ja sogar peinlich. So können Hände, die hinter dem Rücken gehalten werden, dem

Gegenüber das Gefühl geben, der andere hat etwas zu verbergen. Gerade Frauen reagieren sehr oft verlegen, wenn ein Mann seine Hände unter dem Bauch ineinander verschränkt oder übereinanderlegt, so als wolle er seine »Männlichkeit« schützen oder die Blicke dorthin lenken.

Ein nahezu unerschöpfliches Thema: *Hände in den Hosentaschen.* Doch trotz Liberalisierung der Umgangsformen erlauben es auch die modernen Etiketteregeln nicht, die Hände bei jeder sich bietenden Gelegenheit in den Hosentaschen verschwinden zu lassen. Besonders bei der Begrüßung gilt das als Ausdruck unkultivierten Verhaltens und ist nach wie vor tabu. Bei geschäftlichen oder offiziellen Anlässen ist die Hand in der Hosentasche ein Zeichen dafür, daß der Betreffende keine gute Kinderstube hatte.

Allerdings bei der lockeren Unterhaltung, auch mit einer »höhergestellten« Person, beispielsweise auf Partys, darf ruhig einmal die eine oder die andere Hand in der Hosentasche Zuflucht suchen. Die modernen Verhaltensnormen deuten die Hand in der Tasche des Mannes oder in der Jacke einer Frau durchaus als freundliche Geste, die aussagen will: Ich fühle mich hier wohl, ich führe mit meinem Gegenüber ein entspanntes Gespräch, der lockere Small talk gefällt mir.

Hält jedoch ein Anwalt sein Plädoyer, ein Politiker eine Rede im Parlament oder vor seinen Wählern und lehnt dabei, die Hand lässig in der Hosentasche versteckt, am Rednerpult, so empfinden die meisten Zuhörer dieses Verhalten als inkorrekt und stillos.

Auch die *Beine* geben dem Betrachter körpersprachliche Hinweise. So signalisiert ein fester Stand (wenn die Beine etwa zwei Fußbreit auseinanderstehen) Sicherheit und Stimmigkeit. Dagegen verraten Füße, die nicht ruhig stehen können, Ungleichgewicht und Nervosität.

Selbst der *Gang* eines Menschen kann viel aussagen. Ist er zügig und forsch, so kann er einem Gewinner zugeordnet werden. Der typische Verlierer ist dagegen an einem eher langsamen und schleppenden Gang zu erkennen. So wird dieser auch eher durch kleine, trippelnde Schritte seinen zaghaften, introvertierten Charakter zeigen, während der andere mit großen, weitausholenden Schritten den besten Beweis für Selbstsicherheit und impulsives Verhalten liefert.

Besitzen Sie Takt?

Takt ist die Grundlage jedes korrekten Benehmens und ein sicheres Zeichen für Herzensbildung, Toleranz und Feinfühligkeit. Die Konventionen, mit denen wir leben, sind verantwortlich für das reibungslose Miteinander. Gepflegtes Benehmen erleichtert den Umgang zwischen den Menschen, und das Taktgefühl läßt unsere Bereitschaft erkennen, die gültigen Regeln zu achten, anzuerkennen und danach zu leben.

Jeder Mensch hat seine Schwächen, und kaum jemand kann von sich sagen, keine »wunden Punkte« zu besitzen. Wer jedoch Einfühlungsvermögen und Fingerspitzengefühl besitzt, wird versuchen, sich bei jeder Gelegenheit in die Lage des Mitmenschen zu versetzen, wird sensibel die Fehler und Schwächen des anderen zu erkennen versuchen, ohne jedoch diese gegen ihn auszuspielen oder vor anderen breitzutreten.

Unser Leben ist nicht nur, wie viele fälschlicherweise glauben, ein Wettlauf um Macht, Erfolg und Geld. Wer das erkennt und beachtet, wird sich selbst zu mehr Toleranz erziehen, wird sich bemühen, seine Mitmenschen zu achten, seine Konkurrenten nicht fertigzumachen, wird sogar versuchen, einen ihm nicht gerade sympathischen Menschen taktvoll zu behandeln.

Sicher, Taktlosigkeiten können immer wieder vorkommen. Wer kann denn von sich schon sagen, daß er noch nie, ohne es zu wollen, in ein »Fettnäpfchen getreten« ist, und wer kennt nicht das ungute Gefühl danach? Wer aber weiß, was sich gehört, und wem Takt wichtig ist, der weiß genau, wie er sich zu verhalten hat: Eine unverzügliche Entschuldigung und die aufrichtige Bitte um Verzeihung sind oberstes Gebot. Daneben sollte man sich seinen Fauxpas fest ins Gedächtnis einprägen, damit man nie wieder in eine solche, für alle Beteiligten ungute Situation gerät.

Wie vieles andere kann man sich auch Takt aneignen und sich zu Toleranz erziehen. Wem angenehme Umgangsformen wichtig sind, der wird erkennen, daß diese Eigenschaften unbedingt dazugehören und daß ein gepflegtes Benehmen ohne Takt und Toleranz nicht auskommt.

*»Behandle dein Gegenüber immer so,
wie du selbst behandelt werden möchtest!«*

Wer zu dieser Erkenntnis gelangt und sich daran hält, tut sich in vielem ganz einfach leichter!

Persönlicher Stil

Stil zu besitzen, das bedeutet im allgemeinen Sprachgebrauch »Klasse zu haben«. Noch nie wurde das Wort Stil mehr strapaziert als gerade heute, und das amerikanische Wort »Lifestyle« ist uns allgegenwärtig. Doch es wäre zu simpel, diesen Ausdruck einfach mit dem deutschen Wort Lebensstil zu übersetzen. Lebensstil bezeichnet vor allem unsere innere Einstellung. Lebensstil, das bedeutet Lebensform, Lebenswandel, Lebenskunst. Stil, das ist persönliche Kultur, persönliche Bildung, persönliches Verhalten, Format. Stil ist daher richtungweisend für die Lebensweise eines Menschen in seinem näheren Umfeld, in einer bestimmten Region und der jeweiligen Zeit.

Stil wird primär geprägt durch unsere eigene Person, sekundär durch unser soziales Umfeld. Mitverantwortlich ist natürlich der jeweilige Zeitgeist, die Mode, die Kleidung. Aber auch die überlieferten Bräuche und die herrschenden

Sitten, das situationsangepaßte Verhalten, der Sprachgebrauch, die jeweiligen Normen und Formen des Umgangs und natürlich die gültigen Spielregeln der Gesellschaft prägen das stilvolle Verhalten. Wer Stil besitzt, unterstreicht seine Persönlichkeit durch die richtige Kleidung, wählt sein Äußeres passend zur Gelegenheit. Wer Stil hat, betreibt Understatement. Ein Mensch mit Stil wird sich immer situationsgerecht verhalten, er besitzt korrekte, zeitgerechte Umgangsformen, und er weiß mit den gesellschaftlichen Spielregeln perfekt umzugehen.

Wie oft sagt man anerkennend: »Dieser Mensch hat seinen persönlichen Stil!«

Das heißt nichts anderes als: wir bewundern die Fähigkeit dieser Person, ihre vollkommene Übereinstimmung zwischen ihrer nach außen sichtbaren Erscheinung, ihrer inneren Einstellung, ihrem ausgewogenen ethischen Verhalten in den unterschiedlichsten Situationen zu demonstrieren.

Stil hat etwas zu tun mit den Charaktereigenschaften eines Menschen. Stil gilt demnach als Qualitätsmerkmal für Persönlichkeit, ist Ausdrucksform für Individualität und Fingerspitzengefühl. Stil ist eine klare Demonstration des Seins und hat nichts zu tun mit Schein. Stil ist zwar eine Frage der inneren Einstellung, doch können nach außen gerichtete Handlungen durchaus stilvoll sein.

Lifestyle dagegen hat mit Stil kaum etwas gemeinsam. Mit Lifestyle werden hauptsächlich Äußerlichkeiten herausgestrichen, und wer sein Augenmerk zu sehr und ausschließlich darauf richtet, verhält sich nicht stilvoll.

Lifestyle ist die von außen erkennbare Selbstdarstellung, die einhergeht mit Statussymbolen: Designer-Mode, Credit-Cards, Fitneßtempel, In-Lokale, Jet-set-Destinationen, VIPs u. a.

Der persönliche Stil eines Menschen ist mitverantwortlich für die Einstufung seiner Persönlichkeit. Er ist erkennbar an der Übereinstimmung des Erscheinungsbildes mit einem selbstbewußten Auftreten, persönlicher Souveränität und ist natürlich eng verbunden mit angenehmen Manieren und zeitgerechten Umgangsformen.

Es gibt beispielsweise Persönlichkeiten aus der Wirtschaft, der Politik, die uns immer wieder durch ihr selbstsicheres Auftreten, durch ihre ausgesuchte Höflichkeit beeindrucken. Der Stil, den sie erkennen lassen, beeindruckt uns. Ein stilvoller, höflicher Mensch wirkt einfach sympathischer. Wir halten ihn für glaubwürdiger und sind von seiner Kompetenz, seinen Fähigkeiten überzeugt.

Wie anders ist unsere Reaktion, wenn wir mit stillosem Verhalten konfrontiert werden? Es berührt uns peinlich, wenn sich beispielsweise Politiker in der Öffentlichkeit nicht zu benehmen wissen, wenn sie klar zu erkennen geben, daß sie offensichtlich keine Kinderstube hatten. Wir wären irritiert, wenn eine bekannte Persönlichkeit zu einer festlichen Premiere statt im eleganten Anzug in Jeans und Poloshirt erscheinen würde. Es gibt unzählige Beispiele der Stillosigkeiten, mit denen wir immer wieder konfrontiert werden, die gegen unsere kulturbedingten Verhaltenserwartungen verstoßen.

Wir reagieren empfindlich, wenn unsere Verhaltenserwartungen nicht erfüllt werden – und das trotz Liberalisierung, einer immer wieder propagierten persönlichen Freiheit und dem Recht auf Individualität.

Ein Mensch mit persönlichem Stil respektiert die geltenden Verhaltensnormen, er hält sich an die Regeln der Gesellschaft und nimmt Rücksicht auf die Gefühle seiner Mitmenschen. Eine stilvolle Persönlichkeit ist immer bemüht, einen Konsens zu finden im zwischenmenschlichen Bereich der Privat- und Berufswelt. Persönlichkeit sollte bei allen unseren Handlungen und Unterlassungen, bei der Art, wie wir uns kleiden und wie wir auftreten, oberstes Gebot sein.

Ralph W. Emerson hat das mit den folgenden Worten auf einen einfachen Nenner gebracht:

»Der Stil eines Menschen und sein gekonnter Auftritt sind ein sicheres Zeichen seiner inneren Einstellung!«

Korrektes Auftreten – selbstsicheres Verhalten

Der erste Eindruck, den wir von einem Menschen bekommen, den wir anderen von uns selbst vermitteln möchten, ist von entscheidender Bedeutung für den weiteren Verlauf eines Gespräches, einer Bekanntschaft. Er ist mitverantwortlich dafür, ob man sich die Mühe nimmt, den anderen näher kennenlernen zu wollen, und nach weiteren Einmaligkeiten des Gegenübers zu suchen beginnt. Oder ob man sich desinteressiert abwendet, dem anderen Menschen mit Gleichgültigkeit begegnet.

An einem sicheren Auftreten, das darf nicht übersehen werden, ist die passende Kleidung, das gesamte Äußere und eben auch ein korrektes Benehmen ganz maßgeblich beteiligt. Um einen positiven ersten Eindruck zu ermöglichen, muß zuerst das Outfit die Persönlichkeit des einzelnen positiv unterstreichen. Denn:

> »Ihre gesamte Erscheinung – Ihr persönlicher Stil – ist entscheidend verantwortlich dafür,
> welchen Wert Sie als Mensch anzubieten haben!«

Gerade von Menschen, die über ausgezeichnetes Fachwissen verfügen, die berufliche Kompetenz besitzen, wird eine positive Außenwirkung erwartet. Der »erste Eindruck« muß den Erwartungen entsprechen, eine zweite Chance, den anderen mit einer stimmigen Persönlichkeit zu überzeugen, bekommt man sehr selten. Wie oft kann man hören, wenn über eine Person gesprochen wird, die zwar über großes Wissen verfügt, deren Aussehen und Auftreten jedoch nicht den Erwartungen entspricht: »Peter Freitag wirkt *zwar* absolut farblos, *aber* seine fachliche Kompetenz ist unbestritten!« Oder: »Es ist enorm, welches Fachwissen Marlies Sonntag besitzt. *Aber* nach ihrem Aussehen zu schließen, möchte man meinen, sie kann fünf und fünf nicht zusammenzählen!« Wer genau hinhört, der wird unschwer die Einschränkung heraushören, das begleitende »Achselzucken« erkennen.

Bei einem erfolgreichen Menschen wird ganz selbstverständlich vorausgesetzt, daß man ihm den Erfolg ansieht, daß er jeder Situation souverän gewachsen ist, d. h. über ein selbstbewußtes Auftreten verfügt.

Es gibt nicht viele Menschen, die eine positive Ausstrahlung besitzen, die durch Attraktivität und perfektes Aussehen überzeugen und sich auch gleichzeitig durch einen großen Wissensstand auszeichnen. Wer alle diese Elemente in sich vereinigt, verfügt über eine positive Einstellung zu seiner eigenen Persönlichkeit, besitzt Selbstsicherheit, hat »Ego«, ohne ein Egoist zu sein.

Im Gegensatz dazu stehen die Personen, die manchmal wohl über eine enorme Fachkompetenz verfügen, sich selbst jedoch vernachlässigen, ihr Aussehen nicht wichtig nehmen. Wissen und Können sind für sie die einzigen Faktoren zum Erfolg, und sie wundern sich, daß dieser auf sich warten läßt. In ihrer Gegenwart spürt man förmlich, wie unangenehm es ihnen ist, die Blicke anderer auf sich gerichtet zu wissen. Sie vermeiden, wann immer es geht, die Aufmerksamkeit auf sich zu ziehen. Ihre innere – von außen erkennbare – Einstellung ist vielfach von kleinkariertem Denken geprägt, und sie versuchen, sich in der Anonymität zu verstecken. All das sind klare Beweise für fehlendes Selbstbewußtsein. Kein Wunder, wenn jeder ihrer Auftritte negativ beurteilt wird.

Der fest verankerte Glaube, nicht mit anderen konkurrieren zu können, keine Beachtung zu finden, wertlos zu sein, führt zu einer völlig falschen Einstellung sich selbst gegenüber und in der Folge auch zu einer falschen Haltung gegenüber den Mitmenschen.

Wer Erfolg anstrebt, dazu entschlossen ist, mehr zu erreichen, muß sich zuallererst bewußt werden, daß er mehr im Rampenlicht stehen wird. Und das bedeutet, von allen Seiten beleuchtet, von vielen Menschen gesehen und beurteilt zu werden. Ein gesundes Selbstbewußtsein und selbstsicheres Verhalten sind dafür die wichtigste Voraussetzung. Daher ist es wichtig, alle hindernden Barrieren schrittweise abzubauen. Man muß lernen, eigene Mängel zu erkennen, um dem bisherigen falschen Verhalten die Stirn zu bieten. Dazu ist eigenes Wollen wichtig. Hilfreich kann es auch sein, sich von erfahrenen Beratern den Spiegel vorhalten zu lassen und/oder bereits erfolgreichen Menschen über die Schulter zu schauen. Man muß sie in den unterschiedlichsten Situationen beobachten, um deren Erfolgsgeheimnis zu entdecken und zu erfahren, welche Faktoren für ihren Erfolg verantwortlich zeichnen.

Je besser die eigene Persönlichkeit optimiert wird, je mehr man versucht, den Verhaltenserwartungen zu entsprechen, desto leichter wird es einem fallen, beispielsweise einen Raum zu betreten, auf einen anderen Menschen zuzugehen oder sich zu einer Gruppe unbekannter Personen zu gesellen. Denn in all diesen oder ähnlichen Situationen gilt, wenn auch nur für kurze Momente: Alle Blicke sind auf diesen Menschen gerichtet, das Interesse gilt in diesem Moment nur ihm!

Und da hat schon manchem das fehlende Selbstvertrauen einen üblen Streich gespielt. Feuchte Hände, eine zittrige Stimme bis zum totalen Stimmversagen sind nur einige der Symptome, vor denen unsichere Menschen Angst haben. Je häufiger das passiert, um so mehr Risse und Kratzer bekommt die Fassade.

Doch im Gegensatz dazu gibt uns alles, was wir vollkommen beherrschen, was wir können, Sicherheit und Selbstsicherheit. Die Entwicklung eines gesunden, positiv besetzten Selbstbewußtseins verlangt in erster Linie einen Umdenkungsprozeß. Daneben erfordert es eine intensive und kritische Auseinandersetzung mit dem inneren »Ich«, durch die der Glaube an sich selbst, an unsere vorhandenen persönlichen Qualitäten in Gang gesetzt wird. Wenn wir erst einmal erkennen, welche Vorzüge wir anzubieten haben, zu welchen

Leistungen wir überhaupt fähig sind, so gewinnen wir an Stärke. Natürlich geht das nicht von heute auf morgen! Ständige Übung und Praxis ermöglichen es jedoch, Schritt für Schritt dem angestrebten Ziel näher zu kommen. Je gründlicher wir vorgehen, je bewußter wir an uns selbst arbeiten, um so mehr werden wir wachsen. Wir fühlen uns angenommen, bekommen Bestätigung, werden gelobt, negative Reaktionen werden in positive verwandelt.

Selbstbewußtes Verhalten hängt daher unmittelbar auch damit zusammen, ob wir von uns selbst überzeugt sind, ob wir uns in unserer Haut wohl fühlen. Das Äußere hat daran einen nicht zu unterschätzenden Anteil. Doch es gibt immer noch Leute, die Kleidung nur als Fassade betrachten, als Äußerlichkeit abtun, ja sogar als vollständig unwichtig erachten, die den Menschen, die darauf Wert legen, Oberflächlichkeit nachsagen. Dieser Meinung kann und will ich mich nicht anschließen! Es gilt als erwiesen, daß die Persönlichkeit eines Menschen geprägt wird von einer gepflegten Erscheinung, der passenden Kleidung, einem guten Benehmen und natürlich auch von seiner inneren Einstellung – auf alle diese genannten Faktoren kommt es an. Es kommt auf die Stimmigkeit zwischen dem, was ein Mensch nach außen zu erkennen gibt, und den Schwingungen seiner Gesinnung an.

Entschieden wehre ich mich gegen eine immer wieder zu hörende Auffassung, daß Menschen, die Wert auf ihre Kleidung legen und gute Umgangsformen besitzen, einen Mangel an inneren Werten haben. Daß sie diese Fähigkeiten dazu mißbrauchen, andere Menschen zu manipulieren, bzw. versuchen, einen falschen Eindruck zu erwecken. Ich bestreite nicht, daß es solche Leute gibt, doch schauspielerisches Talent und Manipulationsgeschick haben ihre Grenzen. Auch ein Hochstapler sendet verräterische Signale aus, die jeder von uns mit etwas Sensibilität entlarven kann.

Zu diesem Thema haben einige bekannte Kommunikationswissenschaftler eine Studie erarbeitet und veröffentlicht, die ich Ihnen nachstehend schildere:

Auf einer stark frequentierten Großstadtstraße geht ein gutaussehender, gepflegter Mann, dezent klassisch gekleidet: grauer Nadelstreifenanzug, weißes Hemd und dazu eine diskret gemusterte Krawatte, gepflegte schwarze Schuhe, an einem Finger ist ein Ring erkennbar, er trägt einen Aktenkoffer usw. Vorübergehende Passanten wurden nun gefragt: »Welchen Beruf übt dieser Mann aus?« Die Antworten waren: Manager, Geschäftsmann, Bankier usw.

Nun wurde der Test mit etwas geänderten Vorzeichen wiederholt: Derselbe Mann war ebenfalls teuer, aber etwas auffällig gekleidet, mit einem dunklen Nadelstreifenanzug, einem weißen Hemd, die Krawatte paßte, war jedoch um eine Spur zu schrill, dazu trug er schwarze Lackschuhe, eine dicke goldene Uhr zierte sichtbar sein Handgelenk, und an den Fingern glänzten schwere Ringe; auch er hatte einen Aktenkoffer bei sich. Nun wurden die Passanten wieder gefragt: »Welchen Beruf hat dieser Mann?« Die Antworten sind nicht schwer zu erraten! Edelganove, Unterweltboß, Zuhälter usw.

Diese beiden Tests sind ein klarer Beweis dafür, daß durch die Kleidung, die Gestaltung des Äußeren, Signale gesendet werden, die dem Betrachter deutliche Informationen von einem Gegenüber geben und die Rückschlüsse erlauben auf die Persönlichkeit, die Position, das Image der/des Betreffenden. Es darf daher nicht verwundern, daß in unserer von Sachlichkeit geprägten Wirtschaftswelt auf diese Kriterien zunehmend mehr geachtet wird, daß Verhaltensweisen und Auftreten die Meinung über eine Person unterstützend begleiten.

Daher kann man sagen: Der Kleidersprache als Erweiterung der Körpersprache kommt eine größere Bedeutung zu, als viele Menschen glauben wollen. Zunehmend mehr Leute achten darauf, ob die Kleidung des Gegenübers den eigenen Vorstellungen entspricht. Und nicht nur Personalchefs machen sich durch das, was der Bewerber/die Bewerberin auf dem »Leib trägt«, ein Bild vom zukünftigen Mitarbeiter.

Auch Führungskräfte beobachten Ihre Gesprächspartner kritisch und ziehen zur Meinungsbildung das Erscheinungsbild und dessen Wirkung heran.

Aus dem vorher Gesagten läßt sich folgendes Fazit ziehen: Der Kleidung eines Menschen kommt eine immer größere Bedeutung zu, und dieses Thema gehört daher unbedingt in dieses Buch. Ich werde daher im Kapitel »Kleider machen Leute« noch näher darauf eingehen.

Körperhaltung

Zum korrekten Auftreten gehört natürlich auch die Körperhaltung eines Menschen. Darauf wird immer intensiver geachtet. Es kommt daher nicht von ungefähr, daß zu einer bewußten, sicheren Selbstdarstellung eine gute Körperhaltung im engen Sinne gehört. Auch diesen Aspekt haben bekannte Soziologen untersucht und festgestellt, daß die Mehrzahl der befragten Interview-Partner eine Mischung aus sportlicher und eleganter Körperhaltung bevorzugt. Was versteht man darunter?

Bei aufrechter, gerader Körperhaltung werden die Schulterblätter leicht zusammengezogen, der Kopf wird gerade gehalten, das Kinn wird gehoben, der Bauch wird angespannt.

Diese Körperhaltung demonstriert Selbstsicherheit, Selbstbewußtsein, verbessert die Ausstrahlung. Jeder kann das erkennen und wird es – unbewußt – registrieren.

Hauptthema dieses Buches sind jedoch die zeitgerechten Umgangsformen, das gepflegte Benehmen, die gesellschaftlichen Spielregeln. Sie sind weitere wichtige Bausteine, ohne die ein korrektes Auftreten nicht möglich ist.

Nachstehend möchte ich Ihnen einige dieser Regeln vorstellen, die eine lange Tradition haben, aber immer noch ihre Gültigkeit besitzen. Daneben gibt es aber auch solche Normen, die sich unserer modernen Zeit angepaßt haben:

- Türe aufhalten – Wer durch eine Türe gehen möchte und dort mit einer anderen Person zusammentrifft, wird dieser die Türe aufhalten (detaillierter beschrieben bei »Die Einladung ins Restaurant«)
- Sitzplatz anbieten – Nach wie vor gilt: Jüngere machen älteren Personen Platz. Es spricht aber für Sie, wenn Sie z. B. einer jungen Mutter mit Kind den Platz anbieten, obwohl Sie älter sind; wenn eine Frau dem Mann mit Gipsbein ihren Platz anbietet.
- Vorrang lassen – Nirgendwo kann man besser erkennen, ob jemand gute Manieren besitzt oder diese nur dort anwendet, wo sie ihm nützlich erscheinen. Ein höflicher Mensch läßt anderen auch einmal den Vorrang, läßt Fußgänger passieren, läßt einen anderen Autofahrer »einfädeln«, macht einem anderen, der bereits wartet, nicht den Parkplatz streitig.

Es gibt unzählige Situationen im Leben, in denen man sein korrektes Auftreten unter Beweis stellen kann, um sich so von denjenigen Menschen, die durch schlechtes Verhalten auffallen und anecken, positiv zu unterscheiden.

Wer auf andere Menschen Rücksicht nimmt und es versteht, situationsgerecht zu handeln, macht deutlich, welche Herkunft, welche Bildung, welchen Wert er als Mensch anzubieten hat. Stimmt der »erste Eindruck«, ist das Auftreten angenehm, entsprechen die Umgangsformen, dann wird sich der Betreffende in vielem ganz einfach leichter tun, glaubwürdiger erscheinen, er wird Selbstsicherheit und Selbstbewußtsein ausstrahlen.

Zeitgerechte Umgangsformen sicher beherrschen

Wer gute Manieren besitzt, wer es versteht, anderen Menschen mit Takt und Anstand zu begegnen, der besitzt Eigenschaften, mit denen er sein privates Glück, seinen beruflichen Erfolg wie seine Stellung in der Gesellschaft optimieren und damit auch seine Glaubwürdigkeit maßgeblich beeinflussen kann. Der versierte Umgang mit diesen wichtigen »Äußerlichkeiten« ist der Beweis für den Stil, für die persönliche Kultur, die ein Mensch anzubieten hat.

Im gesellschaftlichen Leben wie auch in beruflichen Zusammenhängen ist gepflegtes Benehmen der Ausdruck für den Respekt und die Achtung, die man anderen Menschen entgegenbringt. Wer den guten Ton in allen Lebenslagen beherrscht, die Regeln der Etikette kennt und souverän anwendet, der trägt viel dazu bei, das Zusammenleben der Menschen – zumindest in seinem Umkreis – angenehmer und damit auch einfacher zu gestalten. Die Chancen werden verbessert, das eigene Lebensgefühl steigt. Diese Eigenschaften sind wie geschaffen dafür, das persönliche Image in ein positives Licht zu rücken.

Was versteht man unter Umgangsformen? Was meint man mit Benehmen?

Gemeint ist damit in erster Linie die Form, die Art und Weise, wie Menschen miteinander umgehen. Wie sie sich passend zur Situation verhalten. Wie sie auf das jeweilige Gegenüber zugehen. Wie sie es verstehen, mit anderen zu kommunizieren.

Umgangsformen beinhalten verschiedene Elemente. Diese können sich positiv, aber auch negativ darstellen. Es steht jedem von uns ein großes Repertoire an möglichen Verhaltensregeln zur Verfügung, die er seiner Persönlichkeit entsprechend einsetzen und nützen kann. So ist es jedem einzelnen von uns möglich, den Anforderungen, mit denen er täglich konfrontiert wird, gerecht zu werden. Das hat zur Folge, daß man als Mensch mit Kultur, als jemand, der Manieren hat, eine gute Kinderstube besitzt, erkannt und auch geschätzt wird.

Fangen wir einmal mit den bei uns üblichen Ritualen der Vorstellung an. Dazu gehört die richtige Begrüßung, die passende Anrede. Das Siezen und das Duzen gehören ebenfalls zu dieser Thematik. Genauso wie das »Ins-Fettnäpfchen-Treten« eine, wenn auch negative, Variante der Umgangsformen ist. Alle diese Verhaltensnormen stehen mit der Tradition und der lebendigen Kultur eines Volkes in sehr engem Zusammenhang.

Daher kommt es, daß die Umgangsformen, wie dies auch bei den Bräuchen und Sitten der Fall ist, entweder bewußt bewahrt werden, über Generationen hinweg Gültigkeit besitzen oder sich von Zeit zu Zeit verändern, d.h. Trends mitmachen, dem herrschenden Zeitgeist und dem gerade praktizierten Lebensstil angepaßt werden.

Verhaltensregeln, Normen, wie gutes Benehmen auszusehen hat, gibt es schon lange. Sie wurden jedoch immer wieder durch Entwicklungen verändert. Sie wurden durch zeitgemäßere Formen im Umgang miteinander ersetzt, und sie haben sich dem veränderten Lebensrhythmus angepaßt. Das hat zur Folge, daß die einst als Kind erlernten Richtlinien, was man tun darf oder was man doch besser lassen sollte, nicht mehr unbedingt Gültigkeit haben. Es wäre richtig und vor allem wichtig – will man nicht als hoffnungslos veraltet gelten –, antiquierte Vorschriften und Regeln abzulegen, sich mit den neuen, heute gültigen Formen des richtigen Verhaltens zu befassen und sich einen neuen, modernen Stil anzueignen.

Nachstehend will ich versuchen, Ihre Fragen zu beantworten, die sich um die zeitgerechten Umgangsformen, um ein richtiges Verhalten in allen Lebenslagen drehen. Sie sollen sich aus diesen »Benimm-Regeln« die für Sie richtigen Anregungen herauslesen und diese dann, auf Ihre Person abgestimmt, anwenden.

Rangordnung und Hierarchie

Noch immer gelten in allen offiziellen, gesellschaftlichen, aber auch privaten Zusammenhängen Verhaltensnormen, die sich aus einem hierarchischen Prinzip ableiten. Die Regeln der Rangfolge sind zurückzuführen auf höfische Traditionen, die klar bestimmten, wer neben dem Herrscher Platz nehmen durfte oder wer seinen Platz weiter entfernt einnehmen mußte. Auch die Rangfolge der Begrüßung war genau festgelegt und mußte genau eingehalten werden. Wurden diese Regeln nicht beachtet, so hatte das oftmals sehr peinliche Folgen.

Es wäre jedoch völlig falsch, zu glauben, daß in unserer modernen Gesellschaft niemand mehr Wert darauf legt, seiner Bedeutung, seiner Stellung entsprechend respektiert zu werden. Besonders bei offiziellen Anlässen wird peinlich genau darauf geachtet, ob man korrekt eingeordnet wird, läßt sich doch daraus ein direkter Bezug zur gesellschaftlichen Stellung, zur Wichtigkeit der Position des einzelnen herstellen. Aber auch in privaten Zusammenhängen bemerkt man, daß zunehmend wieder Wert darauf gelegt wird, Menschen ihrem Status entsprechend anzuerkennen. Ähnliches gilt für das Vorstellen. Auch hier muß auf die bestehende Rangordnung genauestens geachtet werden. Das Begrüßen selbst fällt, genau betrachtet, ebenfalls unter diese Regeln. Es ist für jeden Menschen wichtig, daß er seinem »Rang« entsprechend korrekt eingeordnet und daß seinem gesellschaftlichen Status Aufmerksamkeit geschenkt wird. Seine Position muß für andere erkennbar sein. Eine Mißachtung bedeutet für den oder die Betroffenen eine »Herabsetzung«, die wörtlich verstanden werden kann, und in diesem Punkt reagieren die meisten Menschen äußerst empfindlich.

Daher ist es in den beschriebenen Situationen wichtig, Fingerspitzengefühl zu beweisen, um Fehler zu vermeiden. Es gibt, wie bereits erwähnt, auch in unserer modernen Gesellschaft feste Regeln, welche die allgemeingültige – in unserem Kulturkreis übliche – Rangfolge zum Inhalt haben. Am besten ist es daher, will man für jede Situation gewappnet sein, zu lernen, mit diesen Regeln und Vorgaben umzugehen.

Für die Rangfolge in der Gesellschaft, im Beruf und im Privatleben gelten folgende Regeln:

Ranghöher sind

- eine Frau/eine Dame gegenüber jedem Mann (Ausnahme: der Mann ist wesentlich älter)
- eine Ältere/ein Älterer gegenüber der/dem Jüngeren
- Fremde gegenüber Verwandten, Freunden, Bekannten
- Ausländer gegenüber Inländern

Diese Normen sind in allen privaten und gesellschaftlichen Zusammenhängen anzuwenden und können auch berufliche Hierarchien außer Kraft setzen. *Wichtig:* Eine Dame hat immer Vorrang gegenüber einem Herrn.

Dazu ein Beispiel: Herr Freitag begegnet in Begleitung seiner Frau seinem Vorgesetzten – dann ist *Frau Freitag* gegenüber dem Chef *die Ranghöhere.*

Grundsätzlich sind diese Regeln auch im Beruf praktizierbar, allerdings ist in beruflichen Belangen vielfach auch die hierarchische Rangfolge zu berücksichtigen, d. h., der gesellschaftliche Vorrang der Frau muß in diesem Fall *nicht unbedingt* beachtet werden.

Viele Menschen erachten diese Regeln der Etikette als veraltet und zu starr. Vernünftige, moderne Menschen halten sich jedoch an diese dem Zeitgeist durchaus noch entsprechende Normen. Falls es die Umstände erfordern, verhalten Sie sich flexibel, indem Sie versuchen, mögliche Kompromisse zu finden.

Es sind vor allem zwei klassische Situationen, die sowohl im gesellschaftlichen Leben als auch in privaten und beruflichen Zusammenhängen immer wieder vorkommen und in denen die Rangordnung beachtet und eingehalten werden muß:

- bei der Vorstellung, dem Begrüßen,
- bei der Sitz- und Tischordnung.

Beispiel: Herr Fröhlich sollte entsprechend der Rangordnung Herrn Lustig als Tischnachbarn bekommen, doch diese beiden haben keinen besonders guten »Draht« zueinander. Setzt man sie trotz dieses Wissens dennoch zusammen, dann könnte dieser Abend unharmonisch verlaufen, peinliche Störungen wären möglicherweise die Folge. Was macht man in solch einer Situation? Ein versierter Gastgeber wird mit dem Einverständnis eines der Beteiligten diesem einen Platz neben einem anderen Gast geben (obwohl dieser nicht ganz der Rangordnung entspricht). So wird die Unterhaltung reibungslos verlaufen, es wird zu keinen unliebsamen Meinungsverschiedenheiten kommen.

Vorstellen – Bekanntmachen

Wie erwähnt, haben die Regeln der Rangordnung gerade beim Vorstellen einen besonderen Stellenwert, der beachtet werden sollte.

Leider schaut es in der Praxis so aus, daß es vielen Menschen Schwierigkeiten bereitet, wenn sie eine oder mehrere Personen einander vorstellen müssen. Auch wenn sich die Notwendigkeit zur Selbstvorstellung ergibt, fühlen sich viele Menschen überfordert.

Dabei genügt es, die folgenden, bis auf ganz wenige Ausnahmen anwendbaren *Regeln* zu beachten, dann wird es ganz einfach:

- Die/der Neuhinzukommende wird den bereits anwesenden Personen vorgestellt.
- Die/der Ranghöhere erfährt den Namen der/des Rangniedrigeren zuerst.
- Die/der Jüngere wird der/dem Älteren vorgestellt.
- Die/der Fremde erfährt den Namen der/des Bekannten zuerst.

Einige *Beispiele* sollen Ihnen zeigen, wie es gemacht wird:

Der Gastgeber geht in Begleitung von Frau Moser auf Herrn Mittwoch zu, um diese beiden Personen einander vorzustellen: »Liebe Frau Moser, darf ich Ihnen Herrn Mittwoch vorstellen? Er ist Geschäftsführer in der Wiener Filiale unseres Unternehmens! Frau Moser wird uns ab nächsten Monat in Paris vertreten!«

Warum läuft die Vorstellung so ab? Nun, Frau Moser ist als Frau »ranghöher«, daher erfährt sie den Namen der bereits anwesenden Gäste zuerst.

Herr Professor Dr. Montag kommt in Begleitung von Frau Dienstag zu einem Empfang. Der Gastgeber stellt nun den bereits anwesenden Personen die beiden neuen Gäste vor. »Frau März, Herr März, ich möchte Sie mit Frau Ilse Dienstag und Herrn Professor Montag bekannt machen.« Hier werden die neu hinzugekommenen den bereits anwesenden Gästen vorgestellt.

Ähnlich wird es im privaten Kreis gemacht:

Herr und Frau Montag laden Freunde ein. Dabei ist ein Ehepaar, das neu in die Stadt gezogen ist. Nun werden diesen beiden, sie heißen Isolde und Fritz Maier, die anwesenden Gäste am besten der Reihe nach vorgestellt. »Darf ich Ihnen das Ehepaar Maier vorstellen, sie sind unsere neuen Nachbarn.« Dann nennt man dem Ehepaar die Namen der bereits anwesenden Gäste:

»Das ist das Ehepaar Fröhlich, sie wohnen ebenfalls in unserer Straße; Frau Dienstag und Herr Dr. Montag!«

Selbstvorstellung

Vor nicht allzu langer Zeit war das Vorstellen ein kompliziertes Ritual. Besonders die Selbstvorstellung bereitete nicht selten große Schwierigkeiten. Heute gehört die Selbstvorstellung zu den Selbstverständlichkeiten, und man muß nicht mehr darauf warten, bis ein Dritter sich findet, um vorgestellt zu werden.

Die Selbstvorstellung ist keineswegs mehr reine Männersache! Auch Damen können sich durchaus selbst vorstellen, ohne sich etwas zu vergeben (diese Zeiten sind längst überholt), allerdings müssen auch sie die vorgegebenen Regeln beachten.

Regeln

- Wer die Bekanntschaft eines/r anderen sucht, wer sich selbst vorstellen möchte, geht auf diesen/diese zu, sucht den Blickkontakt, grüßt, nennt seinen Namen.
- Eine Frau, die sich selbst vorstellt, reicht dabei zuerst die Hand.
- Ein Mann, der sich einer Frau selbst vorstellt, wartet kurz ab, bis ihm diese die Hand reicht, er streckt nicht zuerst seine ihr entgegen.

Beispiele

Man geht auf eine Person zu, die man als sympathisch empfindet, sucht den Blickkontakt und sagt: »Grüß Gott (Guten Abend), mein Name ist Werner Fröhlich, ich bin ein Studienfreund des Gastgebers!« Nun weiß das Gegenüber, mit wem es konfrontiert ist, und wird vielleicht folgendes sagen: »Ich habe schon von Ihnen gehört: Ich bin Hans Lustig. Walter Freitag und ich sind schon lange miteinander befreundet.« So kann sich auch ein weiteres Gespräch entwickeln.

Die Tochter des Gastgebers stellt sich selbst Herrn Fröhlich vor: So macht sie es korrekt:

»Darf ich mich vorstellen? Ich bin Elke Freitag, die Tochter des Hauses!« Sie reicht ihm die Hand und hält dabei mit ihrem Gegenüber Blickkontakt, worauf er ihre Hand ergreift und dabei seinen Namen nennt: »Werner Fröhlich, ich war zusammen mit Ihrem Vater auf der Universität in Boston!« Daraus kann sich dann das weitere Gespräch entwickeln.

Will man andere Menschen kennenlernen, so wird man sich bei diesen selbst vorstellen. Oder man bittet einen neugewonnenen Bekannten: »Könnten Sie mich bitte der dunkelhaarigen Dame im grünen Kleid vorstellen?«

Wohl niemand wird diese Bitte abschlagen. Der neue Bekannte führt Sie zu der entsprechenden Person und sagt: »Liebe Frau Dienstag, ich möchte Ihnen Herrn Fröhlich vorstellen, er ist ein Studienfreund von Walter Freitag. Herr Fröhlich, dies ist Frau Dienstag, sie leitet seit Jahren unser Stadtarchiv.«

Tip

Versuchen Sie doch einmal, sich mit Ihrem Vor- und Zunamen vorzustellen. Es klingt ganz einfach persönlicher und nicht so schroff, besonders bei Frauen wirkt es zudem auch weiblicher. Außerdem ist diese Art sich vorzustellen zur besseren Unterscheidung von Personen (gleichen Namens) sehr hilfreich.

Wie klingt es denn Ihrer Meinung nach besser, wenn sich Frau Dienstag vorstellt?

Entweder: »Dienstag, guten Abend!«

Oder: »Martina Dienstag, guten Abend!«

Akademische Titel werden bei der Vorstellung durch Dritte immer zusammen mit dem Namen genannt: »Ich möchte Ihnen gerne Herrn Doktor Montag vorstellen!« Stellt man sich selbst vor, so nennt man *nur* seinen Namen, jedoch immer *ohne* Titel!

Ein weiteres Tabu: Man bezeichnet sich nicht selbst als *»Frau Freitag«*, auch nicht als *»Herr Fröhlich«*, und schon gar nicht als *»Herr Doktor Montag«*. Richtig ist: »Ich bin Elke Freitag«, »Mein Name ist Werner Fröhlich« oder »Ich heiße Fritz Montag!«, »Martina Dienstag«. *Titel* werden bei der Selbstvorstellung *niemals* genannt. Wer das tut, beweist nicht nur schlechten Stil, sondern gibt auch zu erkennen, wie wichtig er sich selbst nimmt!

Wie stellt man es richtig an, wenn sich die Vorstellung in Gegenwart mehrerer Personen ergibt, die zu allem Überfluß auch noch in ein angeregtes Gespräch vertieft sind?

Man geht nach Möglichkeit von vorne auf die betreffenden Personen zu, wartet einen geeigneten Moment ab, wobei man auf keinen Fall ihr Gespräch unterbrechen darf, um nicht als unhöflich zu erscheinen, bis man von jemandem wahrgenommen (Blickkontakt) wird. Mit einer angedeuteten leichten Verbeugung sagt man beispielsweise: »Grüß Gott! Mein Name ist Albert Montag! Darf ich mich an Ihrem Gespräch beteiligen?« Worauf die anderen ebenfalls grüßen und ihre Namen nennen sollten.

Floskeln wie »Sehr erfreut!«, »Angenehm« usw. sind absolut nicht mehr aktuell und sollten vermieden werden.

Wird man jedoch beispielsweise einem Bekannten seiner Partnerin, einem Mitarbeiter des Partners vorgestellt, von dem man schon viel gehört hat, dann kann man ohne weiteres sagen: *»Ich habe schon viel von Ihnen gehört!«*, *»Es freut mich, daß ich Sie auch persönlich kennenlerne, denn Fritz hat mir schon viel von Ihnen erzählt!«* Allerdings, sollten diese Aussagen auch tatsächlich zutreffen und dürfen keinesfalls nur so dahingesagt werden!

Wie bereits erwähnt, verändern sich die Regeln der Etikette im Laufe der Zeit. Früher wurde der Ehepartner/die Ehepartnerin mit: *»Meine Gemahlin«*, *»Mein Gemahl«* betitelt! *Die Gattin, der Gatte* waren daraufhin die üblichen Bezeichnungen, wenn von den Ehepartnern gesprochen wurde, und sie werden auch heute noch stark verwendet: »Grüße an Ihre Gattin« werden immer noch geschickt. Doch diese Formulierungen entsprechen nicht mehr unbedingt dem Zeitgeschmack.

Aktuell und richtig ist es, von *»meiner Frau«*, *»meinem Mann«* zu sprechen bzw. diese Anrede auch in der schriftlichen Form anzuwenden.
Wird einem Mann/einer Frau eine dritte Person vorgestellt, während diese sitzen, so wird

- der Mann dabei *immer* aufstehen (es sei denn, er ist behindert),
- die Frau sitzen bleiben!

Ausnahme: Eine Frau wird ebenfalls aufstehen, wenn ihr eine ältere Dame oder ein wesentlich älterer Herr vorgestellt wird oder wenn diese begrüßt werden!

Einige Beispiele, die häufig vorkommen, sollen ihnen das Vorstellungsritual verständlich machen:

Herr Professor Dr. Montag betritt ein Restaurant und trifft in der Eingangshalle einen Bekannten, Herrn Dr. Samstag. Beide sind in Begleitung jeweils eines dem anderen unbekannten Mannes. Die Vorstellung geht nun wie folgt vor sich: Herr Montag und Herr Samstag begrüßen sich zuerst und reichen sich die Hände, dann stellt Herr Montag seinen Begleiter den beiden anderen gemeinsam vor: »Darf ich Sie mit meinem Kompagnon, Herrn Müller, bekannt machen?« Daraufhin wird Herr Samstag diesem seine Hand reichen. Nun wird er seinen Begleiter den beiden anderen vorstellen: »Herr Maier, er ist ein Studienkollege von mir!«

Herr Müller begegnet Herrn Maier, der sich in Begleitung einer Dame befindet. Die Herren kennen sich persönlich und werden sich daher zuerst begrüßen. Anschließend wird Herr Maier seiner Begleitung, Frau Christine Sauer, Herrn Müller vorstellen, und zwar so: »Liebe Christine, darf ich dir einen netten Bekannten vorstellen? Peter Müller! Er ist ein bekannter Publizist. Peter, das ist Frau Christine Sauer, eine liebe Bekannte von mir. Sie schreibt für bekannte Zeitungen!«

Wie läuft eine Vorstellung ab, wenn wir folgende Situation annehmen?

Frau Dienstag, in Begleitung eines Herrn, trifft eine Bekannte, Frau Müller. In diesem Fall werden sich zuerst die Damen begrüßen. Dann stellt Frau Dienstag den Herrn vor: »Frau Müller, darf ich Ihnen Herrn Doktor Montag vorstellen? Er ist Professor an unser Wirtschaftsfakultät. Andreas, das ist Frau Müller, sie leitet die schöne Buchhandlung am Domplatz!«

Die Visitenkarte

Ihr Name leitet sich aus dem Französischen ab und würde auf deutsch »Besuchskarte« heißen. Sie wurde fast ausschließlich bei den damals üblichen Antrittsbesuchen und Gegenbesuchen verwendet, um den zu Besuchenden mit den Namen der Gäste bekannt zu machen, die ihre Aufwartung machen wollten.

Heute finden Visitenkarten hauptsächlich in beruflichen Zusammenhängen Verwendung. Im privaten Bereich sind sie leider selten geworden, obwohl diese nützlichen Kärtchen in den verschiedensten Situationen sehr wertvolle Dienste leisten können. Wer also über Visitenkarten verfügt, sollte diese immer in genügender Zahl griffbereit bei sich haben und sie auch gebrauchen, wann immer es erforderlich ist. Die vielfach geäußerte Meinung, daß man möglicherweise als Snob oder Angeber angesehen wird, wenn man jemandem seine Karte überreicht, ist absolut unsinnig. Sicher wird man die Visitenkarte nicht wahllos austeilen, doch ist sie eine ideale Hilfe, damit sich Gesprächspartner besser im Gedächtnis behalten.

Früher war das Format der Visitenkarte genau festgelegt,

und die Größen unterschieden zwischen Herren und Damen, und sogar Kinder hatten eine eigene Kartengröße. Sie wurden aus handgeschöpftem Papier und nur in schlichtem Weiß gefertigt. Heute findet man sie in den verschiedensten Ausführungen. Der Phantasie und dem persönlichen Geschmack scheinen keine Grenzen gesetzt. Nicht immer sind sie geschmackvoll, und vor allem sind Visitenkarten, auf denen zuviel Gedrucktes steht, keineswegs sinnvoll.

Wer Stil beweisen will, wird sich an Standardformate halten. Die gebräuchlichsten Größen liegen zwischen 10 × 6 cm und 7,5 × 4,5 cm. Das internationale Maß entspricht in der Größe etwa den Kreditkarten.

Üblicherweise sind private Visitenkarten aus einem matten, weißen Karton. Am besten ist es, eine nicht zu wuchtig wirkende Schrift zu wählen.

Dr. Werner Freitag

Schillerpark 22
CH-8001 Zürich
Telefon 06 62-7 58 96

Für Frauen ist diese Form heute ebenfalls üblich. Sie werden jedoch eher eine feinere Schrift bevorzugen oder vielleicht auch Schreibschrift wählen. Sie können, falls sie verheiratet sind und darauf Wert legen, ruhig auch ihren Mädchennamen mit anführen.

> *Christine Sauer-Bergmann*
> *Journalistin*
>
> Goethestraße 17/II
> A-6020 Salzburg
> Tel. 06 62-380 39 00
> Fax 06 62-380 40 00

Geschäftskarten sind überwiegend farbig gehalten, das verwendete Layout entspricht dem optischen Gesamtbild des Unternehmens. Alle für den Empfänger wichtigen Informationen sind ablesbar: akademischer Titel, Vor- und Zuname, Berufstitel und Position, Name des Unternehmens, die genaue Anschrift, Telefon- und Telefaxnummer.

Auf Firmenkarten hat eine Privatadresse, wenn man es genau nimmt, nichts zu suchen. Auch ist es nicht immer vorteilhaft, eine Durchwahl anzugeben. Will man für den Kartenempfänger auch privat erreichbar sein, so ist es besser, eine Privatkarte (falls vorhanden) zu überreichen. Es ist jedoch durchaus üblich, die private Anschrift oder die persönliche Durchwahl handschriftlich dazuzuschreiben. *Auf diese Weise erreicht man eine ganz besondere Wirkung: Der Empfänger hat das Gefühl, daß Sie gerade für ihn immer erreichbar sind.* Er wird das als besondere Wertschätzung empfinden.

Doch nicht nur dafür sind Visitenkarten praktisch, sie sind auch ideal als Begleitkarte, um Blumen- oder andere Grüße zu senden. Mit ihr kann man guten Bekannten kurze Mitteilungen zukommen lassen, wie beispielsweise: »Erwarte Sie Mittwoch, 15.00 Uhr bei ›Dino's‹.« Aber auch wenn man Freunde ungezwungen einladen möchte, kann man dies mit der Visitenkarte tun, indem man nur Anlaß, Datum, Uhrzeit bekanntgibt. Selbst dann, wenn man sich für etwas bedanken möchte, erweisen sich diese kleinen Karten als nützlich.

Eine Nachricht schreibt man, wenn eine private Visitenkarte zur Verfügung steht, üblicherweise in die linke untere Ecke; falls es eine Geschäftskarte ist, wird dazu die Rückseite verwendet.

Es gibt eine offizielle, international verständliche Visitenkartensprache, die aus dem Französischen kommt und abgekürzt für Kurzmitteilungen oder Grüße verwendet wird.

Diese Abkürzungen werden üblicherweise in die untere linke Ecke geschrieben, sie können aber auch über dem Namen plaziert sein:

p. p.	(pour presenter)	um vorzustellen. Allerdings geht es dabei nicht um das Vorstellen der eigenen Person, sondern man möchte damit einen Bekannten, einen Freund usw. einem anderen ans Herz legen.
p. r.	(pour remercier)	um für etwas zu danken
p. f.	(pour feliciter)	um Glück zu wünschen
p. f. n. a.	(pour feliciter nouvel an)	um zum neuen Jahr Glück zu wünschen
p. p. c.	(pour prendre conge)	um sich zu verabschieden
p. p. p.	(pour prendre part)	um das Beileid auszudrücken
p. c.	(pour condoler)	um das Beileid auszudrücken

Die beiden letzten Begriffe finden Verwendung, falls die Visitenkarte ein Trauergebinde begleitet. Doch im deutschsprachigen Raum ist es eher üblich, die Worte »Mit meinem aufrichtigen Beileid« auszuschreiben.

Bei dieser gesellschaftlichen Sitte ist es wie bei anderen

Konventionen: Sie funktionieren nur, wenn jeder sie kennt und damit umzugehen weiß. Doch das ist leider nicht mehr überall der Fall. Allerdings gänzlich ausgestorben sind diese früher sehr gebräuchlichen Abkürzungen noch nicht, und es ist festzustellen, daß sie gerade in gehobenen Kreisen wieder verstärkt Anwendung finden.

Den Beweis dafür liefert die französische Abkürzung: r. s. v. p. (repondez s'il vous plait), die in ihrer deutschen Fassung: u. A. w. g. (um Antwort wird gebeten) auf Einladungen und anderen Mitteilungen, auf die eine Rückantwort erwartet wird, zu finden ist.

Im Gegensatz zu Europa gehört es in den meisten asiatischen Ländern und auf dem amerikanischen Kontinent zu den Selbstverständlichkeiten, immer Visitenkarten mit sich zu führen und diese auch im Umgang mit anderen Menschen zu verwenden.

Grüßen – Begrüßen – Verabschieden

Es gibt verschiedene Arten zu grüßen oder sich zu begrüßen. Es wird den unterschiedlichen Situationen angepaßt, doch jeder höfliche Mensch sollte zumindest die in unserem Kulturkreis üblichen symbolischen Gesten beherrschen und, wann immer erforderlich, der jeweiligen Gegebenheit angepaßt anwenden.

Ein Vorteil ist es aber auf jeden Fall, auch über die Begrüßungsrituale anderer Länder und deren Lebensformen Bescheid zu wissen, denn so fällt es leichter, die dort üblichen Verhaltenserwartungen zu erfüllen. Wissenswertes darüber erfahren Sie im Kapitel »Andere Länder – andere Sitten«.

Der einwandfreie und perfekte erste Kontakt mit anderen Menschen ist mitverantwortlich für einen positiven »ersten Eindruck«. Die Chancen, eine lang anhaltende, gute Beziehung aufzubauen, hängen unter anderem davon ab, ob man es versteht, richtig und passend zum Ort, zur Zeit, zur Gelegenheit zu grüßen, zu begrüßen.

Auf der Straße oder im Vorbeigehen grüßt immer derjenige zuerst, der einen anderen zuerst sieht. *Die übliche Rangfolge hat keine Bedeutung.* Ein kurz angedeutetes Kopfnicken und ein regional üblicher Gruß wie »Guten Morgen«, »Guten Tag«, »Guten Abend«, »Grüß Gott« sind immer richtig. Noch höflicher ist es, den Namen zu nennen: »Guten Tag, Frau Dienstag!«, »Guten Abend, Herr Doktor Montag!«

Herren mit Hut lüften diesen nach wie vor. Er wird mit der linken Hand seitwärts bis zur Schulter geführt und nach erfolgtem verbalem Gruß wieder aufgesetzt.

Wichtig:

- Raucht ein Herr gerade, nimmt er zum Gruß die Zigarette, Zigarre, Pfeife aus dem Mund.
- Hält er seine Hand in der Tasche, so nimmt er sie heraus.

Ein Gruß wird zur *Begrüßung*, wenn jemand stehenbleibt. In unserem Kulturkreis ist es noch üblich, sich dabei die Hände zu reichen. Hierbei spielt wiederum die Rangfolge eine Rolle. *So bleibt es immer einer Frau oder dem Ranghöheren vorbehalten, dem Mann oder dem Rangniedrigeren die Hand zu reichen.* Es ist durchaus nicht als unhöflich zu werten, wenn jemand die Hand nicht gibt. Falsch ist es, mit bereits ausgestreckter Hand auf eine ranghöhere Person zuzustürzen, denn so zwingt man diese geradezu zum Handschlag. Viel besser und vor allem höflicher ist es, einige Sekunden abzuwarten, ob der Ranghöhere die Hand reicht.

Was passiert jedoch, wenn ein Mann fälschlicherweise glaubt, daß es die Höflichkeit von ihm erwartet, der Dame die Hand zum Gruß zu reichen? Die Dame, will sie den Herrn nicht vor den Kopf stoßen, wird in diesem Falle die Hand ergreifen!

Dazu einige Beispiele:

- Begrüßt ein Mann einige Personen (Frau, älterer Herr, junger Mann), so gilt folgende Regel: Der Herr verneigt sich kurz vor allen, wartet dabei jedoch einige Sekunden ab und wird, wenn die Frau ihre Hand reicht, diese ergreifen. Auf die gleiche Weise wird der ältere Herr begrüßt, und anschließend reicht der Mann dem jungen Mann die Hand. Was ist zu tun, wenn die Frau ihre Hand nicht reicht (vielleicht ist sie mit den Regeln nicht vertraut), der ältere Herr aber Anstalten macht, seine Hand zu reichen? Nun, dann könnte man sich so aus der Affäre ziehen: »Entschuldigung, ›Ladies first‹« und ihr die Hand anbieten, diese dann dem Herrn reichen und anschließend dem jungen Mann geben.
- Ein Mann begrüßt einen sehr alten Herrn und ein junges Mädchen. Die Begrüßung wird so vor sich gehen: Der Mann nickt dem alten Herrn zu, und wenn dieser ihm die Hand reicht, wird er sie ergreifen. Anschließend reicht *er* dem jungen Mädchen seine Hand und begrüßt sie.
- Ein Mann begrüßt eine ihm gut bekannte Frau mit ihrem erwachsenen Sohn in Begleitung einer weiteren Frau, die er nur sehr flüchtig kennt. Die Begrüßung wird wie folgt ablaufen: Der Herr nickt allen freundlich zu, grüßt, wartet kurz ab, ob eine der Damen die Hand ausstreckt. Ist dies nicht der Fall, ist die Begrüßung damit beendet. Reicht jedoch die Bekannte ihre Hand, dann ergreift er diese und bietet seinerseits dann der anderen Frau die Hand und anschließend dem Sohn.

Bei der *Begrüßung eines größeren Kreises* von Damen und Herren galt es als ein Akt der Höflichkeit, zuerst die Damen dem Alter entsprechend zu begrüßen, wobei die verheirateten Damen, auch wenn sie jünger waren, den Vorzug hatten. Anschließend wurden die Herren streng nach Rangfolge begrüßt. Dieses Ritual ist nicht mehr notwendig und gilt als antiquiert.

Zum einen ist es störend für alle Beteiligten, weil man dabei kreuz und quer die Hände reicht und so Unruhe in die Gesellschaft bringt. Andererseits verlangt es ein blitzschnelles Reagieren, um herauszufinden, wer nun ranghöher ist und zuerst begrüßt werden muß. Nicht nur, daß dabei die älteren, ledigen Damen gegenüber den jüngeren, schon verheirateten Frauen diskriminiert werden, es kommt noch hinzu, daß es manchmal außerordentlich schwierig sein kann, das tatsächliche Alter von Damen und vielfach auch von Herren richtig einzuschätzen.

Die heute gültigen Etiketteregeln lassen es durchaus zu, allen gemeinsam zuzunicken und dabei zu grüßen und, falls es in dem Kreis üblich ist, allen reihum die Hand zu reichen.

Allerdings ist es ein Zeichen von ausgesuchter Höflichkeit, die Absicht vorher anzukündigen: »Darf ich Ihnen der Reihe nach die Hand geben?« oder »Erlauben Sie mir, Sie der Reihe nach zu begrüßen?«

Ähnliches gilt, wenn eine größere Gruppe von Personen begrüßt werden soll, die bereits an einem Tisch Platz genommen hat. In diesem Fall grüßt man alle gemeinsam durch ein freundliches Kopfnicken, richtet die Grußworte an alle. Das Schütteln der Hände ist in dieser Situation nicht notwendig und kann ohne schlechtes Gewissen unterbleiben.

Die *Begrüßung weniger Personen* erfolgt dagegen immer persönlich, d.h., jeder Anwesende wird persönlich begrüßt, indem zuerst durch ein kurzes Kopfnicken der Gruß angedeutet wird. Die oder der Ranghöhere reicht dem Gegenüber die Hand, begleitet durch die regional üblichen Grußworte.

Für die Begrüßung in den eigenen vier Wänden sind folgende Regeln zu beachten: Der Hausherr öffnet die Türe und begrüßt die Gäste entsprechend der Rangfolge, ist ihnen beim Ablegen behilflich und führt sie dann ins Zimmer. Die Dame des Hauses wird den Besuch bereits in der Diele oder im Zimmer erwarten und begrüßen.

Folgende Beispiele sollen Ihnen zeigen, wie die unterschiedlichsten Situationen gemeistert werden können:

▌ Handelt es sich bei den Gästen um ein bereits bekanntes Paar, so werden sich zuerst die Damen begrüßen, anschließend begrüßt die Gastgeberin den Herrn.
▌ Ist das Paar der Gastgeberin nicht bekannt, so wird der Hausherr seiner Frau/Partnerin das Paar gemeinsam vorstellen: »Liebe Inge, das sind Frau und Herr Fröhlich!« oder »Liebe Inge, das ist Frau Christine Sauer-Bergmann und Walter Lustig!« Die Gastgeberin wird daraufhin die Gäste begrüßen und willkommen heißen: »Guten Abend, Herr Lustig (Hand reichen), Frau Sauer-Bergmann (Hand reichen). Es freut mich sehr, daß Sie unsere Einladung angenommen haben!«
▌ Sind bereits andere Gäste da, so ist es die Aufgabe des Gastgebers oder auch der Gastgeberin, den neu hinzugekommenen Gast oder die Gäste mit den bereits anwesenden bekannt zu machen. Will man der Etikette entsprechend vorgehen, so wird man die Rangfolge beachten. Um jedoch Unruhe zu vermeiden, kann man ruhig diese neuen Gäste gemeinsam vorstellen und sie dann der Reihe nach nennen: »Darf ich Ihnen Frau und Herrn Fröhlich vorstellen; Frau Sauer-Lustig, Herr Freitag, Frau Dienstag usw.« Das Händeschütteln kann in diesem Fall ohne weiteres unterbleiben.
▌ Bei Anwesenheit von sehr vielen Gästen ist auch folgende Vorgehensweise durchaus üblich: Der Gastgeber/die Gastgeberin stellt den Gast oder die Gäste als erstes einem anwesenden guten Bekannten vor und ersucht diesen dann, ihm/sie den anderen Gäste vorzustellen.
Was beispielsweise so vor sich gehen könnte: »Liebe Frau Freitag, Herr Freitag, darf ich Ihnen Herrn Walter Fröhlich vorstellen. Er ist ein Studienfreund unseres Gastgebers.« Und zu Herrn Fröhlich gewandt: »Frau und Herr Freitag.« Dazu gehören auf jeden Fall einige erklärende Worte, damit jeder weiß, mit wem er es zu tun hat. Dadurch wird es viel leichter möglich, ein Gespräch zu beginnen.
▌ Besonders bei größeren Gesellschaften oder Partys kann es vorkommen, daß der eintreffende Gast von einem Haus-

mädchen oder einer ihm fremden Person empfangen und hineingeführt wird. Bevor er sich mit den anderen Gästen beschäftigt, muß er auf jeden Fall zuerst die Gastgeberin, dann den Gastgeber begrüßen. Gute Gastgeber wissen jedoch, was sich gehört, und halten sich immer in der Nähe der Tür auf, bis alle Gäste eingetroffen sind.

Aufstehen bei der Begrüßung ist für den Mann *oberstes Gebot*, gleichgültig, ob es sich bei dem Dazugestoßenen um eine Frau oder um einen Mann handelt. Ein Mann muß darauf achten, rechtzeitig und, was noch sehr wichtig ist, unbedingt *ganz aufzustehen*, d. h. gerade zu stehen und nicht nur einen angedeuteten, halb verkrümmten Stehversuch zu machen. Wenn man an einem Tisch sitzt, so muß man auf jeden Fall aufstehen und sich zur betreffenden Person ganz umdrehen und keine, wie man immer wieder sehen kann, »halb rückwärts blickende, verkrümmte Steh-Sitz-Stellung« einnehmen.

Frauen dagegen bleiben grundsätzlich sitzen! Es sei denn, eine um *vieles ältere* Dame wird begrüßt. Das gilt auch bei der Begrüßung eines *wesentlich älteren* Herrn, da wird ebenfalls die Frau aufstehen.

Vorsicht: Männer, auch wenn sie bereits ein *entsprechendes* Alter haben, reagieren manchmal empfindlich, wenn Frauen mit dieser Geste zeigen, daß sie sie als »ehrwürdig« und »alt« ansehen!

Für die *Verabschiedung* gelten im Grunde genommen die gleichen Regeln wie bei der Begrüßung.

Wer sich verabschieden möchte, wird dies zuerst mit einer entsprechenden Ankündigung, nötigenfalls auch mit einer kurzen Erklärung tun:

»Ich möchte mich verabschieden, ich habe einen weiten Weg ...!«

»Ich glaube, für mich wird es Zeit, darf ich mich verabschieden ...!«

»Leider kann ich nicht mehr länger bleiben, ich habe noch einen Termin ...!«

Beispiele:
Sie waren eingeladen und möchten sich verabschieden?

Noch im Sitzen werden Sie sagen: »Leider muß ich Ihre angenehme Gesellschaft verlassen, aber ich habe noch eine wichtige Verpflichtung!« Nun stehen Sie auf, rücken den Stuhl zurecht: »Darf ich mich verabschieden?« Es folgt das Verabschiedungsritual gegenüber den anderen Gästen. Dann bedanken und verabschieden Sie sich bei der Frau des Hauses; der Gastgeber wird Sie zur Tür begleiten und dort verabschieden.

Bei einem Geschäftsessen verläßt ein Herr (Mitarbeiter des Gastgebers) früher die Runde: Im Sitzen wird er seinen Aufbruch ankündigen: »Es tut mir sehr leid, daß ich etwas früher gehen muß, da ...!« Dann steht er auf, verabschiedet sich der Reihe nach und sagt gleichzeitig: »Darf ich es der Reihe nach machen?« Er beginnt aber auf jeden Fall beim »Ehrengast« bzw. dem »fremden Ranghöchsten«.

Im übrigen haben sich die Sitten auch bei der Verabschiedung sehr gelockert, und es ist besonders bei einer großen Gästezahl nicht mehr unbedingt notwendig, sich von allen Anwesenden persönlich zu verabschieden. Allerdings wird man sich bei den unmittelbaren Tischnachbarn oder bei denjenigen Personen, mit denen man sich zuletzt unterhalten hat, verabschieden.

Waren nur wenige Gäste anwesend, so verabschiedet man sich bei allen mit Handschlag und sagt dabei »Auf Wiedersehen«, »Gute Nacht«. Einen guten Eindruck macht es natürlich, wenn man dabei mehr als zwei Worte verwendet: »Gute Nacht, Frau Dienstag, vielen Dank für die nette Unterhaltung!«

Üblich ist nach wie vor: Die Gastgeberin bleibt bei den Gästen und verabschiedet sich dort. Der Gastgeber begleitet in jedem Fall den Gast/die Gäste hinaus und verabschiedet sich dort von ihnen.

Möchte man sich von einer lockeren Runde verabschieden, so kann man das ruhig zwanglos tun: »Ich muß los, bis zum nächsten Mal, auf Wiedersehen!«

Sich auf »spanisch« zu verabschieden, ist in einer kleineren Runde gänzlich unmöglich. In einem größeren Kreis kann man dies ohne weiteres tun. Allerdings ist ein »Davonschleichen«, ohne sich bei den Gastgebern zu verabschieden, unmöglich! Man kann dies jedoch durchaus diskret machen, um keine Unruhe in die Gesellschaft zu bringen oder andere zum frühzeitigen Aufbruch zu veranlassen.

Die richtige Anrede

Es sind die Namen, von denen jede Anrede lebt, und erst durch das Nennen des Namens erkennt ein Gegenüber, daß er als Persönlichkeit akzeptiert wird.

Es ist hinlänglich bekannt, jedem Menschen ist sein eigener Name wertvoll. Daher ist jeder erfreut, wenn er mit seinem Namen angesprochen wird. Es ist daher ungemein wichtig, sich die Namen von Menschen, die man bei der Vorstellung erfahren hat, auch zu merken. Das ist zwar nicht immer ganz leicht, z. B. wenn der Name schlecht verstanden wurde. In so einem Fall ist es richtig, nachzufragen. »Darf ich Sie nochmals um Ihren Namen bitten, ich habe ihn leider nicht ganz richtig verstanden?« Das ist keine Peinlichkeit, sondern signalisiert dem Gegenüber Interesse an seiner Person. Außerdem wird einem dieser Name viel eher im Gedächtnis haftenbleiben. Bei einem neuerlichen Zusammentreffen wird man diesen Menschen sofort mit seinem Namen ansprechen können.

Immer wieder kommt man in folgende Situation: Man trifft mit einem Menschen zusammen, den man wohl kennt, doch der Name fällt einem trotz eifrigen Überlegens partout nicht mehr ein! Was soll man da machen?

Nun das einfachste Mittel, nachfragen: »So leid es mir tut, im Augenblick kann ich Ihren Namen nicht sagen, darf ich ihn nochmals erfahren?« Oder: »Seien Sie mir bitte nicht böse, ich habe Ihren Namen vergessen. Würden Sie ihn mir nochmals verraten?« Auch das ist für das Gegenüber ein Zeichen von persönlichem Interesse an seiner Person, und ihm ist das gleiche Mißgeschick sicher auch schon passiert.

Peinlich und ausgesprochen unhöflich ist es nur dann, wenn man während eines Gesprächs das jeweilige Gegenüber namenlos und nur vage anredet.

Ein weiterer Fauxpas ist es, den Namen eines anderen Menschen falsch auszusprechen. Daher: Wer sich nicht sicher ist, soll nachfragen!

Ausgesprochen unhöflich ist es, ich möchte fast sagen, es kann als ein Zeichen von Herabsetzung gewertet werden, wenn bei der Anrede das bei uns übliche Herr/Frau weggelassen und die/der andere nur mit dem Familiennamen angesprochen wird: »Guten Tag, Müller, schon lange nicht mehr gesehen!«

Die Anrede *»Fräulein«* ist mittlerweile nur noch bei jungen Mädchen üblich! Alle Frauen, die volljährig sind, haben den Anspruch, mit »Frau« angesprochen zu werden. Leider erweist es sich manchmal als etwas schwierig, zu erkennen, ob die Anzusprechende erst 16 oder bereits 25 Jahre oder älter ist. Daher kann man es sich zur Regel machen, jede junge Frau, von der man annehmen kann, daß sie kein Teenager mehr ist, auch mit »Frau« anzusprechen. Ist man sich wegen des Alters nicht ganz sicher, so fragt man ganz einfach nach: »Möchten Sie mit ›Frau‹ oder mit ›Fräulein‹ angesprochen werden?«

Oft trifft man allerdings auf ältere ledige Frauen, die mit einem gewissen Stolz darauf beharren, mit »Fräulein« angesprochen zu werden. Diesen Wunsch sollte man respektieren!

Als ein Ausdruck besonderer Hochachtung gilt immer noch die Anrede »gnädige Frau«. Allerdings sollte die so Angesprochene doch eher eine reifere Dame sein, der man besondere Wertschätzung entgegenbringen möchte. Jüngere Frauen empfinden diese Art der Anrede meist als etwas übertrieben oder lächerlich.

Titel, akademische Grade, sind ein Teil des Namens, und

es ist üblich, diese auch zu nennen, und zwar immer mit dem Namen des oder der Angesprochenen: »Herr Professor Freitag« – »Frau Doktor Montag«.

Dagegen ist der »Herr Doktor« immer nur ein Arzt, und das auch nur dann, wenn er im Dienst ist, denn auch Mediziner haben Namen.

Allerdings: Speziell in Österreich wird wesentlich mehr Wert auf Titel gelegt, als dies beispielsweise in Deutschland oder in der Schweiz der Fall ist. Auch in anderen Ländern ist eine übermäßige »Titelreiterei« nicht unbedingt angebracht. Sicher gibt es überall Menschen, die stolz auf ihren Titel sind und die Wert darauf legen, mit diesem auch angesprochen zu werden. Mit etwas Fingerspitzengefühl läßt sich herausfinden, bei wem das der Fall ist. Diese Person wird man als höflicher Mensch dann selbstverständlich mit Titel ansprechen!

Nicht selten lassen sich natürlich auch *Ehefrauen* von Akademikern oder von Männern, die irgendwelche Berufstitel führen, mit dem Titel des Mannes ansprechen. Falsches Prestigedenken und vielleicht auch mangelndes Selbstwertgefühl sind die Gründe für dieses doch eher lächerliche Verhalten.

Bei Personen, die mehrere Titel führen, beispielsweise Frau Prof. Dr. Mag. Dienstag oder Herr Dr. Dipl.-Ing. Freitag, wird bei der Anrede (auch im Schriftverkehr) immer nur der erste Titel bzw. der »höchste« Titel verwendet: Frau Professor Dienstag, Herr Doktor Freitag.

Äußert ein/e AkademikerIn die Bitte, den Titel bei der Anrede wegzulassen, so wäre es sehr unhöflich, diesem Wunsch nicht zu entsprechen und diese/n weiterhin mit Titel anzusprechen. Jüngere Akademiker legen vielfach nicht mehr so viel Gewicht auf die Ansprache mit Titel, auch das sollte akzeptiert werden.

Eine Unsitte, die früher durchaus üblich war, akzeptiert und angewendet wurde, ist glücklicherweise vollkommen »out«: Frauen, deren Ehemänner einen akademischen Titel führen, haben keinen Anspruch darauf, mit diesem angesprochen zu werden. Eine Frau, die darauf Wert legt, macht sich im Grunde genommen nur lächerlich.

Regeln für die Anrede

- Namen unbedingt immer aussprechen: Frau Freitag, Herr Doktor Montag.
- Titel sind ein Teil des Namens, daher, wenn gewünscht, mitzuverwenden.
- Die korrekte Anrede, auch für unverheiratete Frauen, ist Frau. Fräulein sollte nur noch bei jungen Mädchen verwendet werden, auf Wunsch jedoch auch bei älteren ledigen Frauen.

Formelle Anreden – Anschriften

Weltliche Repräsentanten

Stellung	Bundespräsident
Anrede (mündlich)	Herr Bundespräsident (evtl. mit Namen)
Anschrift	An den Bundespräsidenten der ...
Anrede (schriftlich)	Sehr verehrter Herr Bundespräsident
Stellung	Bundeskanzler
Anrede (mündlich)	Herr Bundeskanzler (evtl. mit Namen)
Anschrift	An den Bundeskanzler der ...
Anrede (schriftlich)	Sehr geehrter Herr Bundeskanzler
Stellung (Mann)	Minister
(Frau)	Ministerin
Anrede (mündlich)	Herr Minister Frau Ministerin (evtl. mit Namen)

Anschrift (Mann)	Herrn Minister für ... Frau Ministerin für ... (evtl. zusätzlich mit Namen)
Anrede (schriftlich)	Sehr geehrter Herr Minister Sehr geehrte Frau Ministerin (evtl. mit Namen)

Auf diese Weise werden auch andere Mitglieder: Staatssekretäre/innen, Parlamentspräsidenten/innen, Landtagspräsidenten/innen, Landeshauptmänner/Landeshauptfrauen, Abgeordnete, Parteivorsitzende sowie Bürgermeister/innen, Stadträte/innen usw. angesprochen, angeschrieben.

Diplomatie – Ausländische Repräsentanten

Stellung (Mann)	Botschafter/Gesandter
(Frau)	Botschafterin/Gesandtin
Anrede (mündlich)	Eure Exzellenz/Herr Botschafter/Herr Gesandter Eure Exzellenz/Frau Botschafterin/Frau Gesandtin
Anschrift (Mann)	An den Botschafter (Gesandten) der ...
(Frau)	An die Botschafterin (Gesandtin) der ...
Anrede (schriftlich)	Sehr geehrter Herr Botschafter ... Sehr geehrte Frau Botschafterin ...
Stellung	Päpstlicher Nuntius
Anrede (mündlich)	Exzellenz
Anschrift	Seiner Exzellenz, dem päpstlichen Nuntius Monsignore ...
Anrede (schriftlich)	Eure Exzellenz

Für Ehefrauen gilt grundsätzlich:

Anrede (mündlich)	Gnädige Frau/Frau ...

Anschrift	Frau …
Anrede (schriftlich)	Sehr geehrte gnädige Frau/ Sehr verehrte Frau …

Schlußformel

(in allen Fällen anwendbar)	Mit vorzüglicher Hochachtung

Kirchliche Würdenträger

Stellung	Papst
Anrede (mündlich)	Eure Heiligkeit/ Heiliger Vater
Anschrift	An seine Heiligkeit Papst …
Anrede (schriftlich)	Eure Heiligkeit/ Heiliger Vater
Schlußformel	Ihr ergebenster/Ihr treuester Diener
Stellung	Kardinal
Anrede (mündlich)	Eure Eminenz/Herr Kardinal
Anschrift	An seine Eminenz, den hochwürdigen Kardinal … An den Herrn Kardinal
Anrede (schriftlich)	Eure Eminenz/Hochverehrter Kardinal
Stellung	Erzbischof/Bischof/ Weihbischof
Anrede (mündlich)	Exzellenz/Herr Erzbischof/ Herr Bischof
Anschrift	Seiner Exzellenz dem hochwürdigen Erzbischof … An den hochwürdigen Herrn Bischof …
Anrede (schriftlich)	Exzellenz/sehr verehrter Herr Weihbischof …

Stellung	Priester
Anrede (mündlich)	Herr Pfarrer/Hochwürden
Anschrift	Hochwürdigem Herrn Pfarrer …, Herrn Pfarrer …
Anrede (schriftlich)	Hochverehrter Herr Pfarrer …
Stellung	Nonne
Anrede (mündlich)	Ehrwürdige Schwester/ Schwester
Anschrift	An die Ehrwürdige Schwester …, An Schwester …
Anrede (schriftlich)	Ehrwürdige Schwester
Schlußformel Geistliche Würdenträger/Päpstlicher Nuntius	Ihr/e sehr ergebene/r … Mit meiner ausgezeichneten Hochachtung

Der Händedruck

In europäischen Ländern ist es nach wie vor üblich und es gilt als Zeichen von Höflichkeit, sich bei der Begrüßung wie beim Abschied die Hände zu geben. Durch diese Geste – sie ist ein Relikt aus den Zeiten der Ritter, die ihrem jeweiligen Gegenüber die »offene« Hand reichten, um zu zeigen: »Ich komme als Freund und habe keine Waffe!«, erkennt das Gegenüber persönliches Interesse an seiner Person. Zudem signalisiert diese Handbewegung die prinzipielle Bereitschaft, ein Gespräch zu führen oder zumindest einige Worte zu wechseln.

In den angelsächsischen Ländern dagegen ist diese Sitte nicht so verbreitet. Durch diesen Einfluß kann man daher auch bei uns mehr und mehr beobachten, daß nicht mehr zu jeder sich bietenden Gelegenheit die Hände geschüttelt werden. Zudem vermeiden viele Menschen das Händeschütteln wohl auch aus hygienischen Gründen, wofür man Verständnis aufbringen sollte.

Ich tendiere daher zu folgender Empfehlung: Lernen Sie, zu erkennen, ob Ihr Visavis bereit ist, die Hand zu geben, oder auf Ihre Hand wartet. Mit ein wenig Beobachtungsgabe ist dies leicht zu erkennen. Allerdings sollte man eine bereits ausgestreckte Hand höflicherweise immer ergreifen. Dies nicht zu tun wirkt nicht nur beleidigend, man läuft Gefahr, als hochmütig oder eingebildet abgestempelt zu werden.

Regel

- *Die ranghöhere Person reicht der rangniedrigeren die Hand immer zuerst.* Dabei steht es ihr jedoch frei, ob sie die Hand reicht oder, aus welchem Grund auch immer, darauf verzichtet.
- Der Mann oder die/der Jüngere wird warten, bis die Frau ihm/ihr die Hand reicht. Es ist inkorrekt, wenn ein Mann der Dame die Hand zum Gruß entgegenstreckt. Er sollte warten, bis sie ihm die Hand gibt.
- Das gleiche gilt auch für eine höhergestellte Persönlichkeit, die/den Älteren, die/den Fremde/n usw.

Hinweis

Personen, die unmittelbare persönliche Dienstleistungen erbringen, z. B. Hauspersonal, Hotelbedienstete, KellnerInnen, VerkäuferInnen, werden *nicht* mit Handschlag begrüßt!

Der Händedruck sollte fest sein. Verbunden mit einem Blick in die Augen, zeigt man ungeteiltes persönliches Interesse an der anderen Person. Diese ganze »Zeremonie« darf jedoch nur einige Sekunden dauern.

Unbedingt vermeiden sollte man folgende Unarten

- den Arm abgewinkelt, an den Körper gepreßt halten
- einen Händedruck, der weich, nachlässig, schlaff, »seifig« wirkt

- die Hand des Gegenübers zu drücken wie einen »Schraubstock«
- beim Händedruck keinen Blickkontakt halten – signalisiert mangelndes Interesse, Introvertiertheit, man hat etwas zu verbergen usw.
- langes Festhalten der Hand oder übermäßiges Schütteln

Der Handkuß

Der Handkuß ist eine Begrüßungsform, der man nur mehr selten begegnet. Früher galt er als Ausdruck besonderer Wertschätzung, vor allem gegenüber den verheirateten Damen der Gesellschaft. Die Damen von damals hielten dem Herrn ihre Hand ganz bewußt locker entgegen, damit sich dieser mit den Worten »Küß' die Hand« darüber beugen konnte und einen nur angedeuteten »Kuß« darüber hauchte.

Heute gilt er als verstaubtes Relikt, obwohl manch eine Frau diese charmante Begrüßung, wenn sie richtig ausgeführt wird, immer noch schätzen würde.

Allerdings beherrschen nur noch sehr wenige Männer die korrekte Form! Manch einer hat den Handkuß wohl in sein Begrüßungsrepertoire aufgenommen, versteht es aber nicht, diesen richtig und perfekt zu praktizieren. Denn ein korrekt ausgeführter Handkuß hat mit einem »richtigen Kuß« nichts zu tun! Er ist nichts anderes als ein Hauch über der Hand der Dame, und es ist alles andere als angenehm, einen feuchten Schmatz auf den Handrücken verpaßt zu bekommen.

Auch Frauen können mit diesem Ritual nichts mehr anfangen und verhalten sich, weil sie es nicht gelernt haben, entsprechend ungeschickt. Früher gehörte es mit zur Erziehung junger Damen, den Handkuß richtig zu »empfangen«.

Um einen stilechten Handkuß formvollendet auszuführen, braucht es daher neben entsprechender Übung auch das Wissen um die Regeln:

Der Herr

- ergreift die Hand der Dame lediglich bis zu den Fingern, hebt die dargebotene Hand der Dame unmerklich zu sich herauf,
- beugt sich über den Handrücken der Dame, verharrt dabei kurz im Abstand von etwa drei bis fünf Zentimetern über dem Handrücken und deutet damit den »Kuß« an.

Die Dame

- muß allerdings entsprechend »mithelfen«, das heißt, sie wird ihre Hand locker darbieten und dabei leicht entgegenwölben,
- sollte jedoch niemals von sich aus ihre Hand dem Mann zum »Kuß« entgegenheben.

Weiterhin ist noch zu beachten:
Ein Handkuß wird nur auf die nackte Hand gegeben.
Früher wurde der Handkuß nur in geschlossenen Räumen praktiziert. Heute sollte der Handkuß nur an »passenden« Orten angewendet werden. Ein Handkuß am Badestrand oder am Tennisplatz wirkt doch reichlich deplaziert.
Eine Frau, die diesem Ritual nichts abgewinnen kann oder den Mann nicht unbedingt sympathisch findet, hat durchaus die Möglichkeit, einen möglichen Handkuß entsprechend abzuwehren. Es genügt ein leichtes Versteifen des Armes. Auch ein etwas festerer Druck der Hand kann den Mann warnen: »Bei mir lieber nicht!«

Der Handkuß hat ohne Zweifel die Zeit seiner Hochblüte hinter sich, und viele Menschen sehen in ihm ein Relikt längst vergangener Zeiten. Sie finden, daß diese Begrüßungsform nicht in unsere moderne Zeit paßt. Um so mehr erstaunt es, daß gerade jüngere Männer versuchen, das Ritual des Handkusses zu erlernen und es auch anzuwenden. Die jungen selbständigen Frauen standen wohl anfänglich diesem Phänomen etwas ratlos gegenüber, doch mehr und mehr beginnen auch sie, sich mit dieser anmutigen Geste anzufreunden.

Der Wangenkuß oder »Bussi-Bussi«

Der Wangenkuß ist eine moderne Form der Begrüßung, die den herrschenden Zeitgeist in unserer Gesellschaft widerspiegelt und hauptsächlich zwischen Verwandten, Freunden und guten Bekannten praktiziert wird. Dieses Begrüßungsritual wird zum einen abgeleitet vom biblischen Bruderkuß, zum anderen von der Akkolade »Umarmung«, mit der die Ritter des Mittelalters vom Herrscher in den Ritterorden aufgenommen wurden.

In den romanischen Ländern – Spanien/Frankreich/Italien –, aber auch von den Slawen wird diese Form der Begrüßung seit jeher praktiziert, und zwar in allen Schichten. Allerdings bedienten sich ursprünglich nur Männer dieser Geste. Sie umarmten sich, berührten dreimal die Wangen, manchmal begleitet von einem Klopfen auf die Schultern.

Diese Art der Begrüßung war in Adelskreisen schon lange üblich. Sie wurde später auch von der »elitären« bürgerlichen Gesellschaft mehr und mehr übernommen. Heute begegnet man diesem »freundschaftlichen« Ritual in allen möglichen Situationen, denn: »Wer küßt – wer geküßt wird, ist *in*!«

Es gibt verschiedene Formen:

- Man umarmt sich und gibt dabei das »Bussi-Bussi«,
- man hält sich gegenseitig an den Unterarmen, und dann folgt »Bussi-Bussi«,
- man reicht einander wie üblich die Hände und neigt sich dann zum »Bussi-Bussi« zueinander.

Einige grundsätzliche Regeln, die unbedingt beachtet werden sollten:

- Genaugenommen werden die »Küßchen« nur gehaucht, d. h., es werden nur die Wangen berührt, und das Busserl wird angedeutet. Zum einem ist es nicht angenehm, Lippenstiftspuren zu hinterlassen, zum anderen ist ein feuchter Schmatz nicht jedermanns Sache.
- »Bussi-Bussi« wirklich nur bei Familienangehörigen/Verwandten/sehr guten Freunden praktizieren.
- *Die Rangfolge ist auch hier zu beachten.* Die/der Ranghöhere »busselt« die/den Rangniedrigere/n zuerst.

Sie oder du?

Im deutschsprachigen Raum ist es allgemein üblich, Erwachsene, die man nicht oder nicht sehr gut kennt, mit »Sie« anzusprechen. In den verschiedenen Gesellschaftsklassen wird das Du oder Sie anders gewertet. Das unkonventionelle »Du« ist beispielsweise zwischen Arbeitern oder Jugendlichen im Umgang miteinander bevorzugt. Allerdings verwischen sich die Grenzen zunehmend, und nicht selten wird die lockere Anredeform auch bei Erwachsenen oder Ranghöheren verwendet.

Auch im ländlichen Raum hat die Anrede mit »Sie« oder »Du« eine andere Wertigkeit. Dort ist es durchaus üblich, daß sich die dort lebenden Menschen untereinander mit »Du« ansprechen. Doch als Fremder sollte man nicht unbedingt glauben, es genauso machen zu können. Auf jeden Fall ist es besser, nachzufragen, was von einem Außenstehenden erwartet wird.

Eine allzu schnelle Verbrüderung, wie sie heute sehr oft vorkommt, erweckt nicht bei allen Leuten reine Freude. Viele Menschen erkennen, daß dadurch persönliche Distanz verlorengeht, die in vielen Fällen den Umgang untereinander korrekter und, ob man es glauben will oder nicht, damit auch einfacher macht.

Folgende Geschichte zeigt, wie unangenehm für alle Beteiligten das sein kann. »Peter Weil ist zum erstenmal mit seiner Frau bei seinem Vorgesetzten, Dr. Fritz Montag, in dessen Privathaus eingeladen. Frau Montag hat den Tisch liebevoll gedeckt, ein ausgezeichnetes Essen vorbereitet, und der Gastgeber offeriert einen guten Tropfen. Es wird über dieses und jenes gesprochen. Und als Herr Montag noch einen »alten Jahrgang« aus seinem Keller holt und die Gläser füllt, nimmt Herr Weil seinen ganzen Mut zusammen, erhebt sein Glas, prostet seinem Chef zu und sagt: ›Sag doch einfach Peter zu mir!‹ Als er bemerkt, daß Herr Montag irritiert seine Augenbrauen hochzieht und etwas hilflos lächelt, stellt er an sich selbst die Frage: ›Habe ich möglicherweise einen Fehler gemacht, den man mir übelnimmt?‹«

Im gesellschaftlichen Umgang wie auch in beruflichen Belangen gibt es viele gute Gründe, von der zwar etwas distanzierten, formellen, trotzdem aber nicht weniger herzlichen Anredeform »Sie« auf das intimere, manchmal sogar kumpelhafte »Du« überzugehen. Allerdings bestehen auch dafür Regeln, die man kennen und anwenden sollte. Die meisten Etikettevorschriften und symbolischen Gesten, die früher bei jeder »Verbrüderung« üblich waren, haben sich überlebt, doch einige Regeln gilt es auch heute noch zu beachten.

Grundregel
Das »Du« wird prinzipiell immer von der/dem Ranghöheren angeboten.

Beispiele:
Die Frau bietet es dem Mann an;
die/der Ältere der/dem Jüngeren;
der/die Vorgesetzte der/dem MitarbeiterIn usw.
Die moderne Vorgangsweise bei diesem Ritual: Das Glas erheben, dann anstoßen oder sich zuprosten, dabei Blickkontakt halten, gegenseitig die Vornamen nennen, einen Schluck trinken.

Ganz korrekt ist die »Verbrüderung«, wenn anschließend gegenseitig die Hände gereicht werden.

Aus der Mode gekommen ist:

- das gegenseitige Verschlingen der Arme während des Trinkens;
- der »Bruderkuß« gilt ebenfalls als antiquiert und wird auch Frauen gegenüber nicht mehr praktiziert (es sei denn, diese läßt erkennen, daß sie es haben möchte).

Ein Zeichen von flegelhaftem Benehmen ist es:

- jemanden einfach zu »duzen«, den man gar nicht oder nur vom Sehen kennt;
- das Du »von oben herab«, beispielsweise der Vorgesetzte duzt seinen Untergebenen oder den Lehrling;
- das »Duzen« von Personal, beispielsweise der Gast spricht die Bedienung mit du an, oder ein Bauherr duzt den für ihn tätigen Arbeiter;
- jeden Ausländer einfach zu »duzen«, wie es leider sehr oft praktiziert wird.

Doch auch aus diesen werden Erwachsene, und sehr viele Menschen haben sich schon in einer solchen Situation befunden und gefragt: Wie verhält man sich hier korrekt?

Beispiel
Sie haben die Freundin Ihrer Tochter früher immer geduzt. Sie war dann für längere Zeit auf der Universität, nun kommt sie wieder in ihr Haus, ist eine junge Dame geworden, und Sie haben nun Schwierigkeiten damit, sie korrekt anzusprechen. Einfach zu sagen: »Hallo Susanne, ich freue mich, daß du wieder hier bist!« erscheint Ihnen nicht richtig. Wäre es vielleicht besser, sie mit »Guten Tag, Susanne, wie nett, daß Sie uns wieder einmal besuchen!« zu begrüßen?

Nun, die einfachste und wohl auch die korrekteste Lösung wäre:

»Guten Tag, Susanne. Ich darf Sie doch noch so nennen, oder muß ich ›Sie‹ sagen?« Kaum ein junger Mensch, der damit konfrontiert wird, verlangt, »gesiezt« zu werden. Aber, und das erscheint mir als das Wesentliche, die/der Betreffende wurde von der/dem Älteren als Erwachsene/r anerkannt, wurde gefragt und kann sich nun ganz freiwillig dafür entscheiden, wie er/sie angesprochen werden möchte.

Umgangsformen gelten auch am Telefon

Das Telefon ist sicherlich eine der praktischsten Erfindungen unseres Jahrhunderts. Es ersetzt einen großen Teil der persönlichen Kommunikation. Will man dem Geschäftspartner etwas Wichtiges mitteilen oder möchte man ein privates Gespräch führen, so greift man zum Hörer. Es ist schön und vor allem praktisch, weil man schnell und meist auch problemlos mit jemandem sprechen kann. Das Telefon gehört zum modernen Leben ganz einfach dazu.

Leider hat das Telefon, wie vieles andere auch, seine Schattenseiten, und das permanente Klingeln zu jeder Tages- oder auch Nachtzeit kann ganz ordentlich auf die Nerven gehen. Das Telefon ist auch mitschuldig daran, daß der persönliche Kontakt zu anderen Menschen, das persönliche Gespräch, das Schreiben von Briefen, um dem anderen etwas mitzuteilen, kaum mehr praktiziert wird.

Wurde früher ein Fest gegeben, so erfolgte die Einladung schriftlich. Heute wird sie fast immer telefonisch ausgesprochen. Der Termin beim Arzt, bei der Kosmetikerin wird telefonisch vereinbart, ein Geschäftsbesuch wird telefonisch abgesprochen, das Geschäftsessen und eine Konferenz am Telefon organisiert usw.

War es früher üblich, sich gegenseitig zu besuchen (nach der Etikette waren dafür genaue Besuchszeiten festgelegt:

sonntags zwischen 11.00 und 12.00 Uhr), so ist das leider ganz aus der Mode gekommen. Die Möglichkeit, zum Hörer zu greifen, hat auch diese Sitte auf dem Gewissen, und selbst Nachbarn, die Tür an Tür wohnen, benutzen lieber das Telefon, als kurz an der Wohnungstür zu klingeln.

Das Telefon ist wohl das meistfrequentierte Kommunikationsgerät unserer Gesellschaft. Man hat sich schon so daran gewöhnt, daß ohne Telefon nichts mehr zu funktionieren scheint. Es ist auch mitverantwortlich dafür, daß sich ein gänzlich neues Kommunikationsverhalten etabliert hat. Es gilt als unhöflich, einen Besuch zu machen ohne vorherige telefonische Anmeldung.

Höfliche Menschen wissen, was sich gehört. Sie beachten diese ungeschriebenen Gesetze. Sie halten sich auch an die Zeiten, wenn sie jemanden anrufen.

Telefonzeiten

In allen geschäftlichen Zusammenhängen, bei Behörden, Ämtern usw. gelten die üblichen Bürozeiten als generelle Richtlinie.

Bei allen privaten Anrufen gelten folgende Zeiten:

wochentags: nach Möglichkeit von 9.00 bis 12.00 Uhr und von 15.00 bis 19.30 Uhr.

Im Sommer kann problemlos bis etwa 21.00 Uhr telefoniert werden.

Zu folgenden Zeiten sollten Anrufe, vor allem wenn sie nicht dringend sind, oder bei Personen, die man nicht sehr gut kennt, vermieden werden:

zwischen 12.00 und 15.00 Uhr (übliche Essens- und Ruhezeit); zu Zeiten, in denen im Fernsehen oder im Radio Nachrichten gesendet werden.

Hat man im persönlichen Gespräch mit anderen Menschen eine entsprechend große Auswahl, sich auch nonverbal auszudrücken, um sein gepflegtes Benehmen, sein freundliches Wesen und seine Höflichkeit unter Beweis zu stellen, so gibt es diese Möglichkeiten während eines Telefongespräches nicht. Da der Angerufene unsere Mimik und Gestik nicht sehen kann, bleibt uns nur die Ausdrucksform unserer Sprache, mit der wir höfliche Manieren beweisen können.

Für eine gute Telefonkommunikation ist es ganz besonders wichtig, die Worte mit Bedacht zu wählen, dabei weder zu laut noch zu leise zu sprechen. Daneben läßt ein Lächeln auf den Lippen die Stimme um Nuancen freundlicher erscheinen. Versuche bekannter Soziologen haben ergeben, daß der Angerufene ein Lächeln buchstäblich »hören« kann. Ein einfaches Mittel, das große Wirkung hat!

Für eine korrekte Gesprächsführung am Telefon gilt es sowohl beruflich als auch privat einige Regeln zu beachten:

Als Anrufer/in (in beruflichen Zusammenhängen)

- Zuerst wird gegrüßt (entsprechend der Tageszeit);
- dann nennt man den eigenen Namen (ganz korrekt wäre Vor- und Zuname); falls er schlecht zu verstehen ist, sollte man sich angewöhnen, ihn zu buchstabieren; der Name des Unternehmens sollte nicht fehlen (das kann durchaus auch in umgekehrter Reihenfolge geschehen);
- bitte« und »danke«, diese zwei Worte lassen eine gute Kinderstube erkennen;
- hat man sich verwählt oder ist falsch verbunden, so erfordert es in jedem Fall die Höflichkeit, sich kurz, aber freundlich zu entschuldigen.

Ein Beispiel:
So könnte sich ein Telefonat mit den ABC-Werken abspielen:
Die Vermittlung meldet sich mit »ABC-Werke, guten Tag!«

»Guten Morgen, mein Name ist Sabine Freitag von der Business Bank, könnten Sie mich bitte mit Herrn Dr. Montag verbinden?«

Oder:

»Business-Bank, Sabine Freitag, guten Tag. Ich möchte gerne Herrn Dr. Montag sprechen!«

Ein *Privatgespräch* könnte so ablaufen:

»Guten Abend, hier spricht Doris Montag!«

Oder, falls am anderen Ende der Leitung nicht die Person den Hörer abnimmt, mit der man sprechen möchte, könnte man sagen:

»Guten Morgen, ich bin Peter Müller, kann ich bitte mit Herrn Maier sprechen?«

Aber auch als Angerufene/r muß man die höflichen Umgangsformen kennen und sollte diese unbedingt anwenden:

- In allen *geschäftlichen Zusammenhängen* meldet man sich sofort nach dem Abheben mit dem Namen; wenn er schlecht verständlich ist, buchstabieren! Vor- und Zuname nennen (erleichtert oft die Unterscheidung von Personen).
- Auch ist es sinnvoll, ggf. die Abteilung usw. zu nennen.
- Ist die/der Anrufende bei Ihnen nicht an der richtigen Stelle, so bietet man Hilfe an. »Leider sind Sie hier bei mir nicht richtig, ich verbinde Sie gerne mit Frau/Herrn ...« Oder: »Kann ich Ihnen vielleicht behilflich sein ...?«
- Hat sich jemand verwählt und sich dafür entschuldigt, so ist zumindest ein »Bitte« angebracht.
- *Privat* meldet man sich üblicherweise mit seinem Namen (evtl. auch Vor- und Zuname). Wer jedoch seine Privatsphäre wahren oder sich vor unliebsamen Anrufen schützen will, kann sich z. B. ruhig auch so melden: mit der Telefonnummer; »Ja, bitte?« oder was immer Sie für richtig halten.

Falsches Verhalten am Telefon

- Sich selbst mit z. B. »Herr Maier, guten Morgen!« oder »Hier spricht Frau Müller!« melden: Herr/Frau ist eine Anrede, die nicht verwendet wird, wenn man sich selbst vorstellt;
- sich nicht dem/der Angerufenen selbst vorstellen bzw. seinen Namen nennen;
- Unmutsbezeugungen in allen möglichen Formen; Schimpfen, Schreien usw.;

- Anrufe vor oder nach den üblichen Telefonzeiten;
- nicht zurückrufen, wenn darum gebeten wurde;
- falls sich ein Anrufbeantworter am anderen Ende meldet, keine Nachricht daraufsprechen; es würde genügen: »Petra Maier – ich versuche es später noch einmal«;
- zu schnell den Hörer auflegen; damit gibt man zu erkennen: »Für mich ist das Gespräch beendet, ich bin nicht mehr zu sprechen!«

In diesem Zusammenhang darf eine Unsitte, die leider sehr häufig – auch in renommierten Firmen – vorkommt, nicht unerwähnt bleiben. Sie ist ein Beispiel für schlechte Telefonkommunikation und trägt sicher nicht zu einem positiven Unternehmensimage bei!

Beispiel:
Peter Maier möchte bei den ABC-Werken den Leiter der Personalabteilung sprechen, kennt aber dessen Namen nicht.

Die Telefonistin der ABC-Werke meldet sich: »ABC-Werke, guten Morgen!«

»Mein Name ist Peter Maier, guten Tag, ich habe eine Frage: Wer ist bei Ihnen verantwortlich für Personalfragen?«

Statt der erwarteten Antwort verbindet die Telefonistin gleich weiter. Es passiert nichts, vielleicht vertreibt Musik die Wartezeit.

Endlich meldet sich am anderen Ende mit einem unverständlichen Gemurmel eine männliche Stimme. Auf die Frage: »Leider habe ich Ihren Namen nicht richtig verstanden – sind Sie der Personalchef?« hört man lediglich: »Da sind Sie bei mir falsch, ich verbinde Sie weiter!« ... Das Spielchen kann noch ein Weilchen so weiterlaufen, den Namen der Person, mit der man sprechen wollte, den erfährt man leider nicht.

Es wäre sehr einfach und vor allem auch höflich, wenn die/der Betreffende, die/der in der Telefonzentrale den Hörer abnimmt und mit einer solchen Frage konfrontiert wird, die/den Anrufer/in aufklärt:

»Personaldirektor in unserem Unternehmen ist Herr Alex Brecht, darf ich Sie verbinden?« Oder: »Verantwortlich für alle Mitarbeiterbelange ist Frau Dr. Susanne Müller. Leider ist sie heute nicht erreichbar!« So kennt der/die Anrufende den richtigen Namen und kann, wann immer erforderlich, ganz gezielt nach dieser Person fragen.

Peinlichkeiten – Taktlosigkeiten – Tabus

Jedem Menschen, der ins »Fettnäpfchen« getreten ist, der einen Fauxpas begangen hat, der gegen die gültigen Verhaltensnormen verstoßen hat, dem ist es zunächst einmal selbst unangenehm. Je nach Situation wird eine Verletzung der gesellschaftlichen Spielregeln als Peinlichkeit empfunden; das kann sogar bis zu Scham reichen. Jeder von uns kennt das Gefühl, wenn die Röte ins Gesicht steigt oder zumindest die Ohren heiß und rot werden. Ein Verstoß gegen die gültigen Verhaltensregeln wird in jedem Fall als Niederlage sich selbst gegenüber empfunden. Jeder Mensch stellt zwar an sich die Forderung, sich immer und überall untadelig zu verhalten, aber dann und wann kann selbst der besterzogene Mensch ein »Eigentor« schießen.

Ein Beispiel: Ein Mitarbeiter erzählt seinem Vorgesetzten, daß er seinen letzten Urlaub im Tessin verbracht habe. Allerdings sei er vorzeitig abgereist, neppen ließe er sich nicht; die Preise dort seien so horrend, die könne sich ja nur jemand leisten, der sein Geld nicht durch Arbeit verdienen muß. Was er nicht wußte: Der Vorgesetzte verbringt schon seit Jahren seinen Urlaub im Tessin, weil er sich gerade dort so wohl fühlt wie an keinem anderen Ort!

Wer nicht denkt, bevor er redet, wer gegen die vorgegebenen Richtlinien verstößt, erhöht seine eigene Unsicherheit, setzt Ängste frei. Das Gefühl, gegenüber der Souveränität des Gesprächspartners wehrlos zu sein, vermindert die eigenen Reaktionen.

Selbst der, der alle Regeln des richtigen Verhaltens kennt und versucht, diese immer korrekt anzuwenden, dem kann dann und wann einmal ein, wenn auch ungewollter Fehler unterlaufen. Wäre es nicht etwas lebensfremd, zu glauben, wenn man mit den korrekten Umgangsformen auf »du und du« steht und diese in jeder Situation richtig anzuwenden versteht, daß einem dann *niemals* in irgendeiner Form ein Fauxpas unterlaufen kann? Jeder ist schon einmal ins »Fettnäpfchen« getreten. Aber es kommt darauf an, sich danach richtig zu verhalten, entsprechend zu reagieren.

Etwas genauer definiert:

Wie verhält man sich als Betroffener, als Augen- oder Ohrenzeuge, wenn man in irgendeiner Art und Weise mit Unhöflichkeiten konfrontiert wird? In so einem Fall beweist man Souveränität, wenn man die Taktlosigkeit in keiner Weise zur Kenntnis nimmt. Am besten ist es, so zu tun, als habe man beispielsweise eine taktlose Bemerkung gar nicht gehört!

Wie verhält man sich, wenn man selbst der/diejenige war, welche/r die höfliche Form des Umgangs irgendwie verletzt hat? Dann sollte man sich so schnell wie möglich bei dem Betroffenen gebührlich entschuldigen!

Das gilt für alle möglichen Arten unfeinen Benehmens, mit denen man immer wieder konfrontiert wird oder die einem selbst, ohne böse Absicht, passiert sind: Das kann ein lautes Gähnen sein, ein Niesen oder Husten ohne vorgehaltene Hand, auch ein umgestoßenes Glas – bei allen Dingen, die auffallend oder peinlich sind, tut man gut daran, sie zu ignorieren.

Nicht immer ist jedoch ein Wegschauen möglich. Besonders dann nicht, wenn man selbst »Zielscheibe« ungebührlichen Benehmens wird. Wie sollte man sich beispielsweise verhalten, wenn ein Gegenüber in provokanter Weise beleidigende Äußerungen von sich gibt oder sich taktlos verhält? In solchen Fällen erfordert es vor allem die eigene Selbstachtung zu reagieren! Es wäre jedoch vollkommen falsch, dem anderen auf der gleichen *unhöflichen Ebene* zu begegnen, es mit »gleicher Münze« zurückzuzahlen. Wer selbst gute Manieren besitzt, wird einen unhöflichen Menschen einfach wortlos stehenlassen oder, falls das Verhalten des anderen als grobe Beleidigung der eigenen Persönlichkeit empfunden wurde, hat durchaus die Möglichkeit, diesem die Tür zu weisen!

Wer jedoch selbst der/die Verursacher/in eines Fauxpas ist, wer bemerkt hat, etwas falsch gemacht zu haben, dem anderen zu nahe getreten zu sein oder jemanden ungewollt beleidigt zu haben, dem stehen, je nach Schwere der Entgleisung, viele Möglichkeiten offen, um den begangenen Fehler wiedergutzumachen.

Voraussetzung dafür ist allerdings, sein Fehlverhalten zu erkennen, sich bewußt zu sein, gegen die gültigen, korrekten Verhaltensnormen verstoßen zu haben. Ist das der Fall, so ist ein *»Entschuldigen Sie bitte«* oder *»Bitte um Verzeihung«* das Mindeste, was man tun sollte. Folgende Fälle erfordern eine Entschuldigung:

- jede Mißachtung eines manierlichen Benehmens;
- wenn man jemanden gestört, behindert, gestoßen, berührt usw. hat;
- wenn man gehustet oder geniest hat;
- wenn man jemanden beim Sprechen unterbrochen hat, usw.

Wenn man einen gröberen Verstoß gegen die guten Manieren begangen hat – und das kann leider sehr schnell passieren, beispielsweise spricht man jemanden mit dem falschen Namen an oder hält den jugendlichen Begleiter einer Dame für ihren Sohn oder die sehr junge Dame an der Seite eines älteren Herrn für seine Tochter. Eine *kurze, ehrlich gemeinte Entschuldigung* ist der richtige Weg, die Sache aus der Welt zu schaffen. Jedes zusätzliche Aufhebens sollte unter allen Umständen vermieden werden, denn dadurch wird eine peinliche Situation nur verstärkt, und möglicherweise werden Unbeteiligte erst dann auf den unliebsamen Vorfall aufmerksam.

Es kann jedoch jedem einmal passieren, daß durch eigene Ungeschicklichkeit Sauce auf die Tischdecke der Gastgeberin geschüttet, ein Glas mit Rotwein umgestoßen wird, so daß der Anzug oder das Kleid des Tischnachbarn oder der Tischdame beschmutzt wird. Auch in so einem Fall sollte kein »Drama« daraus gemacht werden. Es genügt, sich zuerst zu entschuldigen und dann für die zumindest vorläufige Behebung des Schadens zu sorgen (jedoch sollte dabei nicht unbedingt selbst Hand angelegt werden). Es genügt, eine Serviette, ein sauberes Tuch zu reichen. Selbstverständlich sollte es sein, anzubieten, für die späteren Reinigungskosten aufzukommen.

Zu diesem Kapitel gehören noch einige Dinge, die jeder von uns möglichst vermeiden sollte. Sicher erfordert es von jedem einzelnen Menschen Toleranz und Einfühlungsvermögen, aber gerade diese Eigenschaften besitzt derjenige, dem korrektes Verhalten und perfekte Umgangsformen wichtig sind.

Dazu gehören beispielsweise:
jede Art der Mißachtung gegenüber Fremden, Andersgläubigen, Menschen mit anderer Hautfarbe, aus anderen Kulturen usw.;
Anstarren von Menschen mit körperlichen Gebrechen oder geistiger Behinderung usw.;
Fehlverhalten, Ungeschicklichkeiten sollen niemals Anlaß zur Heiterkeit sein; usw.
Wer die nachfolgende, bereits an anderer Stelle erwähnte, einfache Regel beherzigt, dem werden diese Themen keinerlei Schwierigkeiten bereiten:

»Jeder Mensch sollte den anderen so behandeln, wie er selbst behandelt werden möchte!«

In diesem Zusammenhang erscheint es mir auch noch wichtig, kurz auf Beileidsbezeugungen einzugehen. Ein Trauerfall gehört beispielsweise zu den Dingen im Leben, die vielen Menschen Schwierigkeiten bereiten. Den meisten ist eine solche Situation peinlich. Es fällt allgemein schwer, mündlich korrekt das Beileid auszudrücken. Auch wer schriftlich kondolieren muß, hat so seine Probleme, vor allem deshalb, weil ganz einfach die Übung fehlt.

Im Grunde genommen kann man bei der mündlichen Beileidsbezeugung nichts falsch machen. Alle Worte, die Betroffenheit und persönliche, aus dem Herzen kommende Anteilnahme ausdrücken, sind passend: »Ich bin über den Tod Ihres Mannes sehr betroffen und fühle mit Ihnen!« – »Der plötzliche Tod Ihrer lieben Frau hat mich tief getroffen!« – »Ich bin bestürzt über das plötzliche Ableben Ihrer Mutter.« Aber es kann durchaus genügen, nur »Mein tiefes Mitgefühl!« oder »Herzliches Beileid« zu sagen.

Bei schriftlichen Kondolenzen ist die Form von entscheidender Bedeutung. Es ist wichtig, die richtigen Worte zu finden. Vor allem sollte jedoch auf die üblichen Floskeln verzichtet werden. Es wäre richtig, den Hinterbliebenen alles das zu schreiben, was einem Tröstendes einfällt oder was man auch mit Worten sagen würde. Besonders im Freundes- oder Bekanntenkreis sollte man versuchen, persönlich gehaltene Worte des Mitgefühls zu finden.

Wer Stil besitzt, wird den Trauernden sein persönliches Mitgefühl auf weißem Papier – falls möglich, mit feinem schwarzen Rand – mit schwarzer Tinte kundtun. Die handelsüblichen, bereits vorgedruckten Kondolenzkarten sollten wirklich nur dann Verwendung finden, wenn es sich um eine förmliche Beileidsbezeugung handelt.

Rauchen: Ein heißes Thema?

Rauchen – ein Reizwort, auf das viele Menschen allergisch reagieren. Doch je missionarischer die Rauchgegner auftreten, um so trotziger beharren die Raucher auf ihrer Zigarette, Zigarre oder Pfeife. Beide Gruppen fühlen sich in irgendeiner Form diskriminiert, mißverstanden und geben sich unversöhnlich.

Was für die einen Entspannung, Gemütlichkeit, Genuß bedeutet, ist für die anderen Belästigung. Sie sprechen von Willenlosigkeit, Luftverpestung, Gefährdung der Gesundheit. Die Vorwürfe beginnen bei »Einschränkung der persönlichen Freiheit« und enden oft gar beim Vorwurf der »Nötigung«. Interessanterweise benützen beide – Gegner wie Befürworter – die gleichen Argumente.

Zwar gibt es bereits eine Reihe von Vorschriften, auch Gerichtsurteile sind ergangen. Daraus resultieren vorhandene Rauchverbote, die für bestimmte Räume und verschiedene Gelegenheiten Gültigkeit haben. Es haben sich daraus bestimmte Verhaltensnormen entwickelt, die alle vor allem die Rücksichtnahme gegenüber den Nichtrauchern im Auge haben. Und das empfinden die Raucher als Einschränkung ihrer persönlichen Freiheit.

Betrachtet man das Thema jedoch einmal ganz ohne Ressentiments, dann wird man erkennen, daß jede Debatte – ob dafür oder dagegen – im Grunde genommen überflüssig ist. Was man braucht, ist gegenseitige Toleranz, etwas Vernunft und guter Wille. Höflichkeit von beiden Seiten, Kompromißbereitschaft und weniger stures Beharren auf dem eigenen Standpunkt, auch wenn er gerechtfertigt erscheint, das bedeutet *Stil* zu besitzen. Viele Probleme wären damit leichter lösbar, das Zusammenleben würde zweifellos besser und reibungsloser funktionieren.

Gepflegtes Benehmen zeigt jeder Raucher/jede Raucherin dann, wenn sie Rücksicht auf anwesende Nichtraucher nimmt. Wer sich als höflicher Mensch versteht, wird aus Respekt vor dem anderen – auch wenn es manchmal schwerfällt – auf das Rauchen verzichten, besonders wenn er weiß, daß es vom Gegenüber als störend empfunden wird. Er wird akzeptieren, daß für viele Menschen Rauch nur schwer zu ertragen ist, vor allem dann, wenn mehrere Raucher ihrem Laster frönen oder wenn sich eine einzelne Person eine Zigarette nach der anderen ansteckt. Daher werden Raucher, denen gutes Benehmen wichtig ist, auf bestehende Rauchverbote achten, wo immer sich diese befinden. Vorhandene Nichtraucherzonen in Restaurants und anderen öffentlich zugänglichen Orten schenken sie ebenso ihre Aufmerksamkeit, wie dies natürlich auch bei Nichtraucherabteilen in Bahn oder Bus der Fall sein wird. Und wer das Flugzeug benutzt, wird bereits beim »Check in« darauf achten, daß er einen Platz in den für Raucher reservierten Reihen bekommt.

In gleicher Weise sollte jeder auch noch so überzeugte Nichtraucher versuchen, den Rauchern etwas Verständnis entgegenzubringen, auch wenn es manchmal schwerfällt. Er sollte lernen zu akzeptieren, daß es eben Menschen gibt, die zwar wissen, daß sie dadurch ihrer Gesundheit, ihrem Körper nichts Gutes tun, aber trotz allem auf das Rauchen nicht verzichten wollen. Was jedoch nicht heißen soll, daß ein Nichtraucher uneingeschränktes Rauchen in Kauf nehmen muß. Doch mit Aggressivität, permanenten Hinweisen auf Schädlichkeit des aktivenwie auch des passiven Rauchens wird man niemanden am Rauchen hindern.

Da sind Toleranz und Höflichkeit zielführendere und elegantere Wege. Eine nette Bitte um Verständnis: »Seien Sie mir bitte nicht böse, aber ich reagiere sehr empfindlich auf Rauch!« oder der Satz: »Darf ich Sie bitten, hier nicht zu rauchen?« bringen auch einen Kettenraucher dazu, zumindest in Ihrer Gegenwart und für kurze Zeit auf die Zigarette zu verzichten.

Nicht erst seit gestern gibt es daher bestimmte Regeln, die dazu beitragen, den Umgang zwischen Nichtrauchern und Rauchern zu erleichtern. Wer sie beachtet und einhält, wird sich in vielem leichter tun.

Hier gilt *generelles Rauchverbot*, das unbedingt zu beachten ist:

- bei Krankenbesuchen, in Krankenhäusern, in Krankenzimmern (gilt vor allem für Besucher);
- in Wartezimmern und Räumen, in denen sich Kinder aufhalten;

- im Theater, im Kino, in Museen, Kirchen usw.;
- in öffentlichen Verkehrsmitteln wie U-Bahn, S-Bahn, Straßenbahn, Bus (in der Eisenbahn gibt es gesonderte Abteile);
- in Parkhäusern, an Tankstellen usw.

Bereits seit längerem hat es sich eingebürgert, daß bei *Konferenzen, Tagungen, Seminaren, Besprechungen* nicht mehr geraucht wird. Raucher haben jedoch während der Pausen Gelegenheit, sich eine Zigarette anzuzünden.

Ganz allgemein gelten folgende Regeln:

- Jeder Raucher, der weiß, was sich gehört, wird die Anwesenden fragen. Das gilt auch in seinen eigenen Wohnräumen oder in seinem Büro: »Erlauben Sie mir zu rauchen?« – »Stört es Sie, wenn ich rauche?« Allerdings ist unbedingt darauf zu achten, daß diese Frage erst nach angemessener Zeit (etwa zehn bis 15 Minuten) gestellt werden sollte!
- Auch als Gast sollte man immer um Erlaubnis bitten und fragen: »Darf ich bei Ihnen rauchen?« Doch sollte diese Frage nur dann gestellt werden, wenn man sich sicher ist, daß die Gastgeber ebenfalls Raucher sind. Mit etwas Fingerspitzengefühl merkt man das sofort. Stellt man fest, daß es sich um Nichtraucher handelt (z. B. stehen keine Aschenbecher herum), so wird man als höflicher Mensch auf die Zigarette verzichten.
- Als Gastgeber, gleichgültig, ob in privaten oder in beruflichen Zusammenhängen, bietet man dem Gegenüber nur dann eine Zigarette an, wenn man sicher weiß, daß dieses ebenfalls raucht. Hat man es mit einem Nichtraucher zu tun, dann wird man höflicherweise selbst auch darauf verzichten.
- Hat ein Gastgeber mehrere Raucher unter seinen Gästen, so wird er selbst als Nichtraucher ihr Rauchen akzeptieren. Es ist ein Zeichen guter Gastfreundschaft, wenn man die Gewohnheiten seiner Gäste toleriert, und wer möchte denn nicht, daß sich alle Gäste gleichermaßen wohl fühlen – gleichgültig, ob Nichtraucher oder Raucher!

▌ Ist man als Gastgeber jedoch wirklich allergisch gegen Rauch, dann hat man durchaus die Möglichkeit, bereits bei der Einladung die Gäste um Verständnis zu bitten, daß in den eigenen vier Wänden nicht geraucht werden soll. Gäste müssen eine solche Bitte akzeptieren. Wer sich damit nicht anfreunden möchte, hat immer noch die Möglichkeit, höflich abzusagen.

Beim Essen ist folgendes zu beachten:
▌ Geraucht werden darf während des Aperitifs, allerdings nur dann, wenn dieser im Stehen gereicht wird;
▌ bei Tisch, zwischen den einzelnen Gängen, wird *generell nicht geraucht* (kaum ein Raucher hält sich jedoch an diese Regel)! Liebhaber gepflegten Essens und Trinkens – und das sind nicht nur die Nichtraucher – wissen, daß der Rauch den feinen Geschmack der Speisen und Getränke beeinträchtigt und ein sinnliches Eßvergnügen empfindlich stören kann. Erst wenn alle am Tisch das Dessert gegessen haben, ist Rauchen erlaubt. Doch darf man nicht vergessen, zumindest die unmittelbaren Tischnachbarn zu fragen: »Stört es Sie, wenn ich rauche?«

Folgende Dinge gelten auch heute noch als »unfein«, vielfach wirken sie unseriös:
Frauen, die auf der Straße rauchen;
mit der Zigarette im Mundwinkel sprechen;
dem Gegenüber den Qualm direkt ins Gesicht zu blasen;
mit der brennenden Zigarette anderen Personen vor der Nase herumfuchteln;
man betritt keinen Raum mit brennender Zigarette;
man empfängt, begrüßt keine Gäste/Besucher mit einer Zigarette in der Hand.

Und wer gibt wem Feuer?
Im Gegensatz zu früher geht es heute gerade in diesem Punkt wesentlich unkomplizierter zu. Zwar wirkt es immer noch sehr galant, wenn der Herr einer Dame das Feuer

reicht, aber nichts spricht mehr dagegen, wenn es umgekehrt passiert oder sich eine Frau selbst ihre Zigarette anzündet.

Wer geht voraus – wer öffnet wem die Tür?

Auch hierzu gibt es klare, der Zeit entsprechende Umgangsformen, und im Grunde genommen ist es nicht sonderlich schwer, dabei das Richtige zu tun. Denn auch dieses Thema hat, genau betrachtet, die Rangordnung als Grundlage. Doch es gibt sehr viele Menschen, denen es schwerfällt, richtig zu handeln. Daher will ich Ihnen an einigen Beispielen zeigen, wie man es richtig macht.

Der Rangniedrigere wird allen ranghöheren Personen – das sind (siehe: Kapitel Rangordnung und Hierarchie) Frauen, ältere Menschen, Behinderte, Vorgesetzte, Fremde, Ausländer usw. – den Vorrang/Vortritt lassen.

Die Rangordnung spielt selbstverständlich auch beim Rechts- oder Linksgehen eine Rolle. Allerdings bestätigen hier einige *Ausnahmen* die Regel:

- Auf dem Gehsteig geht immer der Rangniedrigere – Mann, Partner, Mitarbeiter – aus Höflichkeit auf der dem Verkehr zugewandten Straßenseite (Gefahrenseite).
- Ein Mitarbeiter führt einen Kunden durch das Unternehmen: Normalerweise geht der Kunde *rechts* und *voraus*, da dieser jedoch den Weg nicht kennt, wird in diesem Fall der Kunde wohl rechts, der *Mitarbeiter* jedoch *vorausgehen.*

Einige weitere Beispiele sollen Ihnen zeigen, wer wem vorausgeht:

Ein Paar geht nebeneinander auf der Straße. Die Frau geht dabei rechts. Entgegenkommende Menschen verringern den Platz, daher bleibt der Mann ein, zwei Schritte zurück, läßt die Frau vorausgehen und holt sie dann wieder ein.

Der Vorgesetzte geht neben einem Mitarbeiter. Der Weg verengt sich. Der Mitarbeiter wird sein Tempo verlangsamen, ein, zwei Schritte zurückbleiben. Er läßt den Vorgesetzten vorausgehen. Sobald sich wieder die Möglichkeit ergibt, wird er durch zwei schnellere Schritte wieder neben ihm gehen.

Und noch etwas zum »Vortrittlassen«: Man sollte eigentlich immer bereit sein, einem anderen den Vortritt zu lassen, ohne Wenn und Aber, vor allem ohne den Gedanken: »Ich war doch zuerst da, wie komme ich also dazu, diesen Menschen vorgehen zu lassen?«

Leider erzwingen sich viele Menschen den Vortritt, nehmen keinerlei Rücksicht darauf, daß der andere bereits länger wartet, genausowenig wie sie darauf achten, daß dieser z. B. der Ältere ist. Man kann in unserer ichbezogenen Gesellschaft wohl keinerlei Rücksichtnahme erwarten, aber man sollte trotz aller negativen Erfahrungen nicht anfangen, Gleiches mit Gleichem zu beantworten.

Wenn jemand freundlich um den Vortritt bittet, weil er es besonders eilig hat, dann sollte man dies ebenso freundlich gestatten.

Perfekt repräsentieren

Jeder Mensch, der seinen persönlichen Wert erkennbar machen möchte, wird versuchen, sich in einer geeigneten Form nach außen zu präsentieren. Ein Unternehmen, das einen großen Bekanntheitsgrad zu erreichen sucht, um seine Produkte oder Dienstleistungen besser zu vermarkten, hält ebenfalls nach geeigneten Möglichkeiten Ausschau, um damit seine Wettbewerbsfähigkeit am Markt zu unterstützen.

Ob Unternehmen oder Einzelperson, jeder bemüht sich, sein Image und damit seinen Erfolg zu optimieren. Doch je mehr Vorteile man für sich erwartet, um so größer sind die Anforderungen, denen man gerecht werden muß. Die Ansprüche steigen, die Sicherheit des Auftretens wird ein wichtiger Faktor.

Der gesellschaftliche Aspekt beginnt dabei eine immer bedeutendere Rolle zu spielen. Die richtige Repräsentation in einem Rahmen, der einerseits einen gehobenen Unternehmensstil vermittelt, zum anderen durch den persönlichen Stil der verantwortlichen Führungskräfte geprägt wird, trägt mit dazu bei, die Bindung des Unternehmens an seine Geschäftsfreunde zu vertiefen und seinen Standort in der Öffentlichkeit zu festigen. Aber auch im privaten Kreis muß Gastlichkeit als der wohl geeignetste Bestandteil zur Pflege und Erhaltung von Freundschaften gesehen werden.

Einladungen und gegenseitige Besuche sind ein wichtiger Teil unserer Kulturtradition. Sie prägen nicht nur das gesellschaftliche und private Leben, auch in öffentlichen, geschäftlichen und politischen Zusammenhängen gehört es mehr und mehr zu den Gepflogenheiten, führende Persönlichkeiten, politisch Verantwortliche, Geschäftspartner und Freunde einzuladen, um dadurch die zwischenmenschlichen Kontakte zu vertiefen. Die Zahl der Veranstaltungen, Feste, Empfänge, Kongresse und Tagungen steigt ständig.

Bei allen Einladungen hängt es in erster Linie vom Verhalten der Gastgeber ab, ob sich die Gäste wohlfühlen. Ist die Einladung geschäftlicher Natur, so wird allerdings ein dienstliches Interesse auf beiden Seiten im Vordergrund stehen. Aber auch in diesem Fall ist es wichtig, die Gäste entsprechend zu empfangen, optimal zu betreuen und sie später dann korrekt zu verabschieden. Hat die Einladung jedoch einen eher privaten Charakter, dann hängt ihr Gelingen davon ab, ob es die Gastgeber verstehen, sich ebenso herzlich wie perfekt um die Gäste zu bemühen.

Bei den meisten Anlässen in geschäftlichen und offiziellen Zusammenhängen stehen Repräsentationsaufgaben im Vordergrund, denen man entweder in der Rolle des geladenen Gastes oder als Gastgeber unterliegt. Beide Rollen sind mit Rechten verbunden. Es bestehen aber weitaus mehr Pflichten, die beachtet und erfüllt werden müssen. Im Laufe der Zeit haben sich verschiedene Verhaltensnormen entwickelt. Mit dem zur Zeit gebräuchlichen Verhaltenskodex, den vorgegebenen Richtlinien sollten Gastgeber und Gast nicht nur vertraut sein, sondern diese auch unbedingt einhalten. Wer gesellschaftliche Verpflichtungen hat, muß die Spielregeln kennen, sie sicher beherrschen und es verstehen, sie jederzeit souverän anzuwenden. Jeder Mensch muß, vor allem wenn er einen Platz in der Gesellschaft hat oder anstrebt, über die vorhandenen Ge- und Verbote Bescheid wissen. Gerade Kenntnis oder Unkenntnis der bestehenden Regeln und deren Anwendung machen den Unterschied zwischen guten oder schlechten Manieren deutlich sichtbar.

Das gesellschaftliche Leben, vor allem wenn es sich auf offizieller Ebene bewegt, unterliegt einerseits den Regeln der Etikette, andererseits ist es das diplomatische Protokoll, das zur Anwendung kommt. Dieses entstand zur Zeit des Wiener Kongresses von 1814/1815 und hat sich seither kaum verändert. Das Protokoll gilt immer noch als ein vollkommen neutrales, sachliches Hilfsmittel im internationalen Miteinander. Es wird bei allen staatlichen wie politischen Veranstaltungen angewendet. Genauso hat es aber auch bei anderen großen gesellschaftlichen Ereignissen Gültigkeit. Es ist daher oberstes Gebot für alle Veranwortlichen, mit den Regeln der Etikette und denen des Protokolls sicher vertraut zu sein, um mögliche Stolpersteine rechtzeitig zu erkennen und zu verhindern. Das Gelingen einer Veranstaltung steht damit in unmittelbarem Zusammenhang.

Fälschlicherweise werden immer wieder die Regeln der Etikette, die gesellschaftlichen Spielregeln mit den Vorschriften des Protokolls verwechselt, und viele glauben, diese auch im privaten, gesellschaftlichen Umgang anwenden zu müssen. Aber: die Vorschriften des Protokolls hatten und haben weder auf das Benehmen noch auf das Verhalten im *privaten Bereich* einen Einfluß.

Ein Gast mit perfekten Umgangsformen, wird

- immer den Bekleidungswunsch des Gastgebers respektieren und eine im Stil passende, dem Anlaß entsprechende Kleidung wählen;
- immer pünktlich zum angegebenen Zeitpunkt erscheinen;
- keinen weiteren Gast mitbringen, es sei denn, daß er vom Gastgeber dazu aufgefordert wurde;
- die bereits Anwesenden grüßen, wenn er den Raum betritt;
- warten, bis ihm sein Sitzplatz am Tisch zugewiesen wurde, und sich erst setzen, wenn die Gastgeberin und seine ihm zugewiesene Tischdame Platz genommenhaben;
- niemals zu trinken anfangen, bevor nicht der Gastgeber sein Glas erhoben hat;
- niemals mit dem Essen beginnen, bevor nicht die Gastgeberin das Zeichen dafür gibt;

- seine Teller nicht bis zum Rand beladen (besonders nicht bei einem Buffet);
- seinen Alkoholkonsum streng kontrollieren, um nicht die Selbstkontrolle zu verlieren;
- niemals als erster rauchen – das ist in Gesellschaft erst nach dem Kaffee üblich.
- bevor er zu rauchen beginnt, immer zumindest seine unmittelbaren Tischnachbarn fragen, ob sie nichts dagegen einzuwenden haben;
- nicht das Wort/eine Ansprache an die Gäste richten – das bleibt allein dem Gastgeber vorbehalten, der bereits vorher die Reihenfolge der Tischreden festgelegt hat;
- sich kurz erheben, wenn seine Tischdame den Tisch verläßt – ebenso wenn sie wieder zurückkommt;
- weder den Gastgeber, noch die Gastgeberin in endlose Gespräche verwickeln, damit sich diese auch den anderen Anwesenden widmen können;
- einen anwesenden Prominenten nicht gänzlich für sich in »Beschlag« nehmen;
- weder über Politik, Krieg, Krankheit oder andere unliebsame Themen sprechen;
- seinen Gesprächspartnern aufmerksam und interessiert zuhören, selbst dann, wenn die Geschichte uninteressant ist;
- die Veranstaltung (besonders die private Einladung) zeitgerecht verlassen, um die Gastgeber nicht über Gebühr zu beanspruchen.

Die Einladung

Es gibt unzählige Gelegenheiten, Gäste einzuladen, eingeladen zu werden: das Sektfrühstück eines Junggesellen; der Nachmittagskaffee bei einer alten Dame; ein einfaches Mittagessen bei einem Kollegen; der Empfang anläßlich eines Firmenjubiläums, das Abendessen im kleinen Kreis mit Freunden oder ein spontan veranstaltetes Spaghetti-Essen;

das festliche Hochzeitsdiner, zu dem Verwandte, Bekannte, Freunde und Kollegen eingeladen werden; eine Tauffeier; die offizielle Einladung ins Nobelrestaurant oder zu einem eleganten Galabuffet, das anläßlich der festlichen Eröffnung des neuen Opernhauses gegeben wird.

Wichtig ist, und das gilt für alle Einladungen, ob sie nun privater oder geschäftlicher Natur sind: Der Gastgeber/die Gastgeberin und auch jeder Gast sollten sich, wollen sie zeigen, daß sie Stil und korrekte Umgangsformen besitzen, nach den Regeln der Etikette richten.

Wer beispielsweise an einem Abend Gäste, Freunde oder gute Bekannte zu sich privat einladen möchte, der kann diese Einladung mündlich, aber genauso telefonisch aussprechen. Allerdings, darauf muß unbedingt geachtet werden, sollte dies so *frühzeitig wie möglich* geschehen, damit sich die Geladenen danach richten können.

Sicher kann es dann und wann vorkommen, daß man Lust verspürt zu einer *spontanen Einladung.* Vielleicht weil es einen unvorhergesehenen Grund zum Feiern gibt oder weil man Anglerglück hatte, an dem man einige Freunde teilhaben lassen möchte. In so einem Fall wird die Einladung telefonisch ausgesprochen, doch sollte man dabei erklären, warum das so kurzfristig geschieht, denn mancher könnte sich denken, er soll nur als »Lückenbüßer«, weil jemand anderer abgesagt hat, einspringen.

Für alle anderen Veranstaltungen, wie Feste und Essen, gibt es keine spezielle Regel, wie lange vor dem geplanten Termin die Gäste die Einladung erhalten sollten. Zwischen ein bis drei Wochen vorher könnte man als Richtlinie bezeichnen. In dieser Zeit hat jeder Gast genügend Spielraum, um herauszufinden,

- ob der Zeitpunkt für ihn passend ist oder er/sie an diesem Tag bereits andere Verpflichtungen hat;
- er/sie wird dann rasch den Gastgebern zu- oder absagen. Entweder telefonisch oder in schriftlicher Form, jedenfalls in der gleichen Weise wie die Einladung erfolgte.

Wichtig ist, daß der Gastgeber seinem Gast nähere die Einladung betreffende Hinweise gibt: *den Anlaß, das Datum, die Uhrzeit und den evtl. Bekleidungswunsch.*

Ist der Gast das erste Mal eingeladen oder findet die Veranstaltung an einem anderen Ort statt:

muß ihm der genaue Weg erklärt werden;

oder es wird eine Wegskizze der schriftlichen Einladung beigelegt.

Mit dem Hinweis auf die gewünschte Bekleidung wird einerseits der Stil der Veranstaltung vorgegeben, andererseits dem Gast geholfen, sich danach zu richten, ohne sich mit der leidigen Frage »Was ziehe ich denn an diesem Abend an?« auseinanderzusetzen. Sie oder er kann so vermeiden, nicht dem Anlaß entsprechend angezogen – d. h. overdressed oder, was manchmal noch schlimmer ist, underdressed – zu einer Einladung zu erscheinen. Es ist ja nichts unangenehmer, als wenn man sich einen Abend lang in der »zweiten Haut« nicht wohl fühlt.

Wenn Sie jedoch eine größere Zahl von Gästen zu einem familiären, aber sehr festlichen Diner einladen möchten – beispielsweise zur Hochzeit der Tochter, dem Jubiläum des Vaters, zur Promotion eines Sohnes –, dann muß die Einladung dazu schriftlich erfolgen:

entweder mit bereits vorgedruckten Einladungskarten, die es im Fachhandel gibt;

besser und vor allem persönlicher sind speziell für den jeweiligen Anlaß gedruckte Karten.

Ganz exklusiv und stilvoll ist eine Einladung jedoch dann, wenn sie – wie das früher in gehobenen Kreisen praktiziert wurde – von Hand und selbstverständlich mit dem Füllfederhalter auf dem edlen, persönlichen Briefpapier des Gastgebers geschrieben, die »handverlesenen« Gäste erreicht.

Noch etwas ist wichtig zu wissen: Der richtige Zeitpunkt, zu dem alle Gäste die Einladung in Händen haben sollten, wenn es sich um ein großes Fest handelt, wäre in einem solchen Fall etwa drei Wochen vor dem geplanten Termin.

So können sich die Gäste den Tag auch wirklich freihalten oder, falls sie verhindert sind, sofort absagen. Das erleichtert auch die Vorbereitungen der Gastgeber.

Folgende Angaben sollten auf jeder schriftlichen Einladung stehen:

- Namen des/der Gastgeber/s,
- Namen (Anrede – evtl. Titel) der Gäste/des Gastes,
- Anlaß der Einladung,
- Datum, Uhrzeit,
- Ort (z. B. Restaurant) – Adresse (genauer Plan),
- Bekleidungswunsch,
- u. A. w. g. (um Antwort wird gebeten) bis (Datum).

Alle diese Details sind ausgesprochen wichtig und tragen zum besseren Verständnis bei. Denn, wie es oft bei mündlich ausgesprochenen Einladungen vorkommt, führen ungenaue Angaben nur zu Mißverständnissen oder verunsichern die geladenen Gäste.

Und auf noch etwas muß großes Augenmerk gelegt werden: Die äußere Form der Einladungskarte ist verantwortlich für den Gesamteindruck und ist der Beweis für den individuellen Geschmack, die Kreativität des Gastgebers/der Gastgeberin und ein Zeichen für den persönlichen Stil.

Ganz persönliche Einladungskarten, etwa für große Familienfeste, Jubiläen usw., werden, wie erwähnt, extra gedruckt, oder sie können auch fotokopiert werden. Allerdings ist es wichtig, in jedem Fall auf ein hochwertiges Papier zu achten. Auch das gewählte Schriftbild prägt den gesamten Stil. Wobei es allerdings keine Rolle spielt, ob die Schrift geradlinig oder verschnörkelt ist. Sie sollte nur gut lesbar sein.

Ein Beispiel, wie eine gedruckte – eher offiziell – gehaltene Einladungskarte aussehen könnte:

Unsere Eltern
Albert und Inge Sonntag
feiern ihr 25jähriges Hochzeitsjubiläum.

Wir freuen uns,

Herrn Peter Freitag und Frau Susanne

für den ...
um ...
im Restaurant ...
in ...
sehr herzlich einzuladen!

u. A. w. g. bis ... Festliche Kleidung erwünscht

Zu beachten wäre noch: Der Name des/der Eingeladenen sollte in jedem Fall handschriftlich eingesetzt werden.

Eine Einladung annehmen oder ablehnen, wie macht man es korrekt?

Wurde die Einladung mündlich bzw. per Telefon ausgesprochen, wird man normalerweise sofort zusagen. Es sei denn, eine Rücksprache mit dem ebenfalls eingeladenen Partner ist notwendig. In diesem Fall wird man versuchen, so rasch als möglich den Gastgeber zu informieren (telefonisch), um ihm mitzuteilen, daß man die Einladung gerne annimmt oder aus einem bestimmten Grund (er wird angegeben und sollte der Wahrheit entsprechen) leider absagen muß.

Ausgesprochen unhöflich wäre es, sich mit der Zu- oder Absage Zeit zu lassen, und zwar aus verschiedenen Gründen:

Im Falle einer Absage tut sich der Gastgeber schwer, kurzfristig einen anderen Gast einzuladen.

Der Gastgeber kann, falls eine Zusage erfolgt, Vorbereitungen treffen und entsprechend disponieren.

Ist dagegen die Einladung schriftlich erfolgt, so sollte die Zu- oder Absage ebenfalls schriftlich vorgenommen werden!

Der/die Eingeladene würde dann dem Gastgeber vorzugsweise auf seinem persönlichem Briefpapier oder auf einer Briefkarte (wenn es sich um eine private Einladung handelt) wie folgt anworten:

Im Beispiel gehen wir von der Annahme aus, daß der eingeladene Mann mit dem Gastgeber persönlich bekannt ist, während er dessen Frau nur flüchtig kennt.

Sehr geehrte Frau Sonntag,
lieber Albert,

freudig überrascht haben wir die nette Einladung zu Eurer Silberhochzeit am Freitag, dem 23. Mai, erhalten.

Meine Frau und ich freuen uns sehr, daß wir bei diesem großen Fest dabeisein dürfen. Gerne nehmen wir die Einladung an und danken herzlich dafür!

Herzlichst — Peter Freitag
oder: — Susanne und Peter Freitag

Nehmen wir jedoch an, daß das eingeladene Paar mit den Gastgebern zwar bekannt, jedoch nicht befreundet ist, dann könnte die Annahme der Einladung so formuliert werden:

Sehr geehrter Herr Sonntag,
sehr geehrte Frau Sonntag,

für die nette Einladung zu Ihrer Silberhochzeit am Freitag, dem 23. Mai, möchte ich mich, auch im Namen meiner Frau, recht herzlich bedanken.

Wir freuen uns darauf, dieses schöne Fest mit Ihnen feiern zu dürfen.

Herzliche Grüße — Peter Freitag
oder: — Susanne und Peter Freitag

Ist es, aus welchem Grund auch immer, nicht möglich, die Einladung anzunehmen, so bedarf es einer handgeschriebenen Absage – vorausgesetzt, die Einladung war ebenfalls von Hand geschrieben –, es könnte das folgende Beispiel als Vorlage dienen:

Lieber Albert,
Sehr geehrte Frau Sonntag,

mit Freuden haben wir die Einladung zu Eurer Silberhochzeit am Freitag, dem 23.Mai ,erhalten und danken dafür sehr herzlich.

Gerne wären wir bei diesem Fest dabei, um mit Euch zu feiern, doch sind wir zu diesem Zeitpunkt bereits in Urlaub.

Wir hoffen, daß Ihr für unsere Absage Verständnis habt. Sofort nach unserer Rückkehr werden wir uns bei Euch melden, um gebührend nachzufeiern.

Herzlichst	Peter Freitag
oder:	Susanne und Peter Freitag

Auf einer gedruckten Einladungskarte sind vielfach neben anderen Hinweisen auch die Buchstaben u. A. w. g. zu finden. Diese Abkürzung bedeutet: »um Antwort wird gebeten«.

Nachstehend einige Varianten der Abkürzung in Verbindung mit den gebräuchlichsten Zusätzen und wie man richtig darauf reagiert:

u. A. w. g	Die Zu- oder Absage sollte so bald als möglich ebenfalls schriftlich erfolgen.
u. A. w. g. bis	Die Zu- oder Absage erfolgt schriftlich, spätestens bis zum angegebenen Datum.
u. A. w. g. – Tel.	In diesem Fall kann eine Zu- oder Absage auch telefonisch – etwa drei Tage nach Erhalt der Einladung – erfolgen. Für die Gastgeber erweist es sich als angenehm, wenn der Gast/die Gäste zusätzlich eine schriftliche Bestätigung folgen lassen.

Wie bereits erwähnt, kann eine Zu- oder Absage mit der Maschine geschrieben werden, vorausgesetzt, die Einladung war gedruckt oder mit Maschine geschrieben. In diesem Fall muß jedoch unbedingt die Anrede wie auch die Grußformel am Ende des Briefes mit der Hand geschrieben werden.

Ähnlich wie bei den vorher beschriebenen Einladungen ist der Ablauf bei einer geschäftlichen Einladung. Diese wird ausschließlich schriftlich erfolgen und wird auch auf diese Weise vom Eingeladenen beantwortet. Form und Stil sind auch hier wichtige Faktoren, die als eine persönliche Visitenkarte des Gastgebers gelten. Der Einfachheit halber kann aber (besonders wenn es sich um eine größere Veranstaltung handelt) eine bereits vorgedruckte Antwortkarte der Einladung beigelegt werden.

Leider sind diese Antwortkarten vielfach noch so abgefaßt, wie dies zu Zeiten üblich war, als ein Mann nur mit seiner Ehefrau zu einer Einladung erscheinen durfte. Zudem ist die Art der Formulierung sehr »männerbezogen«! Es ist für eine Frau, die im Berufsleben steht, doch eher befremdend, wenn sie es ist, die eine Einladung erhält und vielleicht mit ihrem Partner das Fest besuchen möchte, wenn auf der Antwortkarte nur angekreuzt werden kann:

Kommen Sie ○ allein ○ **mit Ehefrau**

Wieviel besser ist es doch, wenn die Formulierung so gewählt wird:

Kommen Sie ○ allein ○ **in Begleitung**

So kann ein Mann wie auch eine Frau problemlos denjenigen Partner, Lebensgefährten, Freund oder einen Bekannten mitbringen, ohne lange nachfragen zu müssen.

Antiquiert und unpersönlich mutet auch die immer noch sehr gebräuchliche Formulierung *»mit Gattin«* oder *»mit Gatten«* an.

In unserer modernen Gesellschaft mit den veränderten Lebensformen sind solche vor einigen Jahren durchaus gebräuchliche Formulierungen einfach nicht mehr zeitgerecht. Oftmals wirken sie sogar peinlich, besonders dann, wenn es sich herausstellt, daß die so Eingeladenen kein Ehepaar sind. Eine Ausnahme wäre natürlich dann gegeben, wenn man mit Sicherheit weiß, daß es sich tatsächlich um ein verheiratetes Paar handelt, dann würde es richtig heißen: »mit Frau«, »mit Mann«, oder ganz korrekt und in jedem Fall verwendbar wäre die Formulierung: *in Begleitung*.

Die Gegeneinladung

»Die Einladung zum Abendessen beim Ehepaar Fröhlich wurde von Herrn und Frau Freitag gerne angenommen. Es war ja nicht das erste Mal, daß sie die Gastfreundschaft genießen durften. Der Abend war wieder ausgesprochen nett. Auch die beiden anderen Paare, die eingeladen waren, trugen dazu bei. Es ergaben sich angenehme Gespräche, es wurde viel gelacht, der Tisch war geschmackvoll gedeckt, das Essen, welches die Gastgeberin mit viel Liebe zubereitet hatte, war ausgesprochen köstlich. Der Wein war exzellent; man merkte, daß Herr Fröhlich ein Weinkenner war. Alles in allem ein Abend, der in Erinnerung blieb! Der Abschied war herzlich. Herr und Frau Fröhlich hatten, wie erwähnt, bereits einmal das Vergnügen, beim Ehepaar Freitag eingeladen zu sein, und fühlten sich verpflichtet, nun endlich eine Gegeneinladung auszusprechen: So sagte Herr Freitag: ›Demnächst bei uns, wir werden uns melden!‹ Doch es blieb nur bei diesem vagen Versprechen, eine Gegeneinladung blieb aus! Kein Wunder also, wenn auch das Ehepaar Freitag nichts mehr von sich hören ließ!«

Diese Geschichte ist leider kein Einzelfall, das passiert immer wieder: eine Einladung, in der Euphorie eines netten Abends ausgesprochen, die später wieder vergessen wird. Jedenfalls eine grobe Unhöflichkeit, die in die Kategorie »schlechte Manieren« einzuordnen ist.

Jede Einladung, und da ist der private Bereich besonders hervorzuheben, sollte in einem angemessenen Abstand mit einer Gegeneinladung beantwortet werden. Das ist auch dann erforderlich, wenn man keinen besonderen Wert darauf legt, mit den Gastgebern von damals weiteren Kontakt zu pflegen.

Richtlinie: Der ungefähre Zeitraum für eine Gegeneinladung liegt bei sechs bis acht Wochen.

Leider werden diese gesellschaftlichen Spielregeln oft gebrochen. Die Gründe dafür sind vielfältig:

- Da sind einmal diejenigen Menschen zu nennen, die ganz einfach geborene Schmarotzer sind. Sie nehmen wohl Gastrechte für sich in Anspruch, lassen keine Einladung aus, denken aber nicht im entferntesten daran, auch einmal die Gastgeberrolle zu übernehmen.
- Dann gibt es Gäste, die schlicht und einfach zu bequem sind, die sich nicht gerne Arbeit für andere antun, es als lästige Pflicht empfinden und es lieber haben, bewirtet zu werden.
- Es gibt aber auch diejenigen, die es sich nicht zutrauen, Gäste einzuladen und zu bewirten. Die Ausreden, die diese Gattung Gast meist angibt, erscheinen etwas eigenartig:

  »Sehr gerne würde ich Sie einmal zu mir einladen,

  ... aber ich kann mit Ihrer Gastfreundschaft nicht Schritt halten;

  ... aber mit Ihren Kochkünsten kann ich nicht konkurrieren;

  ... aber meine Wohnung ist nicht so komfortabel wie die Ihre;

  ... aber ich bin derzeit überbeschäftigt und finde wenig Zeit; usw.
- Und nicht zuletzt gibt es auch solche, die sich aus der Gesellschaft der Gastgeber eigentlich nichts machen, aber trotzdem die Einladung annehmen, um z. B. ihre Neugierde zu befriedigen, vielleicht auch, weil sie gerade nichts Besseres zu tun haben.

Und noch etwas sollte in diesem Zusammenhang gesagt werden:

Wurden bei einer Einladung Kaviar, Austern und Champagner serviert, so ist es vollkommen falsch zu glauben, daß man diese »großzügigen« Gastgeber bei einer Gegeneinladung an Luxus überbieten muß! Es macht genauso viel Spaß, wenn man diese Personen zu einem gemütlichen Abend einlädt, bei dem »nur« Pellkartoffeln, Butter und Käse serviert werden. Der Tisch, mit Liebe zum Detail gedeckt, läßt erkennen, daß hier Leute mit Stilgefühl und Geschmack wohnen. So eine Einladung macht zweifelsohne wesentlich mehr Eindruck als ein luxuriöses Essen, das einerseits den finanziellen Möglichkeiten der Einladenden in keiner Weise entspricht und zu dem ihnen andererseits auch der »passende Rahmen« fehlt!

Es kommt daher nur darauf an, die richtige Form im gesellschaftlichen Umgang zu kennen und zu praktizieren. Wer nicht als Mensch ohne Manieren gelten will und andere nicht brüskieren möchte, der kommt ganz einfach nicht daran vorbei, diejenigen Personen einzuladen, bei denen er selbst einmal Gastfreundschaft genossen hat.

Sicher kann es vorkommen, daß einem die Gesellschaft von bestimmten Personen nicht unbedingt behagt, daß man sich in ihrer Gegenwart nicht wohl fühlt oder daß keinerlei Gemeinsamkeiten eine Fortsetzung der Bekanntschaft wünschenswert machen. Dann kann man sich nach der *erfolgten Gegeneinladung* zurückziehen bzw. die Sache »einschlafen« lassen.

Auch in allen offiziellen und geschäftlichen Zusammenhängen ist unbedingt zu beachten:

- Einladungen, zu welchem Anlaß diese auch erfolgten, sind immer mit einer Gegeneinladung bei einem geeigneten Anlaß zu beantworten!
- Einladungen sind spätestens innerhalb von sechs Monaten zu erwidern!

Wenn also Herr Mayer, Direktor der ABC-Werke, zur Geschäftseröffnung eines Geschäftspartners eingeladen war, dann kommt er nicht umhin, diesen ebenfalls einzuladen, wenn er beispielsweise ein Firmenjubiläum anläßlich des x-ten Bestehens seines Unternehmens feiert.

Gastgeberpflichten

Bei allen gesellschaftlichen Einladungen, auch wenn es sich um solche handelt, die rein geschäftlichen Interessen dienen oder einen offiziellen Charakter haben, sind es in der Regel zwei Personen – der Gastgeber und die Gastgeberin –, welche die Rolle der Gastgeber zu übernehmen haben. Das heißt also, daß dabei auch eine Frau, überwiegend die Ehefrau des Direktors, des Unternehmers, des Chefs u.a., als Gastgeberin auftritt. Allerdings kann diesen Part ohne weiteres auch eine andere Frau, beispielsweise die Partnerin, übernehmen, und zwar überall dort, wo die Veranstaltung stattfindet. Sie bleibt also nicht nur auf Einladungen im eigenen Haushalt beschränkt.

Die Verantwortung für die perfekte Organisation und die reibungslose Abwicklung von Veranstaltungen im geschäftlich-offiziellen Bereich wird sich daher wie erwähnt auf diese zwei Personen aufteilen. Ihnen obliegt es, die Veranstaltung zu planen. Dabei muß in erster Linie der gegebene Anlaß berücksichtigt werden: Es muß z. B. unbedingt darauf geachtet werden, daß der gewählte Rahmen angemessen ist und den eigenen Möglichkeiten entspricht. Jedes zu aufwendig gestaltete Fest wirkt stillos und könnte bei den geladenen Gästen leicht den Anschein von Hochstapelei erwecken. Allerdings wird ein ebenso ungünstiger Eindruck erreicht, wenn das Fest zu bescheiden ausgerichtet wird: Dann wird man leicht als Pfennigfuchser oder Geizhals eingestuft.

Regel
Jede Veranstaltung muß unbedingt dem gegebenen Anlaß und den eigenen Möglichkeiten entsprechen!
Gerade in offiziellen gesellschaftlichen Zusammenhängen ergeben sich immer wieder besondere, sehr unterschiedliche Anlässe, zu denen man andere Menschen einladen wird. Für jede Gelegenheit gibt es verschiedene Veranstaltungsarten und unzählige Möglichkeiten. Einige häufig vorkommende Anlässe und die dafür üblichen Arten der Veranstaltung sind:

Firmenjubiläum, Eröffnungen, Übernahmen usw.
Festakt, mit Kulturakzenten/evtl. Firmenbesichtigung
Empfang, in Anwesenheit der Presse
Essenseinladung: Brunch/Festlunch (mittags)/Galadiner (abends)

Einführung/Vorstellung neuer Produkte/
besondere Firmenaktivitäten
Präsentation
Konferenz mit der Presse
Produkt-Party
Abendeinladung

Hohe Geburtstage/Verabschiedung in den Ruhestand
Empfang
Einladung: Galadiner (abends) – Festlunch (mittags)
Cocktailparty

Zu Ehren wichtiger Geschäftskunden – ausländischer Gäste – Politiker:
Vormittagsempfang mit anschließendem Buffet oder Lunch
Diner oder Bankett
Stehempfang am Spätnachmittag/Cocktailparty
Einladung zu kulturellen Veranstaltungen

Die Entscheidung, ob zu einem bestimmten Anlaß eine spezielle Veranstaltung durchgeführt und welcher Zeitpunkt dafür gewählt wird, liegt in den Händen der Gastgeber bzw. bei den Verantwortlichen in Wirtschaft, Politik oder Kultur. In ihren Händen liegt nicht nur die perfekte Planung, sondern auch die Auswahl der Gäste sowie die zeitgerechte Einladung. Die ordentliche Durchführung und der korrekte Ablauf liegt ebenfalls bei Ihnen.

Um eine Veranstaltung zu einem Erfolg werden zu lassen, genügt es einfach nicht nur, einen Raum zu reservieren, etwas zum Essen anzubieten, dann viele Getränke zu servieren und Gäste einzuladen, heute braucht es etwas mehr dazu.

Kreativität:	sich etwas Neues einfallen lassen, eigene Ideen entwickeln;
Individualität:	seine Persönlichkeit und seinen Stil erkennbar machen, d.h., es nicht so zu machen, wie es z. B. der Mitbewerber gemacht hat;
Atmosphäre:	dafür sorgen, daß die Gäste zueinander passen, daß der Stil entspricht;
Ambiente:	auch das muß zur Veranstaltung passen; z. B. ein Firmenjubiläum verlangt einen stilvoll-eleganten Rahmen, während die Einweihung einer neuen Fabrikhalle auch im Festzelt auf dem Werksgelände ein Erfolg wird.

Zu jedem Anlaß die passende Veranstaltung

Wie bereits erwähnt, gibt es während des Jahres die verschiedensten Anlässe, zu denen man Gäste einlädt. Die Zahl der Veranstaltungen ist enorm gestiegen. Wer in der Gesellschaft, wer in der Öffentlichkeit eine Rolle spielt, hat fast täglich Verpflichtungen, denen er neben seinen Tagesgeschäften nachkommen muß. Aber auch im Privatleben haben die Einladungen zugenommen.

Nachstehend finden Sie in alphabetischer Reihenfolge die in unserem Kulturraum gebräuchlichsten Veranstaltungen, zu welchen Anlässen sie passen und was Sie sonst noch darüber wissen sollten:

Das Abendessen – Diner – Dinner

Früher nannte man diese Art der Einladung ein zwangloses Abendessen. Das bedeutete, daß im Gegensatz zu einem festlichen Diner keine Gesellschaftskleidung vorgeschrieben war, es bestand keine bindende Tischordnung, Servierpersonal mußte nicht unbedingt verfügbar sein, der Tisch war nicht festlich-offiziell mit weißem Leinendamast gedeckt.

Eine Einladung zum Abendessen ist die bei uns heute allgemein übliche Grundform der Abendeinladung. Ob es sich dabei um ein offizielles Essen mit Geschäftsfreunden oder um eine »zwanglose« Einladung unter Freunden handelt, ob in ein Restaurant eingeladen wird oder in die eigenen »vier Wände«, der äußere Ablauf ist dem früherer Zeiten ähnlich. Wenn auch die Form zwangloser geworden ist, gewisse Grundregeln bestehen noch immer. Sie sollten beachtet und angewendet werden. Klassische Pflichten dürfen nicht vernachlässigt werden.

Für den Gastgeber/die Gastgeberin gilt es in beiden Fällen – geschäftlich wie privat – folgende Dinge zu beachten:

- Die Auswahl der Gäste muß sorgfältig erfolgen, denn sie sollten zusammenpassen: Nur so entwickelt sich eine gute Unterhaltung, entsteht keine Mißstimmung. Das ist um so wichtiger, je weniger Personen eingeladen werden. Das Verhältnis zwischen weiblichen und männlichen Gästen sollte sich in etwa die Waage halten.
- Die ideale Gästezahl liegt zwischen vier und maximal 16 Personen. Bei privaten Einladungen richtet sie sich nach dem vorhandenen Platz und den gegebenen Möglichkeiten der Bewirtung.

- Die Einladung selbst sollte, wenn es ein kleiner Rahmen ist, etwa zehn bis 14 Tage vor dem geplanten Termin, und zwar schriftlich, erfolgen. Kennt man die Gäste besser, besteht ein freundschaftliches Verhältnis, so kann die Einladung etwas legerer, also mündlich bzw. telefonisch erfolgen. Doch wer diese Art bevorzugt, sollte ebenfalls die Einladung rechtzeitig genug (zehn bis 14 Tage) aussprechen. Diese Zeitspanne ist deshalb wichtig, um einerseits den Gästen genügend Zeit für eine Zu- oder Absage zu geben, andererseits um als Gastgeber entsprechend disponieren zu können: Einladung anderer Gäste, Einkauf, Tischordnung usw.
- Ist für die Einladung ein Restaurant vorgesehen, so ist eine frühzeitige Tischreservierung erforderlich unter Angabe bestimmter Räume oder Plätze, die bevorzugt werden.
- Eine gut durchdachte Tischordnung ist unerläßlich. Dem Sitzplan (Placement) ist auch bei wenigen Gästen besondere Aufmerksamkeit zu schenken. Das gilt sowohl für ein Geschäftsessen als auch für das Essen im privaten Kreis.
- Die Gastgeber geben in jedem Fall den gewünschten Stil der Einladung vor und erwarten auch eine entsprechende Kleidung. Die Gäste sind für einen Hinweis hierzu dankbar.
- Auf ein entsprechendes Ambiente des Raums und auf passende Dekoration kommt es ebenfalls an. Werden diese Aspekte nicht berücksichtigt, wird der gewünschte Stil nicht erreicht.
- Handelt es sich um ein geschäftliches Abendessen oder eine private Einladung in ein Restaurant, dann ist es sinnvoll, das Essen samt Getränken vorher zusammenzustellen und vorzubestellen.
- Bei der Menüzusammenstellung im privaten Haushalt sollte berücksichtigt werden, daß die Speisen von der meist selbst kochenden Gastgeberin entsprechend vorbereitet werden können, damit ihr genügend Zeit bleibt, sich den Gästen zu widmen. Der Gastgeber sollte die vorgesehenen Getränke bereitstellen, um so unnötige Unruhe weitgehend zu vermeiden.

- Der Beginn wird üblicherweise auf zwischen 19.00 und 20.00 Uhr festgelegt.
- Als Faustregel für die Dauer gilt: etwa drei Stunden.

Es ist bei uns üblich geworden, zum »Diner« oder »Dinner« einzuladen, hauptsächlich dann, wenn es sich um eine größere gesellschaftliche Veranstaltung handelt oder ein besonderer Anlaß in einem festlichen Rahmen gefeiert werden soll. In beiden Fällen handelt es sich bei einer solchen Einladung um ein »festliches Abendessen«. Die Bezeichnung »Diner« ist das französische Wort, »Dinner« die englische Bezeichnung dafür. Ohne Zweifel klingen diese Fremdwörter eleganter und interessanter, jedoch kann jeder für sich entscheiden, ob sie/er diese Worte bei einer entsprechenden Einladung verwendet oder lieber zu einem Abendessen einlädt.

Die Organisation und der Ablauf ist nicht viel anders als bei einem Abendessen, daher gelten grundsätzlich bis auf wenige Ausnahmen auch die gleichen Regeln:

Teilnehmerzahl: ab 16 Personen;

Stil/Rahmen: sehr festlich;

Kleidung: festlich/elegant, Herren: Smoking/Dinnerjackett/ dunkler Anzug; Damen: elegantes Abendkleid, kurz;

Begrüßung: Grußworte oder Begrüßungsansprache;

Tischordnung: maximal acht Personen pro Tisch;

Beginn: wahlweise ab 19.00 und nicht später als 20.00 Uhr;

Dauer: etwa vier, maximal fünf Stunden.

Geschenke/Blumen läßt man entweder vorher oder am Tag darauf als »Dankeschön« an die Privatadresse der Gastgeber überbringen.

Das Arbeitsessen – Business-Lunch

Dieses gemeinsame Essen dient in erster Linie dazu, in angenehmer Atmosphäre Gespräche geschäftlicher Art zu führen. Sowohl leitende Mitarbeiter des eigenen Unternehmens als auch Geschäftspartner und Kunden können daran teilnehmen. Ein Arbeitsessen kann unterschiedliche Gründe haben, die sich einerseits in der Wahl des Restaurants, andererseits in der Auswahl der Speisen und Getränke niederschlagen werden.

Handelt es sich um eine interne Besprechung von Mitarbeitern, so wird in der Regel einem Stammlokal in der Nähe des Arbeitsplatzes der Vorzug gegeben: Aus Gründen der Zeitersparnis wird dabei das Essen vorbestellt werden. Sollen jedoch mit Geschäftsfreunden weitere gemeinsame Strategien besprochen oder soll einer langwierigen Verhandlung zum Ziel verholfen werden, so wird die Wahl auf ein gehobeneres Restaurant fallen, in dem in einem angenehmen Ambiente ungestörte Gespräche geführt werden können, die Gerichte von ausgezeichneter Qualität sind und die Bedienung unauffällig ist. Unbedingt wichtig ist es, das Essen durch sorgfältige Planung richtig vorzubereiten. Nur so wird der Erfolg gesichert.

Daher sollten die Gastgeber, die Verantwortlichen bei der Planung eines Arbeitsessens folgendes beachten:

- Eine genaue Ablaufliste ist eine wertvolle Hilfe, auf die nicht verzichtet werden darf. Auch ein genauer Zeitplan ist wichtig.
- Eine Sitzordnung (unter Mithilfe eines/r Beteiligten) ist unerläßlich. Entscheidende Personen sollen sich gegenübersitzen. Die Tischform sollte am besten rund oder quadratisch gewählt werden, dadurch wird die Kommunikation wesentlich erleichtert.
- Die Wahl des richtigen Restaurants ist von Bedeutung. Ein bereits bekanntes sollte bevorzugt werden. Eine frühzeitige Reservierung ist zu beachten, da nur so Sicherheit besteht, den bevorzugten Tisch bzw. Raum zu bekommen.
- Bei der Zusammenstellung des Menüs ist darauf Rücksicht zu nehmen, daß anschließend eventuell noch gearbei-

tet werden muß bzw. weitere Gespräche notwendig sind. Daher wird man leichtbekömmlichen Speisen den Vorzug geben. Bei den Getränken sollte ebenfalls darauf geachtet werden, daß Alkohol an zweiter Stelle steht.
In folgenden Punkten unterscheidet sich ein Arbeitsessen von anderen Essenseinladungen:
Die Einladung dazu wird *gleichzeitig mit der Terminvereinbarung* zu der an diesem Tag vorgesehenen geschäftlichen Besprechung ausgesprochen.
Der Gastgeber übernimmt neben seinen gewohnten Pflichten auch all jene, die normalerweise von der Gastgeberin zu erfüllen sind: z. B. *wird er das Essen eröffnen.*
Hat jedoch eine Frau zum Essen eingeladen, so gehört es zu ihren Aufgaben, neben ihren gewohnten auch die »Gastgeber-Rolle« zu übernehmen, d. h., *sie ist auch für die Auswahl der Getränke zuständig und erhebt als erste das Glas, um den Gästen zuzuprosten.*
Falls an einem Arbeitsessen nur wenige Personen (maximal sechs) teilnehmen, so ist es durchaus möglich, diesen die Auswahl ihrer Speisen selbst zu überlassen. Doch ist es auch in diesem Fall üblich, daß der Gastgeber/die Gastgeberin die Wahl der Getränke besorgt.

Folgendes sollte vermieden werden:

- geschäftliche Angelegenheiten während des Essens zu besprechen. Dies gilt als *äußerst unhöflich!* Die passende Zeit dafür ist vorher (beim Aperitif) oder nachher (beim Kaffee).
- Die Bezahlung der Rechnung sollte *nicht vor den Gästen* erfolgen. Auf viele Menschen wirkt das peinlich. Es gibt andere Möglichkeiten, z. B.: an die Rezeption gehen und dort die Rechnung bezahlen, sich die Rechnung zuschicken lassen (für ein gutes Restaurant ist dieser Service eine Selbstverständlichkeit!).

Teilnehmerzahl: möglichst klein (maximal zwölf Personen);

Stil/Rahmen: angenehmes Ambiente;

Kleidung: Business-Outfit für Herren und Damen;
Begrüßung: evtl. kurze Begrüßungsworte vor dem Essen;
Tischordnung: vorbereiten, nach Wichtigkeit;
Beginn: 12.30 bis 13.00 Uhr;
Dauer: etwa eineinhalb, maximal zwei Stunden.

Das Bankett

Darunter versteht man ein sehr festliches Essen, das überwiegend zu Ehren von besonders hochgestellten Persönlichkeiten, beispielsweise von ausländischen Gästen, gegeben wird. Ein Bankett hat in jedem Fall einen hochoffiziellen Charakter, bei dem alle Regeln des diplomatischen Protokolls uneingeschränkt gelten.

Zu beachten wäre:

- Eine Liste der Einzuladenden muß erstellt werden.
- Die schriftliche Einladung muß mindestens drei Wochen vor dem Ereignis verschickt werden, die Rückantwort darf nicht länger als acht Tage auf sich warten lassen.
- Beim Erstellen der Tischordnung muß die protokollarische Rangfolge unbedingt eingehalten werden.
- Die Begrüßungsrede, die nicht länger als fünf bis acht Minuten dauern sollte, muß vorbereitet werden. Dabei ist besonders genau auf die Reihenfolge der Begrüßung der Gäste zu achten. Weitere Tischreden müssen nicht nur in ihrer zeitlichen Abfolge (Dauer: maximal acht bis zehn Minuten) genau eingeteilt, sondern auch inhaltlich subtil aufeinander abgestimmt werden.

Der Ablauf und die Vorbereitung eines Banketts sind der Verfahrensweise bei einem offiziellen Abendessens sehr ähnlich. Es gelten grundsätzlich auch die gleichen Regeln. Daneben hat die Einhaltung der protokollarischen Rangfolge größte Bedeutung:

Teilnehmerzahl: ab 30 Personen;
Stil/Rahmen: festlich, offiziell;

Kleidung: elegant, Herren: Abendanzug/Dinnerjackett, Damen: »kleines Schwarzes« – elegantes Kostüm;

Begrüßungsworte/Tischreden;

Tischordnung: maximal acht Personen pro Tisch;

Beginn: üblicherweise 19.00 Uhr oder 20.00 Uhr;

Dauer: vier bis fünf Stunden.

Geschenke: Blumen sind nicht üblich!

Noch etwas sollten Sie unbedingt wissen:
Zu einem Bankett wird nicht eingeladen, kann niemand eingeladen werden! In jeder offiziellen Einladung wird die Bezeichnung »festliches Mittagessen/festliches Abendessen aus Anlaß ...« gewählt.

Brunch/Déjeuner/Spätes Frühstück

Eine Einladungsart, die in den USA schon seit langem gebräuchlich ist. Bei vielen offiziellen und privaten Gelegenheiten wird dort zu einem Brunch eingeladen. Die Bezeichnung »Brunch« leitet sich sprachlich von »Breakfast«, Frühstück, und »Lunch«, Mittagessen, ab. In Frankreich wird dafür das Wort »Déjeuner« verwendet, und im deutschsprachigen Raum wird oft zum »späten Frühstück« eingeladen. In jedem Fall besteht es aus einer Mischung von Frühstück und Mittagessen, hat Ähnlichkeit mit einem Buffet, auf dem sowohl kalte wie auch warme – sehr leichte – Speisen angeboten werden. Bei uns erfreut sich diese Form zunehmender Beliebtheit! Ein Brunch eignet sich sowohl für geschäftliche als auch für private Anlässe:

- Man kann dabei in einer eher ungezwungenen Atmosphäre in- und ausländische Geschäftsfreunde und führende Mitarbeiter eines Unternehmens miteinander bekannt machen;
- so lassen sich Firmen-Jubiläen feiern;
- so können Geschäfte eröffnet werden;
- Geburtstage, das bestandene Examen, eine akademische Feier ...

Auch im offiziellen Bereich ist ein Brunch durchaus am Platz. Er stellt eine eher legere Einladungsform dar, bei der man z. B.
führende Persönlichkeiten in einen bestimmten Kreis einführen kann;
einen neuen Kandidaten vorstellen kann; u.a.m.
Die Organisation eines Brunches beansprucht einen relativ geringen Aufwand, doch sind auch dabei gewisse Regeln zu beachten:

Teilnehmerzahl: zwölf bis etwa sechzig Personen;
Stil/Rahmen: geschmackvoll; ungezwungen;
Kleidung: elegant-sportlich, Herren: Blazer-Hose-Kombination, Damen: Kostüm, Kleid, Hosenkombination;
Begrüßungsworte: so kurz wie möglich fassen;
Tischordnung: mit Platzkarten oder freie Platzwahl;
Beginn: 10.30 Uhr, spätestens 11.30 Uhr;
Dauer: etwa zwei Stunden.

Geschenke: Blumen bringt man mit, wenn der Brunch privat veranstaltet wird und im Haus/in der Wohnung der Gastgeber stattfindet. Wird in ein Restaurant geladen, so wird man die Präsente am Tag zuvor oder am nächsten Tag zusenden.

Die Cocktailparty

Diese Form der Geselligkeit ist in den frühen 60er Jahren aus den USA zu uns gekommen. Der bei uns nicht übliche Stil dieser Einladungsform war ein Novum zu den bisher üblichen gesellschaftlichen Ereignissen.

Die Stunde der Cocktailparty schlägt in der Zeit zwischen Arbeitsschluß und Abendessen. Bei einer Cocktailparty werden Getränke serviert, die auf einem Tablett herumgereicht werden. Das können Drinks sein wie Martini, Campari oder Sekt und Champagner, aber auch ein leichter Rot- oder Weißwein und Antialkoholisches. Dazu gibt es in der Regel

Canapés oder andere delikat belegte, mundgerechte Brötchen, die sich ohne Besteck essen lassen.
Einladen zu einer informellen Cocktailparty im privaten Kreis, also unter Freunden, Bekannten, Kollegen usw., kann man mündlich oder telefonisch;
in der Regel acht bis zehn Tage vor dem geplanten Termin. Es kann aber auch eine relativ kurzfristig anberaumte Einladung sein.
Eine Zu- oder Absage ist nicht unbedingt notwendig. Es ist jedoch ein Beweis von Manieren, wenn man dem Gastgeber mitteilt, daß man nicht kommen kann.
Zu einer offiziellen Cocktailparty mit geschäftlichem oder öffentlichem Hintergrund muß generell schriftlich eingeladen werden (gedruckte Einladung).
Diese muß mindestens zehn bis 14 Tage vorher verschickt werden.
Eine Zu- oder Absage ist bis spätestens acht Tage vor dem Termin erforderlich, wenn mit dem Zusatz: u. A. w. g. darum ersucht wird.

Wie bereits erwähnt:

- Eine Cocktailparty ist eine unkonventionelle Einladungsform – eine Stehparty, bei der ein Gastgeber zwar nicht mit allzu pünktlichem Erscheinen aller Gäste rechnet, die aber von beschränkter Dauer ist, d. h. nur etwa zwei Stunden dauern soll.
- Es ist aber im Gegensatz zu anderen Einladungen erlaubt, den Gastgeber zu fragen, ob man noch jemanden mitbringen darf. Allerdings sollten diese Gäste zum Kreis der anderen, eingeladenen passen.

Eine formelle Cocktailparty entspricht in ihren Vorbereitungen etwa denen eines Empfangs. Es gelten auch die gleichen Regeln:

Teilnehmerzahl: unbegrenzt;
Rahmen: je nach Anlaß elegant oder festlich-offiziell;
Kleidung: elegant-klassische Tagesmode, ein Umziehen

nach dem Büro ist nicht unbedingt notwendig. Herren: Anzug (grau/blau), Blazer-Hose-Kombination, Damen: Kostüm, Hosenanzug, Tageskleid.

Ist der Anlaß besonders festlich-offiziell, dann Herren: dunkler Anzug, Damen: Cocktailkleid, wer möchte mit Hut, der jedoch nicht abgenommen wird.

Beginn: 17.30 bis 18.00 Uhr;

Dauer: zwei Stunden.

Geschenke: Blumen sind bei einer offiziellen Cocktailparty nicht üblich. Findet diese jedoch im privaten Kreis statt, dann bringt man eine Kleinigkeit mit oder läßt diese am nächsten Tag als »Dankeschön« überbringen.

Das sollten Sie sich unbedingt merken: Eine Cocktailparty dauert, wie bereits erwähnt, in der Regel maximal zwei Stunden, d. h., sie endet gegen 20.00 Uhr. Das bedeutet, daß die Gäste sich spätestens dann verabschieden sollten. Der Gastgeber darf daher Gäste, die keine Anstalten machen zu gehen, höflich, aber unmißverständlich an diese Regel erinnern.

Der Empfang

Diese Art der Einladung wird immer dann gewählt, wenn sehr viele Gäste zu einem besonderen offiziellen, geschäftlichen oder einem privaten Anlaß einzuladen sind.

Der jeweilige Grund ist ausschlaggebend dafür:
- ob der Empfang am Vormittag oder besser am späteren Nachmittag stattfindet;
- welchen Umfang die Veranstaltung hat;
- in welchem Stil der Empfang durchgeführt wird.

In den verschiedensten offiziellen, politischen und diplomatischen Zusammenhängen hat der Empfang schon seit langem einen festen Platz im Veranstaltungskalender, beispielsweise zu einer Ordensverleihung, dem Besuch ausländischer Diplomaten usw.

Auch im geschäftlichen Bereich bieten sich unzählige Gelegenheiten, für die der Empfang eine ideale Einladungsform darstellt: eine Beförderung, ein Firmenjubiläum, eine Geschäftseröffnung u. a.

Aber auch im Privatleben stellt ein Empfang eine geeignete Möglichkeit dar, vielen Gästen gerecht zu werden. Ist beispielsweise eine standesamtliche oder kirchliche Trauung am Vormittag angesetzt oder wird ein Kind getauft, so werden Verwandte, Freunde, Bekannte, Kollegen zu einem Empfang gebeten. Anschließend können sich die engsten Familienangehörigen zurückziehen, um im kleinen Kreis Mittag zu essen.

Wer einen Empfang geben möchte, der muß die nachstehend angeführten Punkte unbedingt und sehr genau beachten:

- das Erstellen der Gästeliste,
- die Einladung der Gäste,
- die Grußworte/Begrüßungsrede,
- die Auswahl der Getränke.

Der *Empfang am Vormittag*, sei es aus privaten, geschäftlichen oder offiziellen Anlässen, wird also gewählt, wenn z. B.

- kirchlich oder standesamtlich geheiratet,
- eine Firma eröffnet wird;
- ein Abschlußexamen oder ein akademischer Grad zu feiern ist;
- ein Geburtstag, eine Ordensverleihung, eine besondere Ehrung stattfindet;
- hohe ausländische Gäste zu Besuch sind;
- ein Haus/öffentliches Gebäude eingeweiht wird usw.

Ist der Anlaß offizieller oder geschäftlicher Natur, dann werden in erster Linie Personen aus Wirtschaft und Politik oder diesem Kreis nahestehende Menschen eingeladen. Im privaten Bereich werden Verwandte, Freunde, Bekannte zum Empfang gebeten.

Als Gast kommt man zum Empfang, gratuliert, wenn es sich um einen entsprechenden Anlaß handelt, trinkt etwas und ißt ein paar Häppchen. Man wechselt mit anwesenden Personen einige Worte oder macht etwas »Small talk«. Und verläßt den Empfang bald wieder, d. h., man sollte nicht länger als eine Stunde bleiben. Die Ehrengäste werden sich möglicherweise anschließend daran im engsten Kreis zu einem Mittagessen zurückziehen.

Die Vorbereitung eines Vormittagsempfangs erfordert nachstehende Schritte:

- Eine Liste der Einzuladenden wird erstellt.
- Die Einladung muß mindestens drei Wochen vorher schriftlich (mit gedruckter Einladungskarte) erfolgen.
- Eine Zu- oder Absage ist nicht unbedingt erforderlich, doch ist es für die Gastgeber angenehm zu wissen, mit wie vielen Personen zu rechnen ist. Daher sollte auf der Einladung die Telefonnummer angeführt sein und um Rückruf gebeten werden.
- Die Begrüßungsrede vorbereiten.
- Die Räumlichkeiten vorbereiten. Üblicherweise findet ein Empfang zwar im Stehen statt, doch sollten einige Sitzgelegenheiten für ältere oder behinderte Personen unbedingt vorhanden sein.
- Es werden Getränke angeboten: Sekt (Champagner), Sherry, vor allem auch Orangensaft und Mineralwasser. Diese bereits in Gläser gießen und auf Tabletts vom Servierpersonal (privat könnten es auch jüngere Verwandte sein) anbieten lassen.
- Dazu werden auch kleine Canapés oder liebevoll belegte Häppchen gereicht. Pro Person wird mit vier bis sechs Stück (je nach Größe) gerechnet.

Nachfolgend noch einige weitere Punkte, die bereits bei der Vorbereitung beachtet werden müssen und die für einen geordneten Ablauf wichtig sind:

Teilnehmerzahl: zwischen 40 und 120 Personen;
Stil/Rahmen: elegantes Ambiente;
Kleidung: festlich-elegante Tageskleidung; Herren: dunkler Anzug, Damen: je nach Jahreszeit z. B. dunkles Kostüm/Kleid – es darf auch farbig oder dezent gemustert sein, jedoch keinesfalls zu auffallend gewählt werden;
Begrüßungsworte/Ansprachen;
Beginn: 11.00 Uhr (kann im Sommer auch 10.30 Uhr sein). Es ist jedoch durchaus auch möglich, einen Empfang mit »fließendem« Beginn zu geben. Dann steht auf der Einladung: von 11.00 Uhr bis 13.00 Uhr; d. h.: Ab 11.00 Uhr finden die Gäste ein offenes Haus; die Gastgeber erwarten nicht, daß alle Gäste pünktlich erscheinen.
Dauer: etwa zwei Stunden.
Geschenke/Blumen: sind bei offiziellen Anlässen nicht üblich; es sei denn, der Empfang wird anläßlich eines Jubiläums/Geburtstags usw. gegeben. In diesem Fall übersendet man die Präsente an die Privatadresse des/der Geehrten. Bei einem privaten Empfang im Haus oder in der Wohnung der Gastgeber können diese direkt mitgebracht werden. Die Geschenke/Blumen können aber auch vorher überreicht werden; dies gilt auch dann, wenn der Empfang außer Haus stattfindet.

Ein *Empfang am Nachmittag* ist eine sehr festliche, formelle Art der Einladung, die sich vom am Empfang Vormittag aber nur ganz unwesentlich unterscheidet. Die Anlässe können die gleichen sein.

Aus den unterschiedlichsten Gründen wurde aber der Beginn lieber auf den späteren Nachmittag angesetzt.

Der Empfang am Nachmittag ist zum einen zeitlich nicht begrenzt und kann auch als größerer Empfang konzipiert sein. Im Gegensatz zum Vormittagsempfang, bei dem nur Häppchen gereicht werden, kann da auch etwas zum Essen in Form eines kalten oder warmen Buffets angeboten werden. In diesem Fall sind unbedingt Tische und Sitzgelegenheiten vorzusehen, für die es jedoch keine Sitzordnung geben muß, denn auch beim Nachmittagsempfang rechnet man nicht damit, daß alle Gäste gemeinsam und pünktlich erscheinen. Es wird auch nicht erwartet, daß diese die ganze Zeit über bleiben. Allerdings sollte man in diesem Fall nicht mehr als etwa 30 Minuten später als angegeben erscheinen, dafür aber zumindest so lange bleiben, bis sich die Ehrengäste zurückgezogen haben. Es ist jedoch ohne weiteres möglich, länger zu bleiben, denn das Fest kann auch ohne sie weitergehen.

Die Einladung erfolgt immer schriftlich oder mit gedruckten Einladungskarten, die mindestens 14 Tage vor dem Termin verschickt werden. Es ist üblich, sofort schriftlich eine Zu- oder Absage zu geben. Ist jedoch auf der Einladung u. A. w. g. und eine Telefonnummer angeführt, dann kann auch telefonisch geantwortet werden.

Alle weiteren Vorbereitungen sowie der Ablauf sind den Gebräuchen beim Vormittagsempfang sehr ähnlich und können dort nachgelesen werden.

Teilnehmerzahl: 40 bis 100 Personen;

Stil/Rahmen: festlich-elegant;

Kleidung: festlich-elegante Abendkleidung, Herren: dunkler Anzug – Smoking, im Sommer auch Dinnerjackett, Damen: »kleines Schwarzes« – Cocktailkleid;

Begrüßungsworte;

Beginn: ab 17.30 Uhr – nicht später als 19.00 Uhr;

Dauer: zwei bis drei Stunden (bei einem größeren Empfang entsprechend länger).

Geschenke/Blumen: Es gilt das gleiche wie beim Empfang am Vormittag.

Die Eröffnung (Vernissage)

Ausstellung – Messen; Geschäfte – Unternehmen – Gebäude – u. a. Eine Veranstaltungsart, die dazu geeignet ist, mit Geschäftspartnern, Personen aus dem öffentlichen Leben, Kunden, aber auch Freunden und Bekannten ein neues Geschäft, den gelungenen Umbau oder die Fertigstellung eines Gebäudes zu feiern. Es werden damit auch Ausstellungen von Kunstwerken, Sammlungen eröffnet oder z. B. neue Produkte vorgestellt.

Eine Eröffnung ist ein ideales Medium, um einen hohen Bekanntheitsgrad zu erreichen. Sie ist eine ausgezeichnete Maßnahme für die Öffentlichkeitsarbeit und eignet sich wie kaum eine andere Veranstaltung dafür, eine größere Personenzahl einzuladen.

Die Vorbereitungen zu einer Eröffnung entsprechen im Grunde genommen denen, die zu einem Empfang erforderlich sind. Beachten Sie jedoch die nachstehend angeführten Punkte, die zudem notwendig sind, um einen positiven Ablauf einer Eröffnung zu gewährleisten:

- Die Begrüßungsworte des Gastgebers so kurz wie nur möglich halten;
- eine/n kompetente/n Referenten/Referentin für die Vorstellung des Künstlers, der Produkte gewinnen;
- es sollten möglichst viele Einladungen versendet werden (besonders bei Vernissagen), damit auch tatsächlich eine entsprechende Zahl von Gästen erscheint.

Die Begrüßungsrede wird in der Regel etwa eine halbe Stunde nach dem in der Einladung angegebenen Beginn gehalten. Die Gäste oder Besucher sollten sich daher innerhalb dieser Zeit einfinden. Ein Erscheinen während der Ansprache stört und kann als unhöflich eingestuft werden.

Nach den Eröffnungsreden werden Getränke (Sekt, Wein, antialkoholische Getränke) gereicht und kleine, möglichst mundgerechte Brötchen angeboten. Man unterhält sich mit den Anwesenden, übt sich im »Small talk« und verläßt die Veranstaltung nach etwa einer Stunde. Eine Verabschiedung bei den Gastgebern ist nicht zwingend.

Teilnehmerzahl: den vorhandenen Räumlichkeiten angepaßt;

Stil/Rahmen: festlich-elegant;

Kleidung: angepaßt; Herren: Tagesanzug/Blazer-Hose-Kombination, Damen: elegante Tageskleidung; Begrüßungsworte/Eröffnungsrede;

Beginn: vormittags: 11.00 Uhr, nachmittags: 17.00 Uhr/ 18.00 Uhr, abends: 20.00 Uhr;

Dauer: eine bis maximal zwei Stunden.

Geschenke/Blumen: sind nicht üblich! Wer jedoch z. B. bei einer Geschäftseröffnung etwas schenken möchte, sollte dies an die Privatadresse des Inhabers schicken. Schon deswegen, weil vielfach der Platz fehlt, für Blumen keine Vasen vorhanden sind, usw.

Der Lunch

Lunch – das ist die englische Bezeichnung für eine leichte Art des Mittagessens, bestehend aus maximal drei Gängen und aus sehr leichten, bekömmlichen Speisen. Man kann dazu Geschäftspartner, Kunden usw. einladen, man kann sich aber auch mit Kollegen, Freunden oder Bekannten zu einem Lunch verabreden. Während die Vorbereitungen sowie der Ablauf den Regeln entsprechen, die bereits beim Geschäftsessen – Business Lunch genannt wurden, sind für den Lunch, der eher einen privaten Charakter hat, keine besonderen Regeln zu beachten. Es sei denn, man lädt extra dazu ein, dann sind die unten angeführten Punkte sicher hilfreich und tragen zu einem harmonischen Ablauf bei.

Teilnehmerzahl: zwei bis maximal acht Personen;

Stil/Rahmen: es sollte ein angenehmes, ruhiges Ambiente gewählt werden;

Kleidung: Herren: klassischer Tagesanzug, Kombination, Damen: Kostüm, Kleid, evtl. Hosenanzug;

Beginn: 12.00/12.30 Uhr;

Dauer: etwa eineinhalb Stunden.

Die Pressekonferenz

Sie gilt als ein sehr wichtiger Bestandteil für die Öffentlichkeitsarbeit in allen wirtschaftlichen, geschäftlichen, öffentlichen und politischen Zusammenhängen. Wer ein neues, innovatives Produkt einer breiten Öffèntlichkeit vorstellen möchte, wer die Zusammenarbeit oder Kooperation mit einem anderen Unternehmen plant oder wenn eine Partei ihr Wahlprogramm vorstellt, die Medien sind daran interessiert.

Die Vorbereitung einer Pressekonferenz erfordert genaue Planung und perfekte Überlegungen.

- Die Einladung erfolgt schriftlich, evtl. sollte eine Rückantwortkarte beigelegt werden, mit der die Teilnahme bestätigt werden kann.
- Der Raum, in dem die Pressekonferenz stattfinden soll, muß hergerichtet werden. Für ausländische Journalisten ist es sinnvoll, eine Übersetzungsanlage zu installieren und SimultanübersetzerInnen zu engagieren. Falls die Pressekonferenz außer Haus stattfindet, muß frühzeitig ein entsprechend großer Raum reserviert werden.
- Unterlagen, Informations- und evtl. Bildmaterial werden am besten in einer Mappe für jeden Teilnehmer vorbereitet.
- Der Text des Hauptreferats muß auch in schriftlicher Form aufliegen.

Während der Pressekonferenz stehen Getränke in Form von Säften oder Mineralwasser bereit. Nach der Pressekonferenz ist es üblich, die Journalisten zu einem kalten Buffet oder einem kleinen Imbiß einzuladen. Dazu werden dann auch alkoholische Getränke wie leichter Wein, Bier u. ä. gereicht.

Teilnehmerzahl: nach Erfordernis;

Stil/Rahmen: sachlich-diskret;

Kleidung: Tages- bzw. Busineß-Kleidung;

Beginn: Vormittag 10.00 bis 11.00 Uhr, Nachmittag ab 14.00 Uhr, nicht später als 17.00 Uhr; Begrüßungsworte – Sachreferat;

Dauer: etwa ein bis zwei Stunden.

Tip
An dem im Anschluß an die Pressekonferenz stattfindenden Zusammensein sollten auch Firmenangehörige teilnehmen, damit in informellen Gesprächen entsprechend sach- und fachkundige Hintergrundinformationen weitergegeben werden.

Gastrechte? Gastpflichten!

Der »Gast ist König« – mit diesem geflügelten Wort werden gerne die Gastrechte umschrieben. Gar nicht selten bemerkt man, daß ein Gast ganz selbstverständlich erwartet, bei jeder Gelegenheit auch als »König« behandelt zu werden. Von den Gastgebern verlangt er, daß seine persönlichen Wünsche erfüllt werden, und er nimmt nicht selten das Recht für sich in Anspruch, immer das zu tun oder zu lassen, was ihm gerade gefällt. Bei privaten Einladungen gibt es in dieser Beziehung weniger Probleme. Bei geschäftlichen oder offiziellen Veranstaltungen scheinen Gäste von ihren »Gastrechten« manchmal über Gebühr Gebrauch zu machen: »Beim Buffet werden die Teller bis zum Überlaufen gefüllt!« – »Getrunken wird, als ob es am nächsten Tag verboten würde!« – »Angebotene Zigarren oder Zigaretten werden dutzendweise eingesteckt!«

Ganz offensichtlich haben viele Menschen Mühe damit, den Begriff »Gastrecht« richtig zu interpretieren: Denn jeder Gast hat eine ganze Reihe von Vorschriften zu beachten, die schon lange ihren festen Platz in den gesellschaftlichen Spielregeln haben. Es gibt Ge- und Verbote, die sich im Laufe unserer langen Kulturtradition entwickelt haben und an die sich jeder Gast nach wie vor zu halten hat! Nur wer diese Regeln kennt und anwendet, zeigt, daß er korrekte Umgangsformen beherrscht und gute Manieren besitzt. Das gilt nicht nur im Privatbereich. Auch wer offizielle/geschäftliche Einladungen erhält, muß sich seiner Pflichten als Gast bewußt sein und sich entsprechend richtig verhalten.

Es ist daher sicher wichtig, die Pflichten des Gastes einmal genauer zu betrachten.

Das Verhalten als Gast

Wer eingeladen wird, gleichgültig, ob es sich dabei um eine Einladung bei Freunden handelt oder ob gesellschaftliche bzw. offizielle Veranstaltungen Anlaß für die Einladung sind, muß sich als Gast betrachten und sollte folgende Hinweise unbedingt beachten:

Jede persönliche Einladung verlangt eine rasche Antwort. Wer nicht reagiert, besitzt nicht nur schlechte Manieren, er zeigt deutlich seine Mißachtung.

Eine Einladung muß in derselben Form beantwortet werden, in der sie erfolgt ist:

1. Eine schriftliche (handgeschriebene) Einladung erfordert eine ebenso schriftliche (handgeschriebene) Beantwortung. Nur wenn eine Telefonnummer angegeben ist, kann auch telefonisch reagiert werden.

2. Wurde die Einladung (das ist bei guten Freunden der Fall) per Telefon ausgesprochen, dann kann natürlich auf die gleiche Weise geantwortet werden.

3. Wurde die Einladung persönlich ausgesprochen, so muß man diese auf jeden Fall auch persönlich beantworten und darf damit keinesfalls »Dritte« (z. B. eine Sekretärin) beauftragen.

Eine Zu- oder Absage sollte so rasch als möglich erfolgen. Die Organisatoren oder Gastgeber sind dankbar, wenn sie entsprechend frühzeitig disponieren können. Keinesfalls darf der angeführte Termin (in den meisten Fällen steht er bei: u. A. w. g. bis ...) überschritten werden.

Will oder kann man eine Einladung aus bestimmten Gründen nicht annehmen, so wird man als höflicher Mensch die Absage auch wahrheitsgetreu begründen.

Hat man die Einladung jedoch angenommen, dann sollten nicht nur das Datum und der Veranstaltungsort notiert werden. Es ist auch sinnvoll, die Einladungskarte aufzuheben, damit man den Termin nochmals überprüfen und nachlesen kann, welche Bekleidung erwünscht ist.

Die Kleidung

Ganz allgemein ist folgendes festzuhalten: Die Vorschriften, welche Kleidung zu welchem Anlaß getragen werden muß, werden längst nicht mehr so streng angewendet, wie dies in früheren Zeiten der Fall war! Die Sitten haben sich in dieser Beziehung gelockert, und die einem ständigen Wandel unterworfene Mode trägt das Ihre dazu bei. Dennoch gibt es noch genügend Gelegenheiten, bei denen es auf die Wahl einer richtigen Kleidung ankommt, bei denen das Aussehen eine entscheidende Rolle spielt.

Ein Nichtbeachten dieser Richtlinien könnte sowohl für den Gast als auch für den Gastgeber äußerst peinlich sein! Gerade wenn sich die Einladenden bemühen, ihrem Abendessen einen besonders festlichen Rahmen zu geben, ist es wichtig, daß alle Gäste festlich gekleidet erscheinen. Ein Ignorieren dieses Wunsches bedeutet Ignoranz gegenüber allen Anwesenden. Wenn eine Opernpremiere auf dem Programm steht und einige der Geladenen erscheinen in ihrer Bürokleidung, so lassen sie erkennen, daß sie keinen Stil besitzen.

Das Thema Kleidung gibt nicht selten den Anstoß für lange Diskussionen, und in endlosen Debatten scheiden sich die Geister. Viele Personen vertreten die Meinung, daß jede Bekleidungsvorschrift einen »Eingriff in die persönliche Freiheit« des einzelnen bedeute, daß eine Vorgabe, welche Kleidung zu einer bestimmten Gelegenheit erwünscht ist, die Individualität des Gastes verletze. Gar nicht so selten kann man hören, daß es nicht auf das Äußere ankomme, sondern die »inneren Werte« eines Menschen wesentlich wichtiger seien.

Betrachten wir dieses Thema jedoch einmal von einer anderen Seite: Ein Gastgeber muß versuchen, seiner Veranstaltung einen stilvollen Rahmen zu geben, der sowohl dem Anlaß wie auch dem Charakter der Einladung entspricht. Das gelingt jedoch nur dann, wenn alle Faktoren harmonieren, wenn alle Details perfekt aufeinander abgestimmt sind. Daher gehört auch die Vorgabe für die gewünschte Bekleidung mit dazu, in der die Gäste erscheinen sollen. Nicht zuletzt kommt es auf die passende Kleidung an, die maßgeblich daran beteiligt ist, ob die Veranstaltung gelingt oder vielleicht zu einem Debakel wird.

Ein Gast, der gutes Benehmen besitzt, wird in der Bekleidungsvorschrift eine wertvolle Orientierungshilfe sehen, er wird sich ganz selbstverständlich dem vom Gastgeber vorgegebenen Stil anpassen. Er wird es in seinem eigenen Interesse tun, denn für keinen Menschen bedeutet es eine reine Freude, als einziger unpassend gekleidet bei einer Einladung zu erscheinen, »overdressed« oder »underdressed« die Blicke auf sich zu ziehen.

Wenn also beispielsweise auf der Einladung zu einem Vormittagsempfang vermerkt ist: »Kleidung: formell-klassisch«, dann ist damit gemeint, daß die Herren dunkle Anzüge (blau/grau) oder einen Blazer mit grauer Hose mit dem passenden Zubehör tragen;
Frauen sind in diesem Fall mit einem klassischen Kostüm, einem schicken Kleid und eleganten Accessoires richtig angezogen.
Dem Hinweis auf die vom Gastgeber gewünschte Kleidung, die, wie bereits erwähnt, den Stil des Rahmens prägt, sollte jeder Gast unbedingt befolgen und darf ihn keinesfalls nur als eine unverbindliche Empfehlung ignorieren. Fehlt auf der Einladung ein Bekleidungsvermerk oder ist nicht klar erkennbar, um welche Art von Veranstaltung es sich handelt, dann tut man als Gast gut daran, nachzufragen. Das kann man auf direktem Weg beim Gastgeber tun, oder man erkundigt sich bei anderen Gästen, was diese zu diesem Anlaß anziehen werden.

Die Pünktlichkeit

Es besteht kein Zweifel, Menschen (Geschäftspartner, Kunden, Mitarbeiter, aber auch Freunde, Bekannte usw.), mit denen wir laufend zu tun haben, lassen sich in zwei Kategorien einteilen: Auf der einen Seite stehen die Pünktlichen, die alles daransetzen, jede Verspätung zu vermeiden; daneben gibt es die Unpünktlichen, denen ihr laufendes Zuspätkommen, sei es im Berufs- oder Privatleben, keinerlei Kopfzerbrechen bereitet.

Korrekte Menschen werden alles daransetzen, um Verspätungen zu vermeiden:

- Sie gehen frühzeitig aus dem Haus, rechnen Weg- und Fahrzeiten ein, um den vereinbarten Termin pünktlich einzuhalten.
- Sie erscheinen auf die Minute genau zum angegebenen Zeitpunkt.
- Falls sie zu früh sind, gehen sie lieber noch etwas spazieren oder warten im Auto, um sich dann pünktlichst zu melden, zu klingeln.
- Und wenn ihnen einmal ein Mißgeschick passieren sollte? Dann benachrichtigen sie den/die Wartenden rechtzeitig, daß sie sich verspäten werden, um sich, sobald sie da sind, gebührend zu entschuldigen.

Die Unhöflichen dagegen nehmen keinerlei Rücksicht auf andere Menschen. Sie kommen mit der größten Selbstverständlichkeit, wann es ihnen paßt. Sie können nicht verstehen oder sind sogar noch ungehalten darüber, daß der Kunde anderweitig beschäftigt ist oder Freunde gekränkt sind.

Jede Unpünktlichkeit, vor allem wenn sie zu vermeiden war, ist ein Zeichen für schlechte Manieren und fehlende Kinderstube. Die Tatsache, daß viele Menschen es mit der Pünktlichkeit nicht allzu genau nehmen, ist, bei allem Verständnis für menschliche Schwächen, für die Wartenden immer frustrierend! Wer selbst zu dieser Spezies gehört, sollte versuchen, sich Mühe zu geben, diese schlechte Eigenschaft abzulegen. Mit etwas Übung und gutem Willen wird auch das möglich sein. Pünktlichkeit ist eine positive Tugend, die sowohl im privaten wie im beruflichen Leben ungemein wichtig ist.

Aber was versteht man denn nun unter Pünktlichkeit? Ist das nicht ein dehnbarer Begriff? Hat die »akademische Viertelstunde«, die besonders unpünktliche Menschen gerne erwähnen, uneingeschränkte Gültigkeit, oder müssen andere Normen beachtet werden?

Vor allem in gesellschaftlichen oder offiziellen Zusammenhängen gibt es bestimmte Regeln und Hinweise, die erkennbar machen, ob der Veranstalter erwartet, daß seine Gäste pünktlich erscheinen, oder ob er damit rechnet, daß diese nach und nach eintreffen. Zunächst einmal sollte man sich den Termin auf der schriftlichen Einladung genau ansehen, denn dadurch können peinliche Verspätungen vermieden werden.

Es gibt aber noch einige andere Hinweise, die den gewünschten Zeitpunkt des Erscheinens deutlich machen.

Gebräuchliche Abkürzungen und was sie aussagen:

s. t. = sine tempore; d. h.: Beginn einer Veranstaltung auf die Minute

c. t. = cum tempore; d. h.: »fließende Zeitspanne«. Die Gäste können (je nach Veranstaltung) zwischen 15 Minuten und etwa einer Stunde später erscheinen.

Wenn aber weder s. t. noch c. t. hinter der Uhrzeit angeführt ist, dann kann für verschiedene Anlässe die »akademische Viertelstunde« angewendet werden.

Einige Beispiele sollen die Aussage dieser Abkürzungen erklären:

▮ Einladung zu einem festlichen Abendessen im Restaurant
Beginn 19.30 Uhr s. t.
Die Gäste müssen in diesem Fall *auf die Minute pünktlich* erscheinen.

- Einladung zu einer Cocktailparty
Beginn 18.00 Uhr c. t.
Die Gastgeber rechnen damit, daß die Gäste *nach und nach* (bis zu einer Stunde später) kommen.

- Einladung zu einem Jubiläumsempfang
Beginn 11.00 Uhr s. t.
Der Veranstalter erwartet, daß alle Gäste *pünktlich zu diesem Zeitpunkt* eingetroffen sind, d. h., besser etwas früher kommen, keine Minute zu spät, um die bereits begonnene Begrüßungsansprache nicht zu stören.

Wenn es sich um private Einladungen handelt, dann sollten ebenfalls die o. a. Pünktlichkeitsnormen angewendet werden. Wie ärgerlich ist es für die Gastgeber, wenn die Dame des Hauses sich die Mühe gemacht hat, ein köstliches Abendessen für ihre Gäste vorzubereiten, das nicht serviert werden kann, weil ein Paar auf sich warten läßt.

Ein Mensch, der es mit der Pünktlichkeit nicht so genau nimmt, läßt erkennen, daß seine Kinderstube nicht die beste war. Jede Unpünktlichkeit, die vermeidbar ist, bedeutet zweifelsohne eine grobe Unhöflichkeit gegenüber den Gastgebern, aber auch gegenüber den anderen Gästen.

König Ludwig XVIII. von Frankreich prägte den Wahlspruch: »Pünktlichkeit ist die Höflichkeit der Könige.« Man sieht, daß diese Tugend schon immer hoch geschätzt wurde. Bis in unsere moderne Zeit hat sie noch nichts von ihrer Gültigkeit verloren.

Die Begrüßung

Über dieses Thema wurde bereits an anderer Stelle ausführlich gesprochen, doch ist das Ritual der Begrüßung, wenn man als Gast eingeladen ist, von einigen weiteren Regeln gekennzeichnet, die man beherrschen und anwenden können sollte:

Wer einen Raum betritt, grüßt laut und vernehmlich.

Der Gast begrüßt zuerst die Gastgeberin, dann den Gastgeber persönlich. Es folgen andere Anwesende, wobei Freunde/Freundinnen und Bekannte den Vorrang haben gegenüber Personen, die man eher flüchtig oder noch gar nicht kennt.

Gäste, die man nicht kennt, begrüßt man im allgemeinen erst dann persönlich, wenn der Gastgeber (oder eine andere Person) diese vorgestellt hat.

Man kann diese jedoch auch begrüßen und sich ihnen gleichzeitig selbst vorstellen. Das sollte man auf jeden Fall dann tun, wenn weder der Gastgeber/die Gastgeberin noch eine andere Person in der Nähe ist, um die Vorstellung vorzunehmen. Auf diese Weise lernt man auch andere interessante Gäste kennen, kommt mit ihnen ins Gespräch und muß nicht den Abend als Mauerblümchen verbringen: Das gilt natürlich auch für Damen!

Handelt es sich um ein Paar, mit dem ein anderes Paar ins Gespräch kommen möchte, dann wird sich zuerst der Herr seinem neuen Gegenüber und dessen Partnerin vorstellen, dann wird er seine Partnerin den beiden vorstellen.

Gastgeschenke – »Mitbringsel«

Schon Kolumbus brachte bei der Entdeckung Amerikas den Indianern Geschenke, um sich dadurch ihr Wohlwollen zu sichern. Auch bei den Naturvölkern hat das Überbringen von Gastgeschenken Tradition. Daran hat sich bis heute nichts geändert. Die Sitte, bei Einladungen den Gastgebern Geschenke mitzubringen, war und ist auf der ganzen Welt üblich. Allerdings gelten auch für das Überbringen von Gastgeschenken bestimmte Regeln und Tabus, die man ganz einfach kennen und beachten sollte.

Der eigentliche Sinn von Gastgeschenken ist es, den Gastgebern eine Freude zu bereiten bzw. diesen für die Einladung zu danken. Das gelingt aber nur dann, wenn man nicht einfach ein x-beliebiges Geschenk wählt, sondern versucht, mit Fingerspitzengefühl etwas Passendes zu finden.

Merken Sie sich zunächst einmal diese Grundregel, die sowohl für private wie auch für geschäftliche Zusammenhänge anwendbar ist:

»Je weniger man den/die GastgeberIn oder den/die Beschenkten kennt, um so konventioneller sollte das Geschenk sein.«

»Je besser man den/die GastgeberIn oder den/die Beschenkten kennt, um so leichter findet man etwas Passendes.«

Ein Besuch bei Freunden bereitet ja den wenigsten Menschen Kopfzerbrechen, wenn es darum geht, ein »Mitbringsel« auszuwählen. Wesentlich schwieriger wird es für viele, wenn sie zum Abendessen bei einem Vorgesetzten eingeladen sind oder wenn sie eine Einladung zum Jubiläum eines Geschäftspartners bekommen haben. Dafür gibt es einige Regeln, die es erleichtern, das richtige Gastgeschenk zu finden:

- Ein Geschenk sollte mit der Persönlichkeit des/der Beschenkten harmonieren: Das verlangt jedoch, daß man dessen/deren Lebensstil, Vorlieben und Abneigungen kennt oder versucht, darüber etwas zu erfahren (Sekretärinnen geben gerne Auskunft), d. h., ist er/sie GolfspielerIn, dann kann das Geschenk etwas sein, das zu diesem Hobby paßt.
- Ein Geschenk muß immer zum Anlaß passen, d. h., bei einer Einladung zum Jubiläum wird das Geschenk großzügiger ausfallen, als wenn es sich um eine Einladung zu einem kleinen Abendessen handelt.
- Ein Geschenk muß den eigenen finanziellen Möglichkeiten entsprechen, d. h., der Abteilungsleiter sollte seinem Vorgesetzten bei der Einladung zum Abendessen keine Kiste Champagner mitbringen.
- Ein Geschenk sollte immer mit einer Karte (Glückwunsch-, Visitenkarte) versehen sein, damit der Beschenkte weiß, wem er danken muß (das gilt vor allem bei großen Festen).

Tabu

Ein Geschenk darf niemals *zu großzügig* ausfallen! Der/die Beschenkte könnte sich dadurch zu sehr verpflichtet fühlen.

Ein Geschenk darf niemals *zu persönlich* ausfallen! Der/die Beschenkte könnte es als Aufdringlichkeit empfinden.

Weiterhin sollte unbedingt beachtet werden, daß der/die zu Beschenkende niemals nach seinen Wünschen gefragt werden soll; Geschenke, die man selbst bekommen hat, dürfen nicht weitergeschenkt werden. Werbegeschenke aus dem eigenen Unternehmen nicht als Gastgeschenke mitbringen.

Der »gute Ton« verlangt zudem, daß jedes Geschenk so rasch als möglich vor allen Gästen ausgepackt wird und daß dem Überbringer dafür nochmals gedankt werden sollte.

Ausnahmen
Wenn der/die GastgeberIn sehr viele Geschenke bekommen hat, können diese verpackt (jedoch für die Gäste sichtbar) stehenbleiben. Sie werden, nachdem die Gäste gegangen sind, geöffnet. Die »Danksagung« muß in diesem Fall schriftlich (handschriftlich) erfolgen.

Blumen als Gastgeschenk?

Ein Blumenstrauß – ist die übliche Art und Weise, mit welcher sich ein Gast bei der Gastgeberin für eine Einladung bedankt. »Blumen gehören einfach dazu und machen Freude!« Diese Meinung ist weit verbreitet.

Allerdings gelten auch heute noch gewisse Regeln, auf die beim Schenken von Blumen unbedingt zu achten ist:
- Blumen werden nur in Form von Schnittblumen geschenkt – es sei denn, man kennt besondere Vorlieben der Gastgeber.

- Blumen kann man in jeder beliebigen Zahl schenken; eine ungerade Zahl läßt sich jedoch meist leichter arrangieren.
- Blumen werden (wenn Paare eingeladen sind) immer vom Mann überreicht.
- Blumen, darüber freuen sich mitunter auch Männer! Daher kann auch eine Frau einem Mann (auch wenn sie ihn nicht besonders gut kennt, aber weiß, daß dieser Blumenliebhaber ist) Blumen schenken.
- Blumen, die in herkömmliches Papier eingewickelt sind, werden in jedem Fall vor dem Überreichen entfernt; den Papierknäuel läßt man dabei nicht irgendwohin verschwinden. Man kann fragen, wo ein Papierkorb steht, oder die Gastgeberin nimmt das Papier ab!
- Blumen, in transparentes Cellophan eingewickelt, werden so auch überreicht. Vorsicht: Es gibt Menschen, denen die Umwelt am Herzen liegt, daher lehnen sie diese Verpackungsart ab!

Diese Regeln gelten vor allem dann, wenn es sich um private Einladungen handelt, die in der Wohnung oder im Haus der Gastgeber stattfinden.

Zu diesen Anlässen sind keine Blumen angebracht:

- Bei Einladungen in ein *Restaurant werden keine Blumen* mitgebracht! Dies hat vor allem einen praktischen Grund: Wohin soll die Gastgeberin/der Jubilar usw. mit den vielen Blumen? Vielfach gibt es auch nicht genügend Vasen, wenn z. B. jeder Gast glaubt, einen Blumenstrauß mitbringen zu müssen.

Bei allen Einladungen, die außer Haus stattfinden, sollte man den Blumenstrauß bereits am Vormittag des Einladungstages dem Gastgeber an die Privatadresse überbringen lassen. Unbedingt seine Visiten- oder Briefkarte mit einigen handgeschriebenen Worten beilegen, z. B.: »Wir freuen uns auf den Abend bei Ihnen!«

Den Blumenstrauß am nächsten Tag an die Privatadresse der Gastgeber liefern lassen. Nicht vergessen, eine

Brief- oder Visitenkarte mit einem handschriftlichen Dankeschön beizulegen, z. B.: »Es war ein wunderschönes Fest! Wir danken Ihnen, daß wir dabeisein durften!«

- Bei Geschäftseröffnungen, Vernissagen, Empfängen ist es ebenfalls nicht üblich, Blumen zu überreichen.

Wer trotzdem das Bedürfnis hat, der kann die Blumen vorher oder am nächsten Tag an die Privatadresse des Geschäftsinhabers, des Künstlers, verbunden mit handschriftlichen Glückwünschen, senden lassen, z. B.: »Ich wünsche Ihnen mit Ihrem schönen neuen Geschäft viel Erfolg!«

- Bei Kondolenzbesuchen ist es absolut nicht angebracht, Blumen mitzubringen!

Das Danken

»Ich möchte mich, auch im Namen meiner Frau, nochmals recht herzlich für die nette Einladung bedanken. Wir haben einen wirklich angenehmen Abend in Ihrem Haus verbracht!«

Auf diese Weise oder ähnlich könnte man sich beispielsweise für eine Einladung zu einem »Abendessen im kleinen Kreis« bei Bekannten bedanken!

Wer korrekte Umgangsformen besitzt, wird es als die selbstverständlichste Sache der Welt ansehen, sich am nächsten Tag bei den Gastgebern für die Einladung und den netten Abend zu bedanken, denn er weiß, was sich gehört! Das »Dankeschön« kann telefonisch oder schriftlich erfolgen und ist nicht selten Voraussetzung dafür, wieder eingeladen zu werden. Das gilt natürlich auch für eine Einladung, die aus geschäftlichen oder offiziellen Anlässen erfolgt ist. Adressat ist in diesen Fällen der Gastgeber.

Offensichtlich scheint es jedoch vielen Menschen schwerzufallen, sich zumindest telefonisch nochmals für eine Einladung zu bedanken, den Gastgebern zu sagen, wie sehr er/sie sich darüber gefreut hat, wie nett und angenehm der

Abend war, den er/sie mit ihnen und den anderen Gästen verbringen durfte.

Es bestehen auch heute noch für »das Danken« bestimmte Regeln. Es gibt verschiedene Möglichkeiten zu zeigen, daß man sich zu benehmen weiß:

Für jede Einladung, die schriftlich erfolgt ist, muß man sich ebenfalls schriftlich (handgeschrieben) bei den Gastgebern/Einladenden bedanken!

Für eine Einladung, die telefonisch erfolgt ist, kann man sowohl telefonisch als auch mit wenigen handgeschriebenen Zeilen den Gastgebern danke sagen.

Wichtig
Der Dank (gleichgültig, ob schriftlich oder telefonisch) muß unbedingt bereits am nächsten Tag erfolgen!

Zu diesem Thema noch einige Beispiele:

Nach einem Jubiläumsempfang, zu dem man schriftlich eingeladen wurde, muß man sich bereits am Tag nach der Veranstaltung mit einigen kurzen, handgeschriebenen Zeilen bedanken. Sie können auf Briefpapier auf eine Briefkarte geschrieben sein. Der Dank wird gleichzeitig auch im Namen der Frau/Partnerin/Begleitung, der Mannes/Partners/Begleiters erfolgen.

Es ist auch möglich und höflich, falls man nicht schon am Vormittag des Anlasses Blumen geschickt hat, diese mit dem schriftlichen Dank überbringen zu lassen.

Nach einem Abendessen im kleinen Kreis bei guten Freunden, zu dem man telefonisch eingeladen wurde, bedankt man sich am nächsten Tag ebenfalls mit einem kurzen Telefonanruf.

Die Einladung ins Restaurant

Für den Besuch eines Restaurants gibt es unterschiedlichste Gründe: Es kann eine Einladung von lieben Freunden sein oder ein Essen, zu dem der Firmeninhaber seine Geschäftsfreunde, Geschäftspartner und Mitarbeiter eingeladen hat. Natürlich kann es auch ohne weiteres *eine Frau* sein, die einen oder auch mehrere Geschäftspartner zum Essen in ein Restaurant führt. Vielleicht ist ein romantisches Tête-à-tête mit der Angebeteten der Grund für den Besuch eines exquisiten Eßlokals. Und es spricht heute nicht das geringste dagegen, wenn die Frau den eigenen Partner zum Essen ausführt und dort die Rechnung bezahlt. Der Anlaß kann eine Familienfeier sein, für die ein nobles Restaurant den passenden Rahmen bietet. Ist man auf Reisen, so erfordern es meist die Umstände, daß man sein Essen in einem Lokal einnehmen wird. In jedem Fall wird man ein der Situation oder den Vorstellungen entsprechendes Restaurant wählen – sei es eines, das man bereits kennt und schon öfter besucht hat, oder eines, von dem man glaubt, daß es dem Anlaß entspricht.

Wie man sich auch entscheidet, eines darf man nicht aus den Augen lassen: eine gezielte Vorbereitung. Es ist unbedingt notwendig, rechtzeitig einen *Tisch zu bestellen*, vor allem wenn es mehr als vier Personen sind. Aber auch wenn man beispielsweise nur zu zweit einen netten Abend verbringen möchte, kann eine *Tischreservierung* nur von Vorteil sein. Ärgerlich, wenn man sich mit seinem Gast – oder noch schlimmer: mit mehreren Gästen – auf die lästige und zeitraubende Suche nach einem anderen Lokal machen muß. Zudem ist es sicher kein Zeichen dafür, daß man weiß, was sich gehört.

Bei jeder Reservierung sind vor allem folgende Angaben wichtig:
der Zeitpunkt, zu dem man mit seinen Gästen eintrifft;
die genaue Personenzahl, für die der Tisch passen muß.
Wer diese beiden Punkte beachtet, hat die Gewähr, daß der Tisch vorbereitet ist. Kennt man das Lokal bereits, so hat man zudem die Möglichkeit, besondere Wünsche bekanntzugeben, z. B.:
»Ich bevorzuge mit meinen Gästen den runden Tisch nahe dem Fenster!«

»Können Sie für mich den kleinen Tisch im rückwärtigen Zimmer reservieren?«
»Ich möchte Sie bitten, den Tisch besonders festlich zu decken!«
»Würden Sie mir wieder einige Menü-Vorschläge zusenden? Ich könnte dann für alle gemeinsam vorbestellen.«
Ist das alles vorbereitet? Die *modernen Tischmanieren* werden in einem eigenen Kapitel besprochen. Wie die Serviette zu gebrauchen ist, wie man das Besteck richtig benützt, diese Regeln haben auch im Restaurant Gültigkeit.

Aber es gibt noch andere *Verhaltensnormen*, die man kennen, beherrschen und anwenden können sollte:

- *Der Mann* hält einer Frau/einem Gast zunächst *die Tür auf und läßt sie/ihn durchgehen*, worauf diese/r allerdings stehenbleiben und keinesfalls weitergehen sollte, bis der Gastgeber die Tür hinter sich geschlossen hat.
- Der Mann geht in das Lokal *voraus*, zumindest so weit, bis er einem Mitarbeiter/einer Mitarbeiterin des Restaurants (KellnerIn/GeschäftsführerIn/Chef de Service/Empfangsdame) seine Wünsche (z. B.: »Ich habe reserviert auf den Namen ...!«) mitteilen kann.
- Der Mann/der Gastgeber *(niemals der/die MitarbeiterIn des Restaurants)* nimmt zuerst seiner Begleitung den Mantel ab und zieht anschließend seinen eigenen aus. Die Mäntel übernimmt der/die MitarbeiterIn. Falls diese nicht zur Stelle sind, wird der Mann/der Gastgeber auch selbst die Mäntel an der Garderobe abgeben.
- Beim *Verlassen des Lokals* bringt der/die MitarbeiterIn (oder der Mann/Gastgeber) die Mäntel. Der Mann hilft seiner Begleitung in den Mantel, während der/die MitarbeiterIn dem Mann behilflich sein kann.
- Der/die GeschäftsführerIn, KellnerIn begleitet die Gäste zum Tisch, es folgen die Frau, dann der Mann.
- Bei zwei Paaren wird ebenfalls der/die GeschäftsführerIn, KellnerIn vorausgehen, gefolgt von den beiden Damen, anschließend die beiden Herren.

▮ Der Mann wartet immer, bis die Frau den Platz gewählt und sich gesetzt hat. Ganz galant ist es, ihr den Stuhl zurechtzurücken.

Im übrigen: Die Normen der Tischordnung gelten auch hier und müssen eingehalten werden.

Der/die KellnerIn, Chef de Service bringt die Speisekarten, übergibt diese zuerst der/den Dame/n, dann dem/den Herrn. Manchmal gibt es noch sogenannte »Damenkarten«, in denen das Speisenangebot ohne Preise steht. Eine Mode, die vielleicht einmal ihre Berechtigung hatte, in unserer modernen Zeit, in der die Frauen selbst entscheiden können, was und zu welchem Preis sie essen wollen, sind solche Karten eher eine Zumutung!

Jeder, Mann und Frau, teilt dem/der KellnerIn die Wünsche mit. Allerdings wird er/sie sich zuerst an die Frau wenden (ist ein Gast eingeladen, hat dieser den Vorrang). Sind mehrere Damen am Tisch, dann werden sie zuerst und anschließend die Herren, entsprechend der Rangordnung ihre Speisenwahl bekanntgeben.

Der Mann/Gastgeber ist in der Regel für das Getränk/den Wein zuständig. Er wird seine Wahl aber mit seinem Gast/den Gästen besprechen. Er ist es auch, der den Wein probiert.

Nicht ungewöhnlich ist es, wenn eine Frau die Einladende ist, daß diese auch die Weinbestellung aufgibt, und sie wird es auch sein, die probiert. Allerdings kann sie auch, falls sie sich bei Wein nicht auskennt, ohne weiteres ihren Gast bitten, ihr die Wahl abzunehmen.

Die Frau/Gastgeberin gibt auch im Restaurant das Zeichen zum Beginn des Essens! Das Essen wird gemeinsam begonnen.

Ausnahme: Sind mehrere Personen am Tisch und bekommen nicht alle gleichzeitig ihre Suppe oder andere warme Speisen (in einem guten Restaurant darf das allerdings nicht vorkommen), dann wird die Gastgeberin diejenigen, die ihr Essen bereits haben, bitten: »Fangen Sie doch an, die Suppe wird sonst kalt!«

Auch bei den nachfolgenden Gängen wird gemeinsam begonnen, es sei denn, es gibt auch hier eine Verzögerung beim Service. Folgende Richtlinien sind zu beachten:

- Steht eine Frau zwischendurch auf, um den Tisch zu verlassen, dann wird sich der Mann/Partner/Tischherr kurz erheben. Das gleiche wird er tun, wenn sie zurückkommt.
- Mit dem Rauchen wartet man, bis alle am Tisch mit dem Essen fertig sind bzw. bis der Kaffee serviert wird. Aber auch dann wird der Raucher fragen, ob er damit niemanden stört (siehe Kapitel Rauchen).

Für die Bezahlung der Rechnung hat man mehrere Möglichkeiten:

1. Die Rechnung wird am Tisch bezahlt, dann aber bitte sehr *diskret;* auf keinen Fall so, daß die Gäste in irgendeiner Form miteinbezogen werden (z. B. nachrechnen, Kontrolle usw.).

2. Man geht hinaus und erledigt es beispielsweise an der Rezeption.

3. Man läßt sich die Rechnung zuschicken. Ein gutes Restaurant, vor allem wenn man dort bekannt ist, wird dies problemlos machen.

Geht jemand jedoch ohne Begleitung, also allein in ein Restaurant, dann gelten auch in diesem Fall die bereits erwähnten Verhaltensnormen. Daneben muß sich weder sie noch er in irgendeiner Form bevormunden lassen, sondern kann selbstbewußt seine Wünsche äußern, z. B.:

- Wer allein ein Restaurant betritt, wartet, bis der Kellner/der Geschäftsführer ihn zu einem Tisch führt.
- Er/sie zieht selbst den Mantel aus und übergibt diesen dem Kellner/Geschäftsführer, der ihn an der Garderobe deponiert, und wenn er das Lokal verläßt, wird dieser ihn wieder bringen.
- Entspricht der zugewiesene Platz nicht den Vorstellungen (er ist in der hintersten Ecke oder direkt neben dem stark frequentierten Zugang zur Küche), dann braucht er/sie sich

nicht damit abzufinden, sondern wird höflich, aber bestimmt um einen anderen Tisch bitten.

▮ Wird man zu einem Tisch geführt, an dem bereits jemand anderer sitzt, dann fragt man diesen: »Darf ich mich dazusetzen?« oder »Es stört hoffentlich nicht, wenn ich mich dazusetze?«

Tabus: In den vorhergehenden Kapiteln wurden diese bereits eingehend beschrieben. Auch im Restaurant muß ein zivilisierter Mensch Unarten vermeiden, will er nicht als Rüpel, als Mensch ohne Manieren angesehen werden.

Hat man Gäste in ein Restaurant eingeladen oder hat man sich dort mit mehreren Personen zum Essen verabredet, dann sollten unbedingt folgende Regeln beachtet werden:

▮ Der Gastgeber/die Gastgeberin wird mindestens zehn Minuten vor den Gästen anwesend sein. So kann kontrolliert werden, ob alles den Wünschen entspricht, und Absprachen mit dem zugeteilten Service können getroffen werden.

▮ Der Gastgeber und die Gastgeberin erwarten Gäste *stehend*, um sie bei ihrem Eintreffen zu begrüßen. Solche, die sich nicht kennen, müssen miteinander bekannt gemacht werden.

Es ist kein Zeichen von guten Manieren, Gäste am Tisch sitzend zu empfangen und zu begrüßen!

▮ Im *Stehen* wird der Aperitif gereicht (sobald zwei Gäste eingetroffen sind), diejenigen, die später kommen, werden nach und nach bedient.

Ausnahme: Trifft man gleichzeitig ein oder kommt man bereits gemeinsam, dann kann der Aperitif auch am Tisch getrunken werden!

▮ Sind alle Gäste pünktlich erschienen, wird nach etwa fünf bis zehn Minuten an den Tisch gebeten.

▮ Die Aperitif-Gläser werden in *keinem Fall* mit zum Tisch genommen. Auch wenn sie nicht ausgetrunken sind, übergibt man sie dem Servierpersonal oder stellt sie ab (in umsichtig geführten Restaurants findet sich eine entsprechende Ablage).

- Es ist Aufgabe des Gastgebers, seine Gäste der (bereits vorbereiteten) Tischordnung entsprechend zu plazieren.
- Für den weiteren Verlauf gelten die üblichen, bereits erwähnten Regeln.

Ausländische Gäste optimal betreuen

Wer freut sich denn nicht darüber, wenn er in einem fremden Land ist und dort freundlich empfangen wird? Man fühlt sich angenommen und wohl, ganz besonders dann, wenn die Menschen versuchen, auf unsere Besonderheiten Rücksicht zu nehmen.

Genauso sollten wir die Ausländer behandeln, die zu uns kommen! Die Gründe für eine Reise in die Fremde sind vielfältig: Es kann eine Geschäftsreise sein, der Staatsbesuch eines Politikers, Besuche bei Freunden usw. Was immer der Grund ist, wer diese Gäste sind, ob Kunden, Geschäftspartner oder Freunde, man sollte sich bemühen, ihnen den Aufenthalt so angenehm wie möglich zu machen, zumindest während der Zeit, in der sie sich in unserer Gesellschaft befinden. Diese privilegierte Behandlung geht über eine sonst übliche Betreuung von Gästen hinaus, erfordert genaue Planung, und zwar insofern, als man sich bemüht, ihre besonderen Bedürfnisse, persönlichen Eigenheiten usw. zu erfahren und festzustellen, welche Gewohnheiten in dem Land, aus dem sie kommen, üblich sind.

Die Sonderbehandlung umfaßt beispielsweise das Zeigen von Sehenswürdigkeiten, den Besuch von kulturellen Veranstaltungen (Oper, Theater oder Museen). Die meisten ausländischen Besucher freuen sich natürlich auch, wenn sie Land und Leute besser kennenlernen können.

Einladungen zum Essen stehen auf der Rangliste für eine optimale Betreuung an erster Stelle. Viele Gastgeber glauben, den Gästen etwas Besonderes bieten zu müssen, und laden diese gerne in landestypische Restaurants oder Gasthäuser ein, in denen vorwiegend Spezialitäten der heimischen Küche geboten werden. Sicher eine nette Aufmerksamkeit, die aber nicht immer die gewünschte Wirkung zeigt.

Da lädt beispielsweise ein Unternehmer seine japanischen Geschäftsfreunde in ein altes Landgasthaus ein, das für seine deftige Küche bekannt ist. Die Besucher sind von dem alten Haus begeistert, viel weniger angetan sind sie jedoch von dem würzigen Schweinebraten mit Sauerkraut und Knödeln. Lustlos stochern sie herum, probieren etwas davon und lassen das Essen stehen.

Was hat der Gastgeber, der seinen Gästen ja etwas Besonderes bieten wollte, falsch gemacht? Nun, man muß ganz einfach sagen, er hätte sich darüber informieren müssen, welche Eßgewohnheiten die meisten Menschen in Japan haben, welche Speisen dort bevorzugt gegessen werden, wie sich die Speisen zusammensetzen, was die Japaner vertragen und was sie aus bestimmten Gründen (z. B. Religion) ablehnen.

Hätte jedoch der Gastgeber den Wirt dieses Gasthauses gebeten, speziell für seine Gäste aus Japan z. B. fangfrische Forellen aus dem naheliegenden Gebirgsbach vorzubereiten, wären sie von der regionalen Küche begeistert gewesen.

Sicher kann man ausländische Besucher mit landestypischen Spezialitäten bekannt machen oder ihnen etwas bieten, das sie nicht kennen. Allerdings nur dann, wenn man sich vorher vergewissert hat, daß ihnen solche für sie ungewohnte Speisen auch tatsächlich zusagen. Daher ist es wichtig, sich vorher zu informieren, damit man in dieser Beziehung Fehler von vorneherein ausschaltet.

Regeln

Bei Gästen aus dem Ausland sollte man nie Speisen, die sie nicht kennen, die ihren Eßgewohnheiten nicht entsprechen, bestellen (z. B. Moslems essen kein Schweinefleisch).

- Bei Gästen aus dem Ausland sollte man auch über religiöse Tabus Bescheid wissen.
- Bei Gästen aus dem Ausland ist es gut, wenn man sich vorher über alle Gewohnheiten, Vorlieben und Verhaltensnormen informiert (z. B. Tischsitten).
- Weiterhin ist es wichtig, beim Erstellen der Tischordnung darauf zu achten, daß man dem ausländischen Gast immer Tischnachbarn zur Seite gibt, die entweder dessen Sprache verstehen oder sich in einer anderen Sprache mit ihm unterhalten können.

Small talk – Konversation

»Der Gastgeber hat Peter Weil, den neuen Exportverkaufsleiter in seinem Unternehmen, einigen anderen Gästen vorgestellt und sich dann neu hinzugekommenen Gästen zugewandt. Nun stehen sich die neuen ›Bekannten‹ gegenüber, aber es scheint ihnen an Worten zu fehlen. Während Peter Weil sich Gedanken darüber macht, wie er mit seinem Gegenüber ins Gespräch kommt, sagt Fritz Sonntag, einer der Herren: ›Was sagen Sie zu diesem entsetzlichen Wetter? Dieser Regen, kein Wunder daß so viele Menschen schlechte Laune haben. Ich möchte wissen, wie lange das noch so andauert.‹ Die anderen nicken zustimmend, und Herr Weil sagt: ›Sie haben vollkommen recht, dieses Wetter ist wirklich unerfreulich!‹ Daraufhin herrscht wieder Funkstille. Keiner sagt ein weiteres Wort, ein Glück, daß zu Tisch gebeten wird.«

Diese Geschichte ist kein Einzelfall. Sehr oft kommt es vor, daß Menschen zusammenkommen, die einander vorgestellt werden und die dann keine Worte finden, um wenigstens miteinander zu plaudern, um sich dadurch vielleicht etwas besser kennenzulernen.

Wie kommt man denn nun mit jemandem ins Gespräch? Worüber soll man nur sprechen, wenn man sich noch nicht so genau kennt? Wer soll die Unterhaltung beginnen? Diese Fragen stellen sich viele Menschen.

Vor etwa 30 Jahren galt die eiserne Regel: Es durfte immer nur der/die Ranghöhere ein Gespräch beginnen, d. h. der/diejenige, der/die jemanden vorgestellt bekommen hat, der/diejenige, den/die man zuerst begrüßt hat.

Das hat sich mittlerweile geändert und wird heute nicht mehr so eng gesehen. Doch in gesellschaftlichen und offiziellen Zusammenhängen sollte das Ranggefälle nach wie vor beachtet werden.

Bei privaten und beruflichen Anlässen kommt man immer wieder in die Situation, mit Fremden Kontakt zu bekommen: Man steht ihnen gegenüber, sitzt zwischen ihnen am Tisch, wartet neben ihnen. Da darf man ohne weiteres die Initiative ergreifen, um sich mit den anderen zu unterhalten. Das scheint für viele Menschen nicht ganz einfach zu sein: Man hat sich eben erst kennengelernt, wurde miteinander bekannt gemacht, weiß nicht, womit man das Gespräch beginnen soll, worüber man sprechen soll, denn man kennt ja kaum den Namen des Gegenübers. Es gibt viele Menschen, denen es nie an Gesprächsstoff mangelt, die über vieles Bescheid wissen, und andere wieder (sie sind häufiger anzutreffen) suchen verzweifelt nach Worten oder kramen in ihren Erinnerungen, ob da nicht etwas ist, was man dem Gegenüber erzählen könnte.

Eine humorvolle und interessante Konversation in Gang zu bringen ist ein schwieriges Unterfangen. Nur wenige sind Meister darin, andere schauen meist hilflos um sich, starren gebannt auf die Gläser oder spielen scheinbar gedankenverloren mit den Besteckteilen und suchen den Anfang des (Gesprächs-)Fadens – manchmal vergeblich. Dabei gibt es unzählige Möglichkeiten, mit anderen Menschen ins Gespräch zu kommen:

Mit einem entsprechenden *Allgemeinwissen* läßt sich dieses Problem wohl am leichtesten lösen, denn dann finden sich immer Themen, die unverfänglich sind und bei denen alle Gesprächspartner mitreden können.

Natürlich ist es auch möglich, den oder die neue Bekannte/n durch *Fragen* näher kennenzulernen, vielleicht erfährt man dadurch etwas über gemeinsame Interessen, über die man sich dann unterhalten kann. *Vorsicht:* Diese Fragen dürfen *nie* allzu *persönlich* oder gar *intim* werden.

Auch ein *ehrliches Kompliment*, an das Gegenüber gerichtet, eignet sich, um ein Gespräch in Gang zu bringen: »Ich bewundere schon eine ganze Weile Ihre schöne Brosche! Ich liebe alten Schmuck, aber so ein Stück habe ich noch nie gesehen! Sicher ist es ein Erbstück?«

Was man jedoch unbedingt vermeiden sollte:
Nur über sich selbst zu sprechen: eine allzu bereitwillige Selbstauskunft wirkt auf andere meist irritierend, macht nicht selten den Eindruck der »Eigenwerbung«, wirkt vielfach angeberisch;

- Dauerreden zu halten und niemand anderen zu Wort kommen lassen: dadurch kommt nur eine sehr einseitige Unterhaltung zustande, das Gegenüber langweilt sich bestimmt;
- Skandalgeschichten oder Storys zu erzählen, deren Wahrheitsgehalt man nicht überprüft hat, kann peinliche Folgen haben;
- über nicht anwesende Personen zu sprechen, sie können sich ja nicht wehren;
- negative Themen anzusprechen, z. B. Krankheiten, Krieg;
- über Politik, Religion usw. zu sprechen, wenn man die Einstellung des Gesprächspartners nicht kennt.

Small talk
Das »anspruchslose kleine Gespräch« ist die hohe Kunst, die Konversation durch Belanglosigkeiten in Fluß zu halten, um ein vielleicht unbekanntes Gegenüber geistig nicht zu überfordern. Gerade bei Anlässen, zu denen viele Menschen kommen, die man kaum oder gar nicht kennt, ist Small talk ein patentes Mittel, mit anderen Anwesenden zu plaudern.

Das englische Buch »The Great Book of Small Talk« liefert etliche Rezepte, die zeigen, wie gekonnter bedeutungsloser Small talk aussehen könnte und die sich fast unverändert übernehmen lassen. Allerdings könnte man sich darin üben, etwas zu sagen, ohne etwas zu sagen, vielleicht ergibt sich aus dem verbalen Nonsens doch noch eine interessante Konversation.

Eßkultur – Tischmanieren

Die Art und Weise, wie in unserem Kulturraum bis heute zivilisierte Menschen essen und trinken, haben wir König Ludwig XIV., der Frankreich von 1643 bis zu seinem Tod im Jahr 1715 regierte, zu verdanken. In der Zeit seiner Regentschaft gelangte das Geistesleben Frankreichs zur Hochblüte, der französische Absolutismus hatte seine Glanzzeit und wurde zum Vorbild für ganz Europa.

Nicht zuletzt seiner glanzvollen Hofhaltung wegen erhielt Ludwig XIV. den Beinamen der »Sonnenkönig«. Seine Feste galten als brillant, und er benützte sie nicht selten dazu, den Gästen seine Gunst oder Ungunst vor aller Öffentlichkeit zu beweisen. Er revolutionierte die Sitzordnung bei Tisch, die fortan entsprechend dem Rang und der Hierarchie eingeteilt wurde. Und diese Vorgaben haben sich bis in unsere Tage nur unwesentlich verändert.

Ludwig war es auch, der die bis dahin ziemlich ungehobelten Tischsitten kultivierte und das ästhetische Verhalten bei Tisch als oberstes Gebot in den Vordergrund rückte. Die heute praktizierten Tischsitten entsprechen zum Großteil denen, die am Hofe des Sonnenkönigs üblich waren. Im Laufe der Zeit wurden sie mehr und mehr verfeinert, so wie unsere Ansprüche an die Ästhetik bei Tisch gestiegen sind: besonders was das richtige Verhalten angeht, wie auch das, was wir als Tischkultur in Form von Tischwäsche, Geschirr, Besteck und Dekoration verstehen. Genauso haben sich auch die Standards dafür erhöht, was als Peinlichkeit empfunden wird oder mit Tabus belegt ist.

Die Tischordnung erfordert es auch heute noch (vor allem bei offiziellen Anlässen), daß nach den Regeln der Etikette vorgegangen wird. Jeder Gastgeber, jeder für die Organisation einer Veranstaltung Zuständige, trägt die Verantwortung, sich mit der Tischordnung intensiv zu befassen, um keine Fehler zu machen. Denn die Gäste müssen nach wie vor entsprechend ihrem Rang in der Gesellschaft, ihrer Position im beruflichen und öffentlichen Leben den Platz bei Tisch zugewiesen bekommen. Es wäre falsch, zu glauben, daß der Tischordnung keine Bedeutung beigemessen wird. Ganz im Gegenteil, sehr viele Menschen legen größten Wert darauf, entsprechend ihrem Rang bei Tisch plaziert zu werden. Wenn nur einer der Gäste glaubt, falsch zu sitzen, könnte das höchst unangenehme Folgen haben, die nicht so leicht wiedergutzumachen sind.

Was die Ästhetik bei Tisch betrifft, so kommt ihr eine ganz besondere Bedeutung zu. Gepflegtes Benehmen und richtige Umgangsformen besitzen speziell beim Essen einen hohen Stellenwert, und sie gelten als sicheres Zeichen dafür, daß ein Mensch ein Höchstmaß an Allgemeinbildung besitzt. Aber man erkennt einen Menschen mit angenehmen Tischmanieren nicht unbedingt bei einem Bankett, wenn viele Augen auf ihn gerichtet sind, sondern dann, wenn er sich unbeobachtet fühlt.

Ein wohlerzogener Mensch kennt die Kriterien, auf die es ankommt, und wendet sie an – nicht nur, um vor anderen fehlerlos dazustehen, sondern weil es ihm selbst angenehm ist. Er hat ganz einfach das Bedürfnis, sich bei jeder Gelegenheit stilvoll zu verhalten. Dabei ist es für ihn gleichgültig, ob er in Gesellschaft anderer Personen an einem festlichen Essen teilnimmt oder in den eigenen vier Wänden allein sein Abendbrot zu sich nimmt.

Es kommt sicher nicht von ungefähr, daß in den USA Bewerber um eine Führungsposition zum Essen ausgeführt werden. Die Tischmanieren des Kandidaten sind es, die Aufschluß darüber geben können, ob er die richtigen Umgangsformen ebenso besitzt wie das Fachwissen und dadurch dieser Position in gesellschaftlicher Hinsicht gewachsen ist.

Jede Führungskraft sollte auch bei uns die Grundregeln korrekten Verhaltens bei Tisch sicher beherrschen und es verstehen, diese perfekt umzusetzen. Jeder Mensch, besonders derjenige, der einen Platz in der Gesellschaft beansprucht, muß wissen, wie er sich in der Öffentlichkeit, beim Essen im Restaurant oder bei Einladungen zu verhalten hat. Man sollte sich im klaren darüber sein, daß Essen und Trinken nicht nur der puren Nahrungsaufnahme, dem Stillen des Hungers dient. Diese lebensnotwendigen Dinge waren schon immer verbunden mit dem gesellschaftlichen Umgang von Menschen.

Im gleichen Maße, wie sich die Ansprüche an gepflegte Tischsitten verfeinert haben, sind auch die Normen gestiegen, was als Peinlichkeit empfunden wird, welche Tabus gelten. Ästhetischer Gebrauch von Messer, Gabel und Löffel ist Grundvoraussetztung für ein richtiges Verhalten bei Tisch. Es gehört aber auch dazu, daß man seine Begierden im Zaum hält (sowohl zu Hause, am Tisch von Freunden oder im Restaurant). Jedes Gegenüber ist peinlich berührt, wenn sich ein anderer seinen Teller so voll häuft, daß er überquillt, wenn mit dem Besteck in der Hand »herumgefuchtelt« wird, wenn die Gläser randvoll gefüllt werden. Genauso ist es für andere peinlich, wenn jemand dem Alkohol so zuspricht, daß er die Selbstbeherrschung verliert oder derart laut spricht, daß andere die Unterhaltung mithören müssen. Als Tabu bei Tisch gelten nicht nur Körpergeräusche wie Schlürfen, Schmatzen oder gar Rülpsen, sondern alle anderen Geräusche, die zwar menschlich sind, aber in Gegenwart anderer unterdrückt werden müssen.

Tischsitten stilvoll beherrschen

Einer der bedeutendsten Humanisten des späten 15. und frühen 16. Jahrhunderts, der niederländische Theologe Erasmus von Rotterdam, war es, der schon damals seine Schüler lehrte: »Die Zivilisation eines Menschen beginnt in erster Linie bei seinen Tischmanieren!«

Trotzdem wurde die Mode, fortan nur mit Gabel und Messer das Essen zu sich zu nehmen, von kaum jemandem mit Begeisterung aufgenommen. Ganz im Gegenteil: Der Klerus bezeichnete es als Sakrileg, die »von Gott verliehenen«, jedem Menschen eigenen Werkzeuge, nämlich die Finger, zu mißachten. Es mag dabei vielleicht auch die Tatsache eine Rolle gespielt haben, daß die »ungeliebten« Kurtisanen beim Essen sich der Gabel bedienten, so daß die Herren der Kirche alles daransetzten, das Besteck als »Werkzeug des Teufels« zu verdammen.

Trotz allem war der Siegeszug von Messer, Gabel und Löffel nicht mehr aufzuhalten; es war nicht mehr zu verhindern, daß auf gesittetes Benehmen und stilvolles Verhalten mehr und mehr geachtet wurde.

Im Laufe der Jahrhunderte haben sich die Tischsitten und Manieren immer mehr verfeinert. Immer mehr Menschen haben erkannt, daß

- Essen wesentlich mehr ist als pures Hungerstillen oder das Befriedigen leiblicher Bedürfnisse.
- Essen Sinnes- und Gaumenfreude, Genuß, Lustgefühl und Lebenslust bedeutet!
- Essen keineswegs ein In-sich-Hineinschlingen, ein Sich-Vollstopfen bedeutet und keinesfalls von lautem Schmatzen oder genüßlichem Schlürfen begleitet werden darf;
- Essen perfekte Tischmanieren in jeder Situation, an jedem Tisch, in jeder Gesellschaft erfordert, um so anderen Personen, die am gleichen Tisch oder in der Nähe sitzen, kein Unbehagen zu bereiten.

Ein Ausspruch, den Erasmus von Rotterdam in seiner »De civiltate morum puerilium« prägte, würde durchaus, in leicht abgewandelter Form, auch in unsere Zeit passen:

»Die Finger in die Sauce zu tauchen, ist bäurisch.
Man nehme, was man will,
mit Messer und Gabel,
und man suche nicht in der ganzen Platte,
wie es Genüßlinge zu tun pflegen,
sondern nehme das,
was zufällig gerade vor einem liegt.«

Richtiges Verhalten bei Tisch und manierliches Benehmen beim Essen sind ein Teil unserer Kultur. Wer die Regeln und Verbote kennt, beherrscht und anwendet bzw. beherzigt, der wird nicht nur sein persönliches Wohlbefinden steigern, sondern sich die Achtung anderer erwerben.

Die korrekte Körperhaltung bei Tisch verlangt, daß
- die ganze Sitzfläche des Stuhles ausgenützt wird;
- die Beine gerade nebeneinander stehen, die Füße fest am Boden stehen;
- man aufrecht sitzt, dabei die Schulterblätter leicht zusammenzieht;
- die Hände bis zum Handgelenk auf dem Tisch liegen;
- die Arme nah am Körper gehalten werden, auch beim Essen;

Diese Haltung ist nicht nur perfekt, sie überstehen damit jedes lange Essen, selbst wenn es mehrere Stunden dauern sollte.

Unbedingt *vermieden* werden sollte:
nur auf der Stuhlkante zu sitzen;
sich mit dem Rücken anzulehnen;
die Beine übereinanderzuschlagen, nach hinten unter die Sitzfläche zu stellen;
breitbeinig, mit weit ausgestreckten Beinen zu sitzen;
die Füße zu kreuzen, um die Stuhlbeine zu schlingen;
die Schuhe auszuziehen.

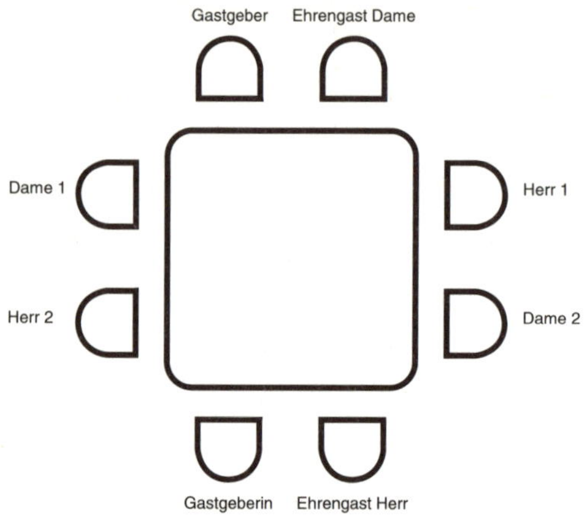
Gastgeber
Ehrengast Dame
Dame 1
Herr 1
Herr 2
Dame 2
Gastgeberin
Ehrengast Herr

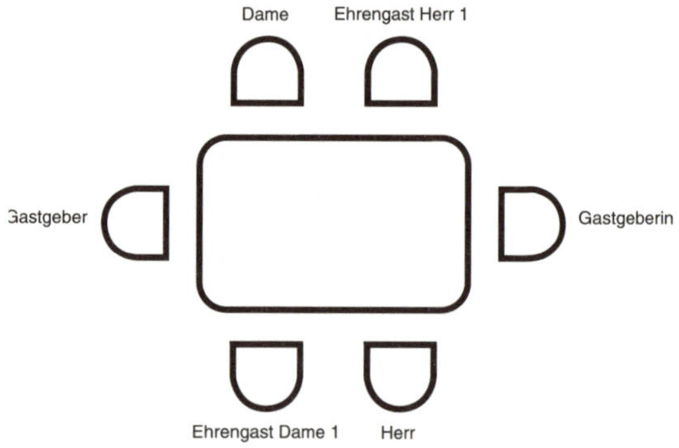
Dame
Ehrengast Herr 1
Gastgeber
Gastgeberin
Ehrengast Dame 1
Herr

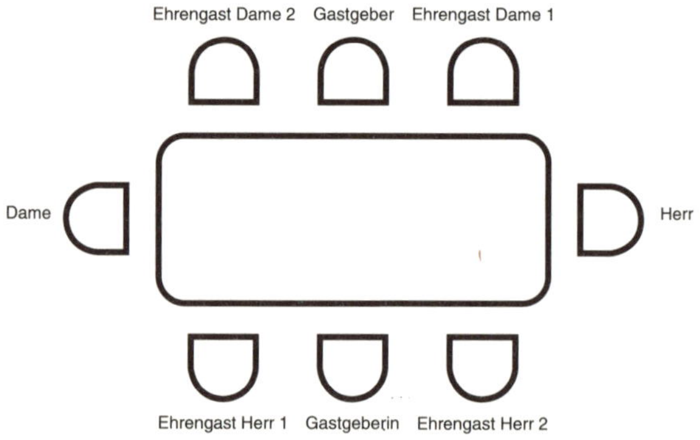
Ehrengast Dame 2
Gastgeber
Ehrengast Dame 1
Dame
Herr
Ehrengast Herr 1
Gastgeberin
Ehrengast Herr 2

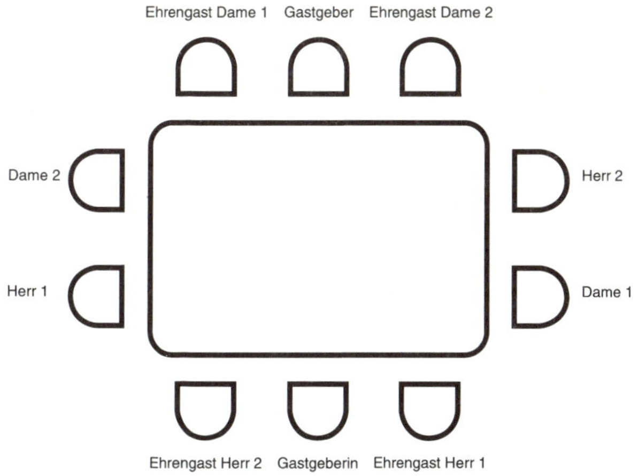
Ehrengast Dame 1
Gastgeber
Ehrengast Dame 2
Dame 2
Herr 2
Herr 1
Dame 1
Ehrengast Herr 2
Gastgeberin
Ehrengast Herr 1

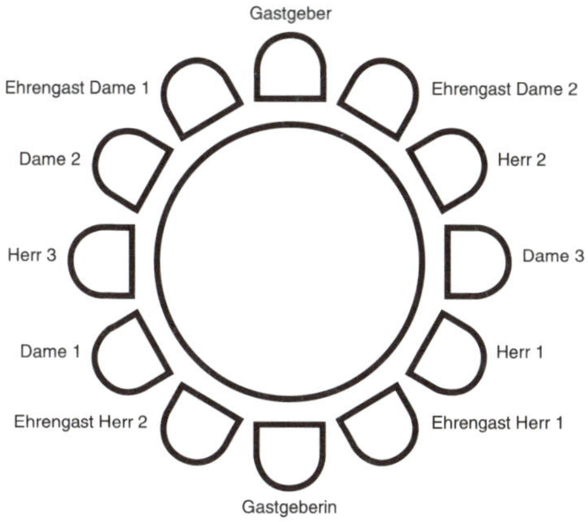
Gastgeber
Ehrengast Dame 1
Ehrengast Dame 2
Dame 2
Herr 2
Herr 3
Dame 3
Dame 1
Herr 1
Ehrengast Herr 2
Ehrengast Herr 1
Gastgeberin

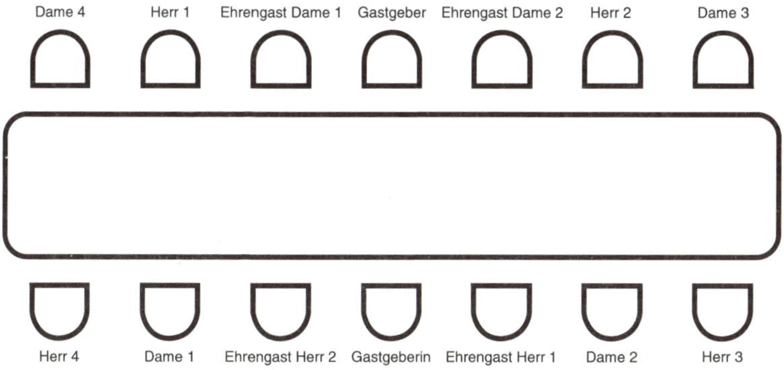
Dame 4
Herr 1
Ehrengast Dame 1
Gastgeber
Ehrengast Dame 2
Herr 2
Dame 3
Herr 4
Dame 1
Ehrengast Herr 2
Gastgeberin
Ehrengast Herr 1
Dame 2
Herr 3

Während des Essens sollte/n:
die Ellenbogen *niemals* auf dem Tisch aufgestützt werden;
die Unterarme *nicht* auf die Tischplatte gelegt werden;
der Kopf *niemals* zu weit über den Teller gebeugt werden:
Löffel und Gabel werden nach oben zum Mund geführt – nicht der Mund dem Löffel/der Gabel entgegengeneigt!
Es gibt aber noch andere Etiketteregeln, die das Verhalten »rund um den Tisch« in richtige Bahnen lenken. Einige sagen, was erlaubt ist, andere zeigen, was zu vermeiden ist.

Erlaubt

- den *Zahnstocher* diskret (hinter vorgehaltener Hand) zu benützen;
- mit dem *Lippenstift* nach dem Essen die Lippen nachzuziehen; allerdings: eine »Generalsanierung« ist zu vermeiden!
- das Rauchen; aber grundsätzlich erst, wenn der Kaffee serviert wird und andere sich nicht belästigt fühlen (daher: um Erlaubnis bitten!);
- sich zu schneuzen, zu husten: man sollte sich dabei etwas vom Tisch abwenden!

Verboten

- den Teller mit Speisen »vollzuhäufen« – das gilt besonders bei einem Buffet;
- in den Speisen »herumzustochern«;
- aus dem Teller des Tischnachbarn zu kosten;
- mit der Gabel in den Zähnen zu stochern;
- das Make-up zu erneuern;
- zu rauchen, während andere noch essen.

Die Tischordnung

Die Organisation einer Veranstaltung, die Vorbereitung zu einem Fest, zu einem Abendessen u. a. erfordert im offiziellen Bereich eine sehr gründliche und vor allem genaue Planung. Bei allen Anlässen ist es notwendig, gerade der Tischordnung größte Aufmerksamkeit zu schenken und sich intensiv mit der richtigen Sitzordnung der Gäste bei Tisch zu befassen. Gerade in dieser Beziehung ist es schon oft zu Unstimmigkeiten gekommen.

Es mag stimmen, daß die Einhaltung einer Rangfolge bei Tisch für viele Menschen keinen rechten Sinn ergibt. Für sie besitzt dieses Thema keine Bedeutung. Trotzdem darf nicht der Fehler gemacht werden, zu glauben, daß alle Gäste, die eingeladen sind, ebenso denken. Denn es gibt wesentlich mehr Personen, die größten Wert darauf legen, so plaziert zu werden, wie es ihnen aufgrund ihrer Stellung zusteht.

Man sollte sich daher die Mühe machen, zu jedem Anlaß, bei dem mehrere Personen (Richtlinie: ab acht Personen) eingeladen sind, eine Tischordnung zu entwerfen, die den Regeln der Etikette entspricht. Sicher ist das nicht immer eine leichte Aufgabe! Es erfordert viel Fingerspitzengefühl. Reichlich Überlegung ist notwendig, um die geladenen Gäste entsprechend ihrem Rang um den Tisch zu gruppieren, ihnen die passenden Tischnachbarn zuzuordnen. Anhand der Gästeliste kann man jeden einzelnen Gast seinem Rang, seiner Position entsprechend einteilen und den anderen Gästen hierarchisch richtig zuordnen.

Auch bei privaten Anlässen wie Hochzeiten, Jubiläen, großen Geburtstagesfesten, Ehrungen, Beförderungen ist es erforderlich, eine feste Sitzordnung zu erstellen. Die Gastgeber tun gut daran, sich bei diesen »offiziell« wirkenden gemeinsamen Essen auch an die konventionelle Art des Placements zu halten. Das heißt, es erfordert gezielte Überlegungen, wie und in welcher Reihenfolge die Ehrengäste gesetzt werden.

Regeln, die beim Erstellen der Tischordnung zu beachten sind:

- Die *offizielle Rangordnung* ist bei allen gesellschaftlichen Veranstaltungen unbedingt zu berücksichtigen. Auch im privaten Bereich ist diese angebracht.
- Nach *internationalen Gepflogenheiten* ist der Platz eines Ehrengastes/des ranghöchsten Herrn *rechts neben der Gastgeberin/Hausfrau.* Sie ist seine Tischdame. Der weibliche Ehrengast/die ranghöchste Dame sitzt immer *rechts neben dem Gastgeber/Hausherrn.*
- Der Tischherr sitzt immer an der *linken Seite* seiner Tischdame.
- Dem *Rang* des/der Geladenen werden Ehefrauen/-männer, PartnerInnen gleichgesetzt – das gleiche gilt auch für den Ehemann/Partner, wenn es die Frau ist, die aufgrund ihrer Position die Einladung erhält.
- *Paare* (ob verheiratet oder nicht) werden bei Tisch (das gilt auch bei privaten Einladungen) normalerweise *getrennt plaziert.* Es sollte die Möglichkeit, daß diese trotzdem miteinander sprechen können, nicht außer acht gelassen werden. Bei verschiedenen Gelegenheiten kann man diese Regel aber durchaus durchbrechen.

Vorsicht: Es gibt Paare, die unbedingt beisammen sitzen möchten – dieser Wunsch sollte auf jeden Fall akzeptiert werden!

Eine weitere Ausnahme: Auch jungverheiratete, frisch verliebte Paare läßt man zusammen sitzen!

- Frauen dürfen keinesfalls *nebeneinander gesetzt* werden.
- Nach Möglichkeit sollten die Gäste *paarweise* um den Tisch gruppiert werden: Bei einer ungleichen Zahl von Männern (Frauen) wäre es richtig, zusätzlich einzelne Damen (oder Herren) einzuladen.
- *Ausländer* werden vorzugsweise so plaziert, daß sie sprachlich nicht isoliert sind, d. h., sie bekommen eine/n Tischpartner/in, mit der/dem eine Unterhaltung möglich ist.

Wichtig: Ist das bei der üblichen Reihenfolge nicht machbar, dann wäre hier eine Ausnahme von der Regel sinnvoll.

▮ *Tischkarten:* Sie tragen dazu bei, dem Gast die Platzsuche zu erleichtern.
Der richtigen *Anordnung von Tischen und Stühlen* kommt beim Erstellen der Tischordnung ganz besondere Bedeutung zu. Es gibt die unterschiedlichsten Arten und Möglichkeiten, den diversen Anlässen entsprechend die Tische zu stellen. Zwei Gesichtspunkte sind dabei von besonderer Bedeutung, die geklärt werden müssen, bevor man sich für die eine oder andere Tischform entscheidet.
Die *Art der Veranstaltung* ist zu berücksichtigen: Die Anordnung der Tische hat einen großen Anteil daran, ob eine Unterhaltung aufkommen kann oder ob dies unmöglich ist.
Der Raum (in Größe und Form) ist ebenfalls von Bedeutung. Nur wenn diese Kriterien bekannt sind, kann man richtig planen und die entsprechende Tischform auswählen.

Bei allen größeren Veranstaltungen gibt es diverse andere Möglichkeiten; dazu einige Beispiele:
die lange Tafel,
T-Tafel,
die Hufeisenform,
die Kammform.
Diese Tischformen sind jedoch nicht gerade kommunikationsfreundlich. Daher geht man immer mehr dazu über, Tische für maximal zwölf Personen zu wählen und mehrere davon aufzustellen.

Hier wären besonders zu erwähnen:
der quadratische Tisch (acht bis zwölf Personen);
der runde Tisch (acht bis zwölf Personen).
Diese Tischformen ermöglichen und vereinfachen den Kontakt der am Tisch sitzenden Personen. Ein weiterer Vorteil: Das Einhalten der Rangordnung ist dabei nicht zwingend nötig, und die Plazierung der Gäste kann auch nach anderen Gesichtspunkten vorgenommen werden (Beispiele: sie sind miteinander bekannt; gemeinsame Interessen).

Die nachstehenden Skizzen zeigen verschiedene Tischformen, die für kleinere Gesellschaften passend sind. Gleichzeitig geben sie auch Hinweise darauf, wie Gastgeber und Gäste richtig plaziert werden können.
Speziell bei sehr großen Gesellschaften ist ein *Placement* (wie der »Aushang« der Tischordnung auf französisch genannt wird) eine wertvolle Hilfe. Dieser *»Sitzplan«* wird im Foyer (beispielsweise an der Tür zum Festraum) gut sichtbar aufgehängt. Er ermöglicht es den Gästen, ohne langes und lästiges Suchen ihren Platz zu finden. So können sie sich auch darüber informieren, wer ihre Tischdame/ihr Tischherr ist, und wissen, mit wem sie den Abend verbringen werden.

Ein weiterer wichtiger Faktor, durch den sich eine perfekt geplante Tischordnung auszeichnet: *Tischkarten.* Vor allem bei größeren gesellschaftlichen Ereignissen dürfen sie nicht vergessen werden. Aber selbst bei kleineren Einladungen, speziell bei gesetzten Essen, sind sie durchaus sinnvoll. Auf die Tischkarten werden vorzugsweise nur Vor- und Zunamen der Gäste geschrieben, Titel können angeführt werden, vor allem dann, wenn kein Placement vorhanden ist.

Der perfekt gedeckte Tisch

Wer Gäste zu sich zum Essen einlädt, wird dem Anlaß entsprechend den Tisch decken und schmücken. Es wird schöne Tischwäsche verwendet, Geschirr und Besteck werden passend dazu eingedeckt, und der Tisch wird mit einer schönen Tischdekoration (die keinesfalls zu üppig sein darf, um die Konversation nicht zu stören) geschmückt. Auch Kerzenleuchter und Kerzen sollten nicht fehlen, sie sorgen für Atmosphäre.

Zwar sind der Kreativität der Gastgeberin keine Grenzen gesetzt, doch auch im privaten Kreis wird bei einem festlichen Mittag- oder Abendessen immer noch elegante, weiße

Tischwäsche, vorzugsweise aus Damast oder feinem Leinen, verwendet. Sind Gäste zum Nachmittagskaffee eingeladen, dann wirkt auch ein pastellfarbenes Tischtuch stilgerecht. Werden den Gästen eher rustikale Speisen vorgesetzt oder lädt der Hausherr zum Herrenabend, so kann Tischwäsche in kräftigeren Farben gewählt werden oder es können auch Sets verwendet werden.

Die Tischdecke sollte eine dem Tisch entsprechende Größe haben. Man rechnet in der Regel mit einem Überhang von mindestens 20 Zentimetern. Die Servietten sind ebenfalls aus Stoff und werden passend zur Tischdecke gewählt. War es bis vor kurzem noch üblich, die Servietten als Teil der Tischdekoration kunstvoll zu allen möglichen Gebilden zu falten, so geht man heute wieder mehr und mehr dazu über, diese schlicht zusammenzulegen und griffbereit auf dem Teller zu plazieren.

Beim Aufdecken von Besteck und Geschirr sollte auf Symmetrie geachtet werden, d. h., Bestecke sollten in einer Linie liegen und sind nach dem gegenüberliegenden Platz auszurichten.

Platzteller sind nach wie vor üblich, sie müssen jedoch unbedingt zum Stil der Tafel passen. Sie werden eine Daumenbreite von der Tischkante entfernt aufgedeckt. Ein kleines Deckchen darauf verhindert ein Klappern und Rutschen der Eßteller. Die Speiseteller werden bei einem Essen im privaten Kreis vorher aufgedeckt, im Restaurant werden sie erst entsprechend der Speisenfolge serviert.

Das Besteck wird immer (auch im Privathaushalt) so aufgelegt, daß es entsprechend der Speisenfolge verwendet werden kann. Dabei ist es wichtig, darauf zu achten, daß die Schneide der Messer immer zum Teller zeigt.

Ausgehend vom Teller als Mittelpunkt, liegen von außen nach innen gesehen:

rechts	Vorspeisenmesser (Schneide zeigt nach innen)
	Suppenlöffel

	Fischmesser oder Messer für das Zwischengericht
	Tafelmesser (Schneide zeigt nach innen)
links	Vorspeisengabel (Zinken zeigen nach oben)
	Fischgabel oder Gabel für das Zwischengericht
	Tafelgabel (Zinken zeigen nach oben)
darüber	Dessertlöffel (zeigt nach links)
	Dessertgabel (zeigt nach rechts)

Es folgen noch die Gläser, wobei es verschiedene Arten gibt, die Gläser anzuordnen. Zwei der gebräuchlichsten Varianten finden Sie nachstehend.

International üblich ist es, maximal vier verschiedene Gläser einzudecken. Diese werden immer von rechts nach links, in leicht schräg nach oben versetzter Reihenfolge plaziert:

ein Wasserglas	es wird heutzutage während des Essens am häufigsten verwendet, an diesem Platz ist es jederzeit griffbereit
ein Weißweinglas	weißer Wein wird in der Regel zur Vorspeise eingeschenkt
ein Rotweinglas	es steht als (vor-)letztes in der Reihe, da zur Hauptspeise vielfach Rotwein getrunken wird
eine Champagnerflöte	

Die Gläser können auch auf diese Weise (ebenfalls von rechts unten nach links oben) plaziert werden:
das Glas für den Weißwein,
das Glas für den Rotwein,
das Glas für das Wasser.
Nicht zu vergessen: Der kleine Brotteller mit dem daraufliegenden Buttermesser hat seinen Platz auf der *linken Seite*, etwas *oberhalb* des Bestecks.

Wird Salat serviert, dann wird der Teller dafür ebenfalls

auf der *linken Seite*, jedoch *unterhalb* des Brottellers aufgedeckt.

Finden *Tischkarten* Verwendung, so werden diese z. B. oberhalb des Dessertbestecks plaziert. Man kann sie jedoch auch auf die Serviette legen. Findet die Einladung in einem Restaurant statt, so könnte jedem Gast eine Speisekarte mit seinem Namen zu seinem Gedeck gestellt oder gelegt werden.

Nicht zu vergessen: Salz- und Pfefferstreuer (bei einer größeren Gesellschaft sind mehrere davon angebracht) gehören ebenfalls auf einen gedeckten Tisch.

Aschenbecher – sie haben allerdings auf einem zum Essen gedeckten Tisch *nichts* verloren, denn das Rauchen ist erst nach dem Essen erlaubt. Daher sollten diese auch erst dann und jedem rauchenden Gast persönlich hingestellt werden!

Der festliche Tisch in einem Restaurant sollte nach den gleichen Prinzipien gedeckt werden. Es sind eigentlich nur wenige Ausnahmen, die ihn von einem im Privathaushalt unterscheiden:
Es werden rechts und links vom Teller nur je zwei Besteckteile aufgedeckt, jedes weitere Besteck wird vor dem entsprechenden Menügang eingedeckt;
die Speisenteller sind nicht vorher eingedeckt, sie werden erst entsprechend der Speisenfolge serviert.
Allerdings kann man immer häufiger beobachten, daß in Restaurants die Grundregeln der Servierkunst durch diverse »Spielereien« modernisiert werden, die jedoch keineswegs stilvoll sind und sich zudem auf den gewohnten Ablauf des Essens oder Trinkens eher störend auswirken.

Dazu einige Beispiele:

- Das Wasserglas wird nach dem Rotweinglas, d. h. als letztes in der Reihe gedeckt.
- Sehr oft wird das Wasserglas hinter den Weingläsern »versteckt«, man muß also um diese Gläser herumgreifen, will man es benützen.

- Zum Salat wird sehr oft kein Salatmesser gedeckt.
- Auf Aschenbecher scheint kein Gastronomiebetrieb verzichten zu können; sie stehen grundsätzlich auf jedem Eßtisch.

Die Serviette – das Gedeck

Dieses nützliche und für ein appetitliches Essen unentbehrliche »Stück Stoff« hat eine sehr lange Entwicklungsgeschichte hinter sich und ist nach wie vor ein wichtiges Accessoire unserer Tischkultur, das auf keinem Tisch fehlen darf.

Serviettenmoden und Serviettenarten haben sich im Laufe der Zeit stark verändert. Ursprünglich war die Serviette ein relativ großes, rechteckiges Tuch, das sich der Eßende um seine Schultern legte, um daran seine fettigen Finger abzuwischen. Sie entwickelte sich später zu einem reinen Kleiderschutz und hatte das Format einer kleineren Tischdecke. Dieses »Mundtuch« wurde entweder um den Hals gebunden oder in den Hemdkragen gesteckt. Erst nach der Wende zum 20. Jahrhundert wurde es kleiner, auch die Funktion bzw. der Zweck änderte sich:
50 × 50 Zentimeter bzw. 45 × 45 Zentimeter ist die gebräuchlichste Größe der Serviette für ein Mittag- oder Abendessen.
30 × 30 Zentimeter bzw. 25 × 25 Zentimeter, diese Größe wird meist zum Kaffee oder zur Zwischenmahlzeit gedeckt.
Waren die Servietten früher jedoch ausnahmslos aus dem gleichen Stoff wie das Tischtuch (meist aus feinstem Damast oder Leinen), so hat sich das im Zweiten Weltkrieg entscheidend verändert. Grund dafür war damals der Mangel an Waschpulver. In den Nachkriegsjahren und in der Zeit des wirtschaftlichen Aufschwungs waren es die zunehmende Berufstätigkeit der Hausfrauen und der damit verbundene Zeitmangel, die die Verwendung von Stoffservietten immer stärker reduzierten. Die Serviette aus Papier trat ihren Siegeszug an, denn sie war praktisch und machte keine Arbeit.

Langsam verschwindet dieses wohl praktische, aber etwas unpersönliche Papierstück wieder von den Tischen. Besonders in Restaurants kann man an der Verwendung von Stoffservietten erkennen, ob man sich in einem erstklassigen Haus befindet oder in einem der unteren Kategorie. Aber auch bei einer Privateinladung gibt die Stoffserviette darüber Auskunft, ob die Gastgeber Lebensart besitzen oder nicht.

Sinn und Zweck der Serviette:

1. Sie schützt die Kleidung vor Fettspritzern und anderen Flecken;
2. sie dient zum Abtupfen des Mundes, bevor man zu trinken beginnt;
3. man wischt sich nach Beendigung des Essens damit den Mund ab.

Der zweite Verwendungzweck hat vor allem ästhetische Gründe: vor jedem Schluck sollte man sich kurz den Mund abtupfen, zum einen, um am Glasrand keine unschönen und unappetitlichen »Fettlippen« zu hinterlassen, zum anderen beeinträchtigen diese Fettspuren auch den Geschmack eines Getränkes. Vor allem beim Wein spielt das eine besondere Rolle, was sicher jeder Weinkenner bestätigen wird. Aber nicht nur dann, wenn man trinken will, wird man sich den Mund abtupfen, zwischen den einzelnen Gängen und vor allem nach dem Essen werden mit der Serviette eventuelle Essensspuren beseitigt.

Die *Gastgeberin* eröffnet in der Regel, wie bereits erwähnt, das Essen. Sie nimmt die Serviette auf, faltet sie zur Hälfte (unter dem Tisch) und legt sie auf ihren Schoß. Erst *nach diesem Zeichen* werden die Gäste dies ebenfalls tun. Ist die Position der Gastgeberin nicht besetzt, übernimmt der *weibliche Ehrengast* diese Aufgabe. Sitzen nur Männer am Tisch, wird der *Gastgeber* auf die gleiche Weise das Zeichen zum Beginn des Essens geben.

Und so wird die Serviette korrekt verwendet:

- Sie wird quer zur Hälfte gefaltet, in dem Moment auf den Schoß gelegt, wenn die Gastgeberin dies tut oder mit dem Servieren begonnen wird.
- Jedesmal, bevor ein Glas an die Lippen geführt wird, werden diese mit der Serviette leicht abgetupft, um am Glas unästhetische Fettlippen zu vermeiden.
- Auch zwischen den Gängen und nach dem Essen wird der Mund nur »abgetupft«.
- Damen sollten darauf achten, daß nicht zuviel Lippenstift auf der Serviette sichtbar wird.
- Stoffservietten werden nach ihrem Gebrauch »unordentlich« zusammengelegt und links neben dem Teller abgelegt.
- Papierservietten kommen in den Teller, entweder »lose« zusammengelegt oder »geknüllt«.

Tabus

- Servietten steckt man keinesfalls in den Kragen;
- Servietten werden niemals umgebunden;
- Servietten werden nicht als Taschentuch mißbraucht.

Messer, Löffel, Gabel – richtig benutzen

Der richtige Umgang mit Messer und Gabel gilt immer noch als entscheidend für ein gepflegtes Benehmen bei Tisch. Er ist auch ein Gradmesser dafür, ob jemand eine gute Kinderstube besitzt.

Der Griff nach der falschen Gabel, die Benützung eines Messers, das nicht für die Speise vorgesehen ist, die gerade auf dem Teller liegt, ist weit weniger blamabel, als wenn jemand mit diesen »Geräten« in der Hand *gestikuliert*, um damit seine Worte zu untermalen, anstatt sie während des Redens auf dem Teller abzulegen. Unschön ist es, wenn ein Tischnachbar die Besteckteile mit seinen Fäusten fest umklammert oder wie einen Bleistift zierlich zwischen Mittel-

und Zeigefinger hält. Es sieht jedoch ebenso unmöglich aus, wenn die Fingerspitzen auf dem Messerrücken oder den Zinken der Gabel liegen.

Weiter oben wurde darüber gesprochen, daß das Besteck in der Regel immer der Speisenfolge entsprechend gedeckt wird, im Normalfall ausgerichtet für Rechtshänder!

Linkshänder haben bei der üblichen Art, das Besteck aufzulegen, immer besondere Schwierigkeiten, die einzelnen Besteckteile richtig zu greifen. Daher bieten sich ihnen folgende Möglichkeiten:
das Besteck selbst umlegen, wie es eben für sie gebrauchsrichtig ist;
darum bitten (im Restaurant), daß dieses für sie umgelegt wird.
Die korrekte Handhabung des Bestecks bereitet, wie man immer wieder beobachten kann, sehr vielen Menschen Mühe! Es ist daher außerordentlich wichtig, sich intensiv mit diesem Thema zu befassen, um zu lernen, mit den »Eßwerkzeugen« auch richtig umzugehen.

Messer, Gabel und Löffel richtig zu halten und korrekt zu gebrauchen, ist im Grunde genommen einfach:
Messer und Gabel werden nur an den oberen zwei Dritteln des Griffs gehalten. Zum Schneiden (Messer) oder Festhalten, Aufspießen (Gabel) wird der Zeigefinger leicht gestreckt, bis etwa zum Griffende. Dadurch kann der Druck gut dosiert werden: Eine kleine Portion wird auf die Gabel gespießt, dann (die Zinken zeigen nach unten) zum Mund geführt.
Der Löffel wird ebenfalls an den oberen zwei Dritteln des Stiels gehalten. Mit mundgerechten Portionen wird er dann zum Mund geführt: Auf diese Weise verfährt man auch mit der Gabel, wenn etwas »aufgeladen« wird.
Das Fischbesteck wird ähnlich gehandhabt und dürfte keinerlei Schwierigkeiten bereiten.
Etwas schwieriger wird es, wenn ausgefallene Delikatessen auf den Tisch kommen. Das Essen von Hummer, Langu-

sten, Austern, Schnecken und anderen exklusiven Köstlichkeiten und vor allem das Handhaben der dafür notwendigen »Spezial-Werkzeuge« bereitet sehr vielen Menschen Kopfzerbrechen. Es wäre jedoch vollkommen falsch, auf diese herrlichen Gelüste nur deshalb zu verzichten, weil man das richtige Umgehen mit den entsprechenden Geräten nicht beherrscht.

Tip

Lassen Sie sich doch zeigen, wie Bestecke und Utensilien, die nicht alltäglich sind, richtig benützt und wie diese Speisen gegessen werden. Dazu wird der Ober im Restaurant sicher gerne bereit sein, aber auch Gastgeber und Freunde, die im Umgang mit solchen Dingen versiert sind, werden Ihnen sicher helfen! (Siehe hierzu auch »Keine Angst vor Spezialitäten«)

Es kommt nicht nur darauf an, das Besteck beim Essen richtig zu halten. Es ist genauso wichtig, zu wissen, wohin das Besteck kommt, wenn es aus der Hand gelegt wird, um z. B. zum Glas zu greifen, wenn Speisen nachgereicht werden oder bei einer Eßpause. Dann sollte man folgende Regel unbedingt beachten:

Ein Besteck, das einmal in Gebrauch war, darf den Tisch nicht mehr berühren!

Die internationale Zeichensprache des Bestecks

- »Bitte nachlegen! – »Ich möchte noch etwas Nachschlag!« – »Ich esse noch weiter!« Das Besteck wird gekreuzt in den Teller gelegt: *Die Zinken der Gabel liegen über der Schneide des Messers!* Z. B.: Der Ober bringt eine zweite Portion auf einem neuen Teller, dann wird das Besteck mit beiden Händen *leicht* angehoben, damit der alte Teller entfernt und der neue Teller hingestellt werden kann.
- »Ich habe genug gegessen!« – »Ich habe das Essen beendet!« – »Ich bin fertig!« *Messer und Gabel werden parallel rechts in den Teller gelegt!* D. h.: Beide Besteckteile, die

Schneide des Messers zeigt zur Gabel, liegen nebeneinander etwa auf »16.00 Uhr«. Das gilt auch dann, wenn noch etwas im Teller sein sollte.

■ »Ich bin mit der Suppe fertig!« – »Ich habe genug!« Wurde die Suppe im Teller serviert: *Der Löffel bleibt rechts im Suppenteller liegen!* Wurde die Suppe in der Tasse serviert: *Der Löffel wird rechts auf den Unterteller gelegt.*
Die Funktion von Messer und Gabel besteht in erster Linie in der Zerkleinerung des Essens, das auf dem Teller liegt. Dieses wird anschließend ausschließlich mit der Gabel und dem Löffel zum Mund gebracht. Es gilt als unfein, das Besteck anders als in der vorgegebenen Art zu gebrauchen. Daher beachten Sie unbedingt die Tabus.

Tabu
das Messer abschlecken, mit dem Messer etwas in den Mund befördern;
mit der Gabel in den Zähnen stochern;
mit dem Besteck gestenreich seine Argumente unterstützen;
mit dem Besteck auf dem Tischtuch »zeichnen«, »schreiben«.

Moderne Trinksitten

»Zum Wohl« – »Prosit« – »Prost«, der Gastgeber erhebt sein Glas und trinkt seinen Gästen zu, die ihm ebenfalls mit erhobenem Glas zuprosten! Ein modernes Ritual, das bei jedem Anlaß angewendet werden kann. Die früher gültigen, verstaubten Regeln, wie beispielsweise jene, bei der der Gastgeber sein Glas erheben, dann in Brustbeinhöhe zu halten hatte, um es dann, mit einer leichten Verbeugung zu seinen Gästen hin, auszutrinken, gehören endgültig der Vergangenheit an.

Auch heute kennen wir Trinksitten, bei denen bestimmte Regeln beachtet werden müssen. Es ist üblich, daß ein Gastgeber das Zeichen zum Trinken gibt, indem er sein Glas erhebt, seinen Gästen zuprostet, ihnen »Zum Wohl« wünscht – erst dann trinken die Anwesenden einen Schluck.

Der richtige Umgang mit Gläsern

- Jedes Glas wird grundsätzlich nur *am Stiel angefaßt.*

Der Grund dafür ist nicht nur darin zu sehen, daß es eleganter aussieht, wenn das Glas am Stiel gehalten wird, sondern auch darin, daß einerseits die Hände unschöne Spuren hinterlassen und andererseits Gläser, die am Kelch gehalten werden, die Temperatur des Getränks, schneller als dem Weinkenner lieb ist, verändern. Das gilt besonders für Sekt-, Champagner- und Weißweingläser.
Ausnahme: das Rotweinglas. Es kann, wenn es nötig sein sollte, den Wein durch die Wärme der Hände auf die ideale Temperatur zu bringen, kurzfristig auch am Kelch gehalten werden.

- Das *Anstoßen* der Gläser, die »Gläser klingen lassen«.

Dieses althergebrachte Ritual ist zwar nicht gänzlich aus der Mode gekommen, es hat sich jedoch auf besondere Anlässe reduziert, z. B. Jahreswechsel, Geburtstage, Jubiläen usw.
Bei offiziellen Angelegenheiten, in geschäftlichen Zusammenhängen ist es jedoch nicht üblich und sollte daher auch nicht praktiziert werden!

Die nachfolgenden Regeln sind wichtig und sollten unbedingt beachtet werden:

- Der Gastgeber/der Hausherr gibt das Zeichen zum Trinken. Er erhebt das Glas, schaut in die »Runde« (er wird dabei versuchen, seinen Blick zuerst den Damen zu schenken), wünscht den Gästen »Zum Wohl« und prostet ihnen zu. Dann erst trinkt er einen Schluck. Bevor er das Glas hinstellt, schaut er nochmals kurz in die »Runde«.
- Ist eine Frau die Gastgeberin, so ist sie es, die das Glas erhebt, ihren Gästen »Zum Wohl« wünscht, ihnen zuprostet. Genauso, wie es der Mann macht!

▮ Als Gast wird man es auf die gleiche Art und Weise praktizieren, wie der Gastgeber/die Gastgeberin. Doch vor dem Hinstellen der Gläser heben nur die Herren das Glas nochmals an, die Damen stellen es ohne diese Geste auf den Tisch.
Dieses Ritual gilt jedoch nur für den ersten Schluck, später trinkt jeder nach eigenem Gutdünken und persönlichem Wunsch.
▮ Ein Glas, das benutzt wurde, bietet keinen appetitlichen Anblick, wenn der Rand mit Lippenstift- oder Essensspuren »verziert« ist. Daher sollte der Mund, bevor das Glas erhoben bzw. an die Lippen geführt wird, mit der Serviette leicht abgetupft werden.
Auch beim Gebrauch der Gläser haben *Linkshänder* ihre liebe Not, und oft kommt es vor, daß sie sich am Glas des Tischnachbarn »vergreifen«. Um das zu verhindern, kann man:
die Gläser selbst gebrauchsrichtig umstellen;
darum bitten, daß der Kellner diese passend aufstellt.

Keine Angst vor Spezialitäten

Artischocken: Sie werden auf einem Teller als ganze »Blüte« mit einer Sauce in einem separaten Schälchen serviert. Dazu kommt eine *Fingerschale* auf den Tisch.
Die Blätter werden mit den Fingern einzeln abgezupft und in die Sauce gedippt. Der »fleischige« Teil wird mit den Zähnen herausgezogen, das restliche Blatt wird am Tellerrand abgelegt. Das »Heu« wird entfernt, der Boden der Artischocke wird mit Messer und Gabel gegessen.
Austern: Diese werden bereits geöffnet serviert.
Das »Fleisch« der Auster wird wahlweise mit Zitrone oder Tabasco beträufelt, dann vorsichtig in der Schale zum Mund geführt und »ausgeschlürft«, was in diesem Fall toleriert wird.
Avocados werden in Hälften geteilt und überwiegend gefüllt als Vorspeise serviert.

Je nach Art der Füllung wird mit der Gabel oder mit einem kleinen Löffel gegessen, dabei wird die Avocado mit der Hand gehalten, das Fleisch wird ausgelöffelt, die harte Haut bleibt auf dem Teller zurück.

Ananas: Diese wird meist als viertel Stück und vorbereitet serviert.

Sie wird mit dem Obstmesser und der Obstgabel gegessen.

Brot/Brötchen wird/werden zum Beginn des Essens mit Butter oder diversen Aufstrichen in einem Körbchen auf den Tisch gestellt.

Ein Brot, etwas Butter oder dergleichen wird auf den separaten kleinen Brotteller gelegt. Nun vom Brot/Brötchen mundgerechte Häppchen abbrechen, mit dem Messer Butter/Aufstrich auftragen, nun diesen Bissen zum Mund führen und essen.

Tabu: Es darf bei einem Essen *niemals* eine ganze Scheibe/Brötchenhälfte mit Butter bestrichen und davon abgebissen werden! Das ist nur z. B. beim Frühstück erlaubt.

Apfel: Dieser wird in den meisten Fällen in einem Obstkorb serviert.

Ein Apfel wird mit der Hand aus dem Obstkorb genommen und auf den Teller gelegt. Dann gibt es zwei Möglichkeiten:

1. Mit der Gabel festhalten, mit dem Messer schälen, das Kerngehäuse herausschneiden, in einzelne, mundgerechte Stücke teilen, mit der Gabel essen.
2. Mit einer Hand halten, halbieren, schälen, Kerngehäuse ausschneiden, in mundgerechte Teile schneiden, mit der Hand essen. In diesem Fall muß eine *Fingerschale* serviert werden.

Banane: Diese wird in den meisten Fällen im Obstkorb serviert.

Auf den Teller legen, mit der Gabel festhalten. Mit dem Messer beide Enden abschneiden, dann der Länge nach die Schale zwei- bis dreimal durchschneiden, die Schale abheben. Die Frucht in mundgerechte Teile schneiden, mit der Gabel essen.

Birne: Wie beim Apfel beschrieben.
Ei, weichgekocht: Wird in einem Eierbecher serviert.
1. Möglichkeit: Schale mit dem Löffel aufklopfen, Schalensplitter mit den Fingern vorsichtig entfernen, würzen, auslöffeln.
2. Möglichkeit: Mit dem Messer »köpfen«. Diesen Teil mit den Fingern abheben, das Ei würzen und auslöffeln, dann das restliche Ei auf dieselbe Weise essen.
Fisch wird in den meisten Fällen bereits vorbereitet, also gekocht, gedünstet oder gebraten serviert.
Er wird mit dem Fischbesteck gegessen.
Ausnahme: marinierte, geräucherte, eingelegte Fische: Lachs, Forellen, Aal, Hering usw. Sie werden immer mit Messer und Gabel gegessen.
Geflügel in allen Variationen wird in den verschiedensten Zubereitungsarten angeboten.
In der Regel wird es mit Messer und Gabel gegessen, Wachteln, Stubenküken oder Hühnerflügel und Hühnerbeine können jedoch auch mit Hilfe der Hände gegessen werden. In diesem Fall sollte eine *Fingerschale* zur Verfügung stehen.
Kartoffeln sind eine Beilage zu den verschiedensten Gerichten. Man kann sie heute *ohne weiteres mit dem Messer schneiden*, allerdings hat sich das noch nicht überall durchgesetzt. Das Zerteilen mit der Gabel hat den Vorteil, daß sich Saucen besser aufnehmen lassen.
Knödel: Auch sie sind in den meisten Fällen eine Beilage, mit Ausnahme von österreichischen Spezialitäten wie z. B. Grammelknödeln oder Germknödeln.
Sie werden üblicherweise mit der Gabel »zerpflückt«. Es ist jedoch heute durchaus erlaubt, Knödel auch mit dem Messer in mundgerechte Teile zu schneiden. Allerdings wird dann die Sauce nicht so gut aufgenommen.
Krustentiere: Hummer, Langusten usw. werden heute meist schon zerteilt aufgetragen – eher selten werden diese Köstlichkeiten als Ganzes serviert.
Im ersten Fall können Sie sie ohne Probleme mit Messer und

Gabel *(niemals mit dem Fischbesteck)* essen.
Werden Schaltiere in Hälften serviert , wird diesen ebenfalls mit Messer und Gabel »zu Leibe gerückt«. Mit Hilfe der Finger *(Fingerschale)* werden die Beine an den Gelenken gebrochen, das Fleisch wird ausgesaugt.
Selten vorhanden ist ein Hummerbesteck, z. B. die Hummerzange, mit deren Hilfe die Scheren »geknackt« werden. Mit der Hummergabel wird dann das Fleisch herausgeholt.
Kaviar: Wird auf Eis serviert, dazu reicht man weißes Toastbrot, Zitronensaft, manchmal auch gehacktes Ei, Zwiebeln. Man bricht sich vom Toast ein Stückchen ab, das dann dünn mit Butter bestrichen wird. Mit einem *Kaviar-Löffelchen* (es ist vorzugsweise aus *Perlmutt/Horn*) kommt etwas Kaviar darauf, den man mit Zitronensaft beträufelt oder mit etwas Ei/Zwiebel belegt.
Man kann Kaviar jedoch auch mit normalem Besteck essen. Eine andere Möglichkeit wäre, nacheinander ein Stückchen Toast mit einem Löffelchen oder einer Gabel voll Kaviar zu essen.
Muscheln: Sie kommen meist im eigenen Sud auf den Tisch. Das Fleisch der ersten Muschel wird mit der Gabel herausgelöst und gegessen. Dann wird das leere Schalenpaar als »Zange« verwendet, um damit das Fleisch direkt aus den restlichen Muscheln zu essen. Der Sud (Suppe) wird mit dem Löffel ausgelöffelt.
Dazu sollte eine *Fingerschale* sowie eine *zweite Serviette* eingedeckt werden.
Schnecken werden hauptsächlich, mit Knoblauch oder Kräuterbutter gratiniert, in einem speziellen Töpfchen serviert. Dazu wird Toast oder Weißbrot gereicht.
Mit Hilfe der *Schneckenzange* wird das Häuschen gehalten, dann wird das Fleisch mit einer kleinen *Schneckengabel* (falls nicht vorhanden, kann auch eine gewöhnliche Gabel benützt werden) herausgeholt. Der Toast/das Brot wird in mundgerechte Stückchen gebrochen, die man in die warme Buttersauce eintaucht und ißt.

Legierte bzw. gebundene Suppen werden grundsätzlich in einem Suppenteller serviert. *Klare Suppen* mit Einlage kommen in einer Suppentasse auf den Tisch.
Ausnahme: In den meisten Restaurants werden alle Suppen nur noch in der Tasse serviert! Die Suppe wird grundsätzlich mit dem Löffel gegessen und auch dann nicht getrunken, wenn sie in der Tasse serviert wurde.
Ausnahme: Eine *klare Suppe* wird zu zwei Dritteln ausgelöffelt, der Rest darf getrunken werden. Dazu hält man die Tasse am rechten Henkel (Linkshänder: am linken Henkel).
Spaghetti: Diese italienische Nationalspeise kann auf vielfältigste Art zubereitet werden.
Gegessen werden Spaghetti *ausschließlich mit der Gabel.* Dazu faßt man jeweils zwei oder vier Nudeln (sind zu viele Nudeln auf der Gabel, wird die Portion zu groß, deshalb sollte dann nochmals neu begonnen werden), um sie dann am Tellerrand zu wickeln.
Tabu: Spaghetti mit Hilfe eines Löffels aufwickeln, Spaghetti mit einem Messer kleinschneiden.
Spargel: Es gibt die verschiedensten Zubereitungsarten, überwiegend kommen jedoch die ganzen Stangen auf den Tisch.
Heute ist es erlaubt, die Spargel mit dem Messer in mundgerechte Stücke zu schneiden. Spargel, die in Saucen gedippt werden, kann man jedoch noch auf die »alte Art« essen, nämlich mit den Fingern und unter Zuhilfenahme der Gabel. In diesem Fall ist eine *Fingerschale* unbedingt notwendig.

Die Frau und ihr Verhalten

Die Zeiten scheinen endgültig der Vergangenheit anzugehören, in denen ausschließlich Männer das »Sagen« hatten und in denen die Verhaltensnormen für die Frauen geprägt waren durch ihren Platz am häuslichen Herd oder in den eigenen vier Wänden. Frauen standen früher auch in der Gesellschaft eher im Hintergrund oder konnten dort zumindest nur an der Seite ihres Ehemannes auftreten, was sie jedoch als gegeben betrachteten. Zumindest hatte es diesen Anschein, denn kaum eine Frau hätte gewagt, diesen vorgegebenen Verhaltensnormen entgegenzutreten. Und nur wenige hatten den Mut, diese zu durchbrechen. Frauen waren lange Zeit »schmückendes Beiwerk«, das dem Erfolg des Mannes erst den richtigen Rahmen gab. Oder sie agierten im Hintergrund, um dem Mann den nötigen Rückhalt zu geben, sein Leben in Beruf und Gesellschaft erfolgreich zu gestalten.

Der Mythos des *Patriarchats* ist noch nicht gänzlich aus den Köpfen verbannt. Es gilt immer noch als die traditionelle männliche Form von Führung. Sie steht für Härte, Disziplin, Autorität und damit auch für Macht. Dieser Glaube an Ordnung und Anstand hat trotz der massiven Veränderungen in unserer Gesellschaft seinen angestammten Platz noch nicht ganz verloren. Allerdings darf nicht vergessen werden, daß das Patriarchat auch andere Verhaltensweisen des Mannes kennt, die teilweise anerzogen, vielfach jedoch in unserer Kultur fest verankert sind und die das Verhalten gegenüber den Frauen prägten: Höflichkeit, Fürsorglichkeit, Ritterlichkeit, galantes Verhalten usw.

Dem männlich besetzten Verhalten entgegen wirkt die *Emanzipation* der Frau, die vor allem in der jüngeren Vergangenheit zunehmend an Bedeutung gewonnen hat. Es ist dies ein Stil, bei dem überwiegend weibliche Eigenschaften zum Tragen kommen. Aber ganz offensichtlich bereitet es den meisten Männern Mühe, sich diesem neuen Verhalten der Frauen anzupassen und es zu billigen. Der Umgang mit selbstbewußten, tüchtigen Frauen gestaltet sich für viele Männer, besonders der älteren Generation, immer noch schwierig. Es fehlt ihnen sehr oft an Unbefangenheit, nicht selten an Akzeptanz. Der Matrismus zeichnet sich hauptsächlich durch eine optimistische Zukunftshaltung aus, ist gekennzeichnet von weiblichen Eigenschaften wie Anpassungsfähigkeit, Flexibilität, Toleranz, Warmherzigkeit usw. Matrismus wird getragen durch den Glauben an Offenheit, Aufrichtigkeit und macht kaum einen Unterschied zwischen den Geschlechtern.

Die Verhaltensnormen für, aber im gleichen Maße auch gegenüber Frauen haben sich vor allem in den Industrienationen innerhalb einer einzigen Generation enorm verändert. In unserem Kulturkreis, aber auch in anderen Ländern hat sich in einem dynamischen Prozeß nicht nur die Rolle der Frau in der Gesellschaft weiterentwickelt, auch das Verhalten der Frauen selbst hat sich grundlegend gewandelt: Die Frauen wurden selbständiger, nicht selten nahmen sie männliche Allüren an. Das mag sicher daran liegen, daß die Forderung der Feministinnen nach absoluter gesellschaftlicher Gleichstellung mit dem Mann in aggressiver und unversöhnlicher Weise vorgebracht wurde. Es gibt Frauen, die lehnen jedes fürsorgliche Verhalten eines Mannes vehement ab. Diese wiederholten Zurückweisungen beim Versuch, einer Frau gegenüber galant und zuvorkommend zu sein, ließen die Männer resignieren. Was dann nicht selten von seiten der Frau mit dem Hinweis quittiert wird: »Es gibt keine Kavaliere mehr!«

Die Gründe für das gestiegene Selbstbewußtsein der

Frauen sind sicher in der zunehmenden Berufstätigkeit zu suchen. War es früher hauptsächlich die wirtschaftliche Notwendigkeit, die viele Frauen gezwungen hatte, einer Arbeit nachzugehen, und zwar in Form niederer oder sogar niedrigster Tätigkeiten, so sind heute darüber hinaus besonders bei den Frauen aus den gehobeneren Schichten ganz andere Faktoren ausschlaggebend.

Nach dem Zweiten Weltkrieg stieg bei immer mehr Eltern das Bewußtsein, daß eine qualifizierte Ausbildung auch für Töchter keinen Luxus darstellt. Die früher (besonders in gehobenen Kreisen) weitverbreitete Meinung, daß eine gute Schulbildung deshalb nicht notwendig sei, weil die Mädchen ja doch heirateten, besitzt keine Bedeutung mehr. Das ursprünglich gesellschaftspolitisch propagierte Ziel der »Chancengleichheit«, das überwiegend auf die arbeitende Klasse zielte, nahmen in der Folge wesentlich mehr Mädchen aus der Oberschicht zum Anlaß, höhere Schulen zu besuchen. Immer mehr absolvierten eine fundierte Universitätsausbildung, um so ein Sprungbrett für einen interessanten Beruf zu haben und damit auch so schnell wie möglich den Sprung in die Führungsetage zu schaffen, um ihre Tüchtigkeit und Kompetenz unter Beweis stellen zu können.

Einen anspruchsvollen Beruf zu haben, das bedeutet für jede junge Frau, die auf eine gute Ausbildung zurückblicken kann, sich damit mehr Unabhängigkeit zu sichern. Dadurch steigt natürlich bei vielen Frauen auch die Selbständigkeit, die wiederum in engem Zusammenhang mit einer größeren Selbstsicherheit steht. Faktoren, die besonders dann zum Tragen kommen, wenn die Frau erfolgreich ist. Auf der anderen Seite resultiert daraus natürlich die wachsende Forderung nach Gleichberechtigung, Gleichstellung, Gleichbehandlung.

Aus all diesen Kriterien ergibt sich zwangsläufig das geänderte Verhalten der Frauen selbst. Deshalb haben sie auch eine neue Verhaltenserwartung gegenüber anderen. Vor allem von Männern erwarten sich die Frauen, »anders« behandelt zu werden. Bei vielen Männern herrscht deshalb offensichtlich eine große Unsicherheit darüber, wie Frauen zu behandeln sind, welche Umgangsformen ihnen gegenüber korrekt sind, welches Verhalten positiv oder negativ gewertet wird. Diese Unsicherheit macht die Verständigung zwischen den Geschlechtern nicht eben leichter. Und es sieht fast so aus, als hätte der Wandel im Verhalten der Frauen bewirkt, daß sich die Fronten verhärtet haben.

Die Männer stehen aufgrund dieser Entwicklung oft hilflos da, nicht selten haben sie aufgegeben und es sich zur Gewohnheit gemacht, Frauen so zu behandeln, wie sie es normalerweise im Umgang mit Männern gewohnt sind. Oder sie schenken den Frauen kaum mehr Beachtung, nur um keine Fehler zu machen. Auf der anderen Seite nehmen die Frauen den Männern oft ihr laxes Verhalten ihnen gegenüber übel. Nicht selten fühlen sie sich falsch behandelt. Sie sehen die Kumpelhaftigkeit als Abwertung, empfinden fehlende Distanz oder Vertraulichkeit als (sexuelle) Belästigung. Mangelnde Beachtung wird in die Kategorie »die trauen uns nichts zu« eingereiht, während zuwenig Zuvorkommenheit mit schlechtem Benehmen bezeichnet wird. Sie vergessen aber dabei, daß sie es sind, die die natürlichen Grenzen bewußt oder unbewußt fallenlassen, im Glauben, dadurch das tägliche Miteinander leichter zu machen.

In den letzten Jahren haben sich aufgrund dieser Tatsachen neue Standards entwickelt:
Neue Verhaltensnormen gegenüber Frauen müssen beachtet und eingehalten werden.
Frauen müssen selbst lernen, wie sie sich bei den verschiedensten Gelegenheiten richtig verhalten.
Andere Sprachnormen sind zu beachten.
Den Beweis dafür liefern die früher gebräuchlichen sprachlichen Unterscheidungen durch die Bezeichnungen »Dame« – »junge Dame« – »Frau« – »Fräulein«.

Die Frau im Sprachgebrauch

Die Ehefrau oder die Witwe eines Herrn aus der führenden Schicht galt früher ausschließlich als »Dame«. Ihre Rolle als Ehefrau war durch rigorose Verhaltensnormen gekennzeichnet. So durfte sie beispielsweise ausschließlich in Begleitung ihres Ehemannes in der Gesellschaft auftreten. Sie wurde immer mit größter Ehrerbietung behandelt und war ganz selbstverständlich ranghöher. Unverheiratete junge Frauen aus den gehobenen Kreisen wurden mit »junge Dame« bezeichnet.

»Frau«, diese Bezeichnung wurde nur bei den Frauen aus der unteren Schicht angewendet, während die unverheirateten Töchter aus diesen Kreisen durch die Anrede »Fräulein« sprachlich unterschieden wurden. Die Bezeichnung »Fräulein« endete keinesfalls mit einer bestimmten Altersgrenze; blieben Frauen ledig, so wurden sie bis ins hohe Alter mit »Fräulein« angesprochen.

Heute ist die Anrede »Fräulein« nur noch bei wirklich sehr jungen Mädchen üblich. Generell hat jede Frau mit dem Erreichen der Volljährigkeit einen gesetzlich geregelten Anspruch auf die Anrede »Frau«.

Regel

- Fräulein – diese Anredeform ist nur noch bei jungen Mädchen üblich. Oft kann es jedoch vorkommen, daß ältere Frauen noch auf der Anrede »Fräulein« beharren. In diesem Fall ist es der Wunsch der Betreffenden, und dieser sollte erfüllt werden.
- Selbständige junge Frauen sollten nicht mit »Dame« bezeichnet werden. »Frau« ist für sie die durchaus passende Anredeform.

In den letzten Jahrzehnten hat die Anrede »Frau« enorm an Wert gewonnen. Vielfach ist es bereits so, daß das Wort »Dame« in bestimmten Zusammenhängen sogar einen etwas *anrüchigen Beigeschmack* bekommen hat. Genau betrachtet

sollte daher die Bezeichnung »Dame« in ihrer originären Form nur noch in gesellschaftlichen Zusammenhängen verwendet werden, denn im beruflichen Bereich könnte sie leicht als Herabsetzung verstanden werden. Trotzdem existieren in unserem Sprachgebrauch noch beide Begriffe, aber die Verwendung dieser unterschiedlichen Bezeichnungen verlangt heute einfach etwas Fingerspitzengefühl. Einige Beispiele sollen den korrekten Gebrauch der Bezeichnung »Dame« näher definieren und zeigen, daß in diesen Zusammenhängen das Wort »Frau« einen abwertenden Klang hat:
Die *unpersönliche Anrede* jeweils mehrerer Frauen und Männer – z. B. bei Veranstaltungen, Ansprachen. »Meine sehr geehrten Damen und Herren.«
Falsch: »Meine sehr geehrten Frauen und Männer.«
Die *unpersönliche Anrede* einer Frau und mehrerer Männer:

»Sehr geehrte Dame, meine Herren.«
Falsch: »Sehr geehrte Frau, meine Herren.«
Die *unpersönliche Anrede* mehrerer Frauen:
»Darf ich die Damen bitten, in der ersten Reihe Platz zu nehmen?«

Falsch: »Darf ich die Frauen bitten, ...?«
Die Verwendung der Bezeichnung *»Dame«* ist beispielsweise in den folgenden Situationen nicht korrekt:
Die unpersönliche (auch schriftliche) Anrede einer einzelnen Frau:

Falsch: »Sehr geehrte Dame.«
Richtig: »Sehr geehrte Gnädige Frau!«
Die unpersönliche Anrede mehrerer Frauen:
Falsch: »Die Damen aus der Verkaufsabteilung.«
Richtig: »Die Frauen aus der Verkaufsabteilung.«

In diesem Zusammenhang sollten auch die rein männlich besetzten Berufsbezeichnungen nicht unerwähnt bleiben.

Bis vor wenigen Jahren war es in der Politik, in der Wirtschaft usw. nur den Männern vorbehalten, Führungspositionen zu erreichen. Daher gab es in unserem Sprachgebrauch nur: den Präsidenten, den Bürgermeister, den Direktor usw.

Nun hat sich das Blatt gewendet. Sehr viele Frauen haben einen akademischen Abschluß und sind berechtigt, einen Titel zu führen. Frauen, die Führungspositionen bekleiden, werden mehr. Daher fordern Frauenorganisationen und ähnliche Institutionen, daß auch bei Anreden die weibliche Form von Titeln oder Funktionsbezeichnungen berücksichtigt wird. Doch die bisher übliche Anredeform hält sich hartnäckig:

Frau Doktor	Frau Doktorin
Frau Magister	Frau Magistra (akad. Grad in Österreich)
Frau Präsident	Frau Präsidentin
Frau Bürgermeister	Frau Bürgermeisterin
Frau Direktor	Frau Direktorin
Frau Inspektor	Frau Inspektorin

Allerdings: Sprache soll auch einen angenehmen Klang haben, und daneben erfordert es die *Höflichkeit*, auch Frauen mit ihrem eigenen Namen anzusprechen, denn auch ihnen ist dieser wichtig. Die Umsetzung dieser Forderung im Zusammenhang mit einem dem Namen *vorangestellten Titel bzw. einer Berufsbezeichnung* klingt jedoch im Sprachgebrauch vielfach sehr seltsam. Z. B.:

»Frau Doktor Sonntag«	»Frau *Doktorin* Sonntag«
»Frau Bürgermeister Wenig«	»Frau *Bürgermeisterin* Wenig«
»Frau Direktor Mahler«	»Frau *Direktorin* Mahler
»Frau Inspektor Reich«	»Frau *Inspektorin* Reich«

Deshalb erhebt sich die Frage, ob es nicht endlich an der Zeit wäre, mit dem Titelunwesen aufzuhören (das gilt besonders für Österreich). Genauso ist fraglich, ob erreichte Positionen und die damit verbundenen Berufsbezeichnungen, auch wenn sie noch so korrekt dem Sprachgebrauch entsprechen, überhaupt verwendet werden müssen.

Frau Mahler beispielsweise ist keine Akademikerin, sie hat jedoch aufgrund ihrer Fähigkeiten als Direktorin eines bedeutenden Unternehmens eine leitende Position erreicht. Aber werden ihre Kompetenz höher und ihr Ansehen bedeutender, wenn sie mit »Frau Direktorin Mahler« angesprochen wird?

Wir leben in einer modernen Zeit. Für die meisten Frauen ist eine höfliche und zuvorkommende Behandlung wesentlich wichtiger als die weibliche Form der Anrede, die immer etwas »aufgesetzt«, nicht selten sogar komisch wirkt. Und manchmal klingt eine solche Anrede ironisch oder provokant. Das gleiche gilt natürlich auch für Männer!

Die Frau im Beruf – Die Frau in der Öffentlichkeit

Es sind hauptsächlich diejenigen Frauen, die in Frauenbewegungen organisiert sind, welche vehement eine absolute Gleichberechtigung zwischen den Geschlechtern fordern und dafür auf die Barrikaden gehen. Viele andere Frauen stehen diesen Appellen eher skeptisch gegenüber. Für sie sind Frauen und Männer verschiedene Wesen, die niemals (vor allem aus biologischen Gründen) ganz *gleich* werden können. Die militante Forderung nach vollkommener Gleichberechtigung scheint ihnen daher nicht der richtige Weg dafür zu sein, um Anerkennung im Beruf zu bekommen. Sie bevorzugen einen Weg des Ausgleichs und möchten nicht ganz darauf verzichten, von den Männern, mit denen sie im Berufsleben in Kontakt kommen, höflich und galant behandelt zu werden, z. B. indem die Männer

- ihnen bei jeder Gelegenheit den Vortritt lassen;
- ihnen die Türe öffnen und aufhalten;
- ihnen einen Sitzplatz anbieten;
- ihnen in den Mantel helfen;
- ihnen Hilfestellung geben, wenn sich z. B. etwas schwer öffnen läßt.

Leider kommt es jedoch oft vor, daß besonders Frauen, die sich für emanzipiert halten, eine freundliche Geste oder ein zuvorkommendes Verhalten nicht akzeptieren, weil sie dahinter einen plumpen Annäherungsversuch vermuten. Daher lehnen sie jede gutgemeinte Hilfestellung ganz rigoros ab. Nicht selten passiert es, daß beispielsweise ein Mann einer Kollegin in den Mantel helfen möchte und sie ihn mit den Worten *»Ich komme schon allein zurecht!«* daran hindert, ihr behilflich zu sein. Passiert ihm das öfter, dann darf es nicht verwundern, daß er plötzlich keinerlei Versuche mehr unternimmt, einer Frau in irgendeiner Form zu helfen, und sie dann ebenso »kumpelhaft« behandelt wie einen männlichen Kollegen.

Emanzipation (lat. emancipatio – Freilassung) wird im Fremdwörter-Duden (Ausgabe 1992) wie folgt definiert:
1. Befreiung aus einem Zustand der Abhängigkeit – Verselbständigung;
2. rechtliche und gesellschaftliche Gleichstellung (der Frau mit dem Mann).

Nach den Rechtsauffassungen aller europäischen Länder gelten die Frauen als gleichberechtigt. Doch das Wort ist vielfach nur Worthülse und wird mißverstanden. Vielleicht deshalb, weil viele Menschen die wirkliche Bedeutung des Wortes »Emanzipation« nicht kennen. Sicher ist, daß Männer wie Frauen weit davon entfernt sind, emanzipiert zu sein. Der Grund liegt sicher unter anderem darin, daß weder Frauen noch Männer bereit sind, die totale Gleichberechtigung zu leben, denn das erfordert ein zu starkes Umdenken beider Geschlechter und die Abkehr von den im tiefsten Innern verankerten Grundhaltungen: Kinder, Kirche, Küche, das waren durch Jahrhunderte die angestammten Lebensbereiche der Frauen, während die Männer dafür verantwortlich waren, Frauen und Kinder zu versorgen.

Sicher wird sich die Grundhaltung ändern. Die Männer der jüngeren Generation sehen es bereits als selbstverständlich an, daß Frauen einen Beruf ausüben. Sie gestehen ihnen auch zu, erfolgreich zu sein, und sind sogar stolz auf ihre erfolgreichen Frauen. Nicht wenige Männer stehen den Frauen mit Rat und Tat zur Seite. Doch die Frauen (auch die jüngeren) stehen sich selbst im Weg, denn sie wollen alles besser machen und verlieren dabei das Wesentliche aus den Augen.

Eine Frau, die auf eine ausgezeichnete Ausbildung verweisen kann, ihren Beruf ernst nimmt und Erfolg hat, dadurch Selbständigkeit und ökonomische Unabhängigkeit erlangt, darf nicht den Fehler machen (vielleicht aus Angst, sich etwas zu vergeben), auf jede Hilfestellung von einem Mann zu verzichten. Ganz im Gegenteil: Frauen sollten jede Zuvorkommenheit eines Kollegen, die Hilfsbereitschaft eines Mannes mit entsprechender Höflichkeit und freundlichem Verhalten erwidern. Genau das ist der Beweis dafür, daß sie auch ein positives Selbstbewußtsein besitzen:

Eine erfolgreiche Frau vergibt sich nichts, wenn sie einen Mitarbeiter bittet, ihr zu helfen (vielleicht, weil eine dringende Arbeit fertig werden muß).

Eine tüchtige Frau macht sich nicht lächerlich, wenn sie z. B. einen Irrtum zugibt.

Eine kompetente Frau kann ruhig einmal den Rat eines Mannes suchen.

Genausowenig vergibt sich eine Frau etwas in den Fällen, in denen ein Mann, ein Mitarbeiter oder ein Kollege ihr von sich aus seine Hilfe anbietet:

wenn ein fremder Mann den schweren Koffer einer Frau ins Gepäcknetz hebt;

wenn der Vorgesetzte bemerkt, daß die Sekretärin eine verklemmte Schublade nicht öffnen kann;

wenn ein Autofahrer einer Frau behilflich ist, ihr Auto in eine enge Parklücke einzuparken;
wenn ein Mann der Frau den Vortritt läßt, ihr einen Sitzplatz anbietet, usw.

In solchen Situationen wäre es nur natürlich, dankend anzunehmen und dem Mann durch ein Lächeln und freundliche Worte zu zeigen, wie sehr man seine Hilfsbereitschaft und Zuvorkommenheit schätzt.

Die Entwicklungen der letzten Jahrzehnte haben die Verhaltensmuster der Frauen stark verändert. Es sind zwei gänzlich verschiedene Verhaltensstandards, mit denen sich die Frauen selbst auseinandersetzen müssen. Andererseits verlangen sie von den Männern ein Verhalten, das sich der jeweiligen Situation anpaßt. Während jedoch die Rolle der Frau in der Gesellschaft oft noch der Tradition entspricht, gelten speziell in beruflichen Zusammenhängen Verhaltensnormen, die ursprünglich nur für Männer Gültigkeit hatten.

Einige Beispiele:

- Während eine Frau bei allen Anlässen im gesellschaftlichen Leben bei der Begrüßung sitzen bleibt, wird sie in beruflichen oder offiziellen Zusammenhängen bei jeder Begrüßung (eines Mannes/einer Frau) ebenfalls aufstehen – wie das die Männer tun.
- Normalerweise wird ein Mann einer Frau die Tür öffnen/aufhalten – betreut sie beispielsweise einen Kunden, so kann sie es sein, die das tut.
- Auch die Frau steht vom Schreibtisch auf, wenn ein Kunde/eine Kundin ihr Büro betritt und geht ihm/ihr entgegen, und bei der Verabschiedung wird sie ihm/sie zumindest bis zur Tür, wenn nicht sogar hinausbegleiten.

Stilvolles Verhalten

Die Möglichkeiten für die Frau von heute sind im Gegensatz zu denen vergangener Jahrzehnte um vieles freier. Der Umgang zwischen den Geschlechtern ist wesentlich natürlicher geworden. Früher gab es feste Regeln und Maßstäbe, wie eine Frau sich zu verhalten hatte, wie man sich einer Frau gegenüber verhalten mußte. Die gibt es scheinbar nicht mehr, und deshalb tun sich vor allem die Männer schwer, die unterschiedlichen Etiketteregeln in Privatleben und Berufsalltag richtig anzuwenden.

Sicher gab es auch in der Vergangenheit Frauen, die aus den starren Regeln ausbrachen und sie bekämpften – man denke an George Sand (1804–1876), die bereits im vorigen Jahrhundert für die Emanzipation der Frau eintrat. Oder an Christa Wolf und Elfriede Jelinek, die sich in ihren Büchern intensiv mit der gesellschaftlichen und wirtschaftlichen Unterdrückung der Frau auseinandersetzen. Doch scheinen sie noch immer eine Minderheit zu sein.

Und es gab früher sicher auch Männer, die sich nicht darum scherten, eine Frau stilvoll zu behandeln. Doch die Mehrzahl der damaligen Männer fühlte sich verpflichtet, eine Frau zu beschützen. Es war für sie eine Selbstverständlichkeit, jede Frau galant, höflich und zuvorkommend zu behandeln. Was von den Frauen gerne angenommen und mit ausgesuchter Freundlichkeit und stilvollem Verhalten auch entsprechend quittiert wurde.

Die strengen Regeln und Normen gibt es wie gesagt nicht mehr. Vorbei sind die Zeiten, in denen jede Einzelheit reglementiert war: von der schicklichen Kleidung angefangen bis zu den Themen, über die ein weibliches Wesen sprechen durfte. Diese strengen und starren Richtlinien, die das weibliche Verhalten in bestimmte Bahnen lenkte, gehören endgültig der Vergangenheit an. Doch der lockere Umgang miteinander bedeutet noch lange nicht, daß erlaubt ist, was jedem gefällt. Das hieße den »Bogen überspannen«.

Erlaubt ist auch heute nur das, was einen anderen Menschen nicht herausfordert. Was weder »ihn noch sie« in irgendeiner Form in seinen/ihren Gefühlen und Empfindungen verletzt. Erlaubt ist immer nur das, was einer bestimmten Situation angemessen ist, was dem guten Ton entspricht. Und dabei kommt es vor allem auf Fingerspitzengefühl an; Einfühlungsvermögen ist wichtiger denn je. Ein gedankenloses Befolgen starrer Umgangsformen entspricht keineswegs der modernen Lebensform der Frauen. Aber es kommt wieder sehr darauf an, das Gespür zu haben, um sich in allen Situationen richtig und angemessen zu verhalten.

Daher bedauern nicht wenige Menschen (Frauen wie Männer), daß es offensichtlich keinen gültigen Verhaltenskodex mehr gibt, nach dem man sich richten kann. Denn Regeln geben Hilfestellung und tragen, wenn man sie kennt, mit dazu bei, den Umgang miteinander einfacher zu machen. Wie gesagt, es gibt nur »offensichtlich« keine Regeln mehr. Doch wenn man es genau betrachtet, haben bestimmte Vorgaben immer existiert, und viele Männer haben sich, wie viele Frauen eben auch, immer danach gerichtet.

Und es gibt sie heute noch: die Höflichkeit – die Freundlichkeit – die Rücksichtnahme – die Hilfsbereitschaft.

Vier Faktoren, die den Umgang miteinander und untereinander wesentlich erleichtern, das Zusammenleben der Geschlechter einfacher machen. Sich stilvoll zu verhalten, das heißt, rücksichtsvoller zu werden, und das gilt für Männer wie für Frauen. Und dabei ist es vollkommen gleichgültig, ob es sich um Fremde oder Freunde, Kollegen, Mitarbeiter oder Vorgesetzte (beiderlei Geschlechts) handelt.

Sich stilvoll zu verhalten, das sollte für eine kluge Frau bedeuten: mit weiblichem Charme, Souveränität, Gelassenheit, Humor und Diplomatie auch schwierige Situationen zu meistern und selbst chauvinistisches Verhalten von Männern mit Liebenswürdigkeit zu negieren.

Die Dame in der Gesellschaft

»Gnädige Frau«, vor Jahrzehnten war das die übliche Anrede, mit der die Herren grundsätzlich alle verheirateten, aber auch ältere, verwitwete Frauen anzureden pflegten. Diese Anredeform wurde auch von jungen, ledigen Frauen gewählt, wenn sie ältere Damen ansprachen. Selbst das Personal hatte diese Anredeform zu verwenden, wenn es die Damen der Gesellschaft ansprach. Was sie übrigens auch bei Männern taten, sie wurden dann mit »gnädiger Herr« tituliert.

»Gnädige Frau«, diese Anrede ist fast gänzlich aus der Mode gekommen, obwohl es eine charmante und vor allem praktische Möglichkeit war, eine Frau anzusprechen, deren Name man nicht kannte oder an den man sich nicht mehr erinnerte! In Wien kann man dieser Anrede noch häufig begegnen.

Die Dame in der Gesellschaft ist im Grunde genommen ein Begriff, der für eine Frau in besonderen Situationen in seiner ursprünglichen Form verwendet wird. In allen gesellschaftlichen und privaten Zusammenhängen wird die Frau zur Dame – was allerdings nicht mißverstanden werden sollte, sondern als höfliche Geste zu werten ist:
Die Formulierung Dame gilt als Zeichen des Respekts in der Gesellschaft, wenn eine Frau in ihrer Rolle als gesellschaftlich Höherrangige auftritt;
in der unpersönlichen Anrede, sei es bei der unpersönlichen mündlichen wie auch bei der schriftlichen Anrede – und allen damit verbundenen Variationen.

Die Frau und ihr Benehmen

Sicher sind Rollenklischees noch weit verbreitet. Doch trotz des oft vehementen Strebens nach Gleichbehandlung im Beruf orientieren sich noch immer sehr viele Frauen und Männer an den traditionellen Normen. Eine Frau wird sich niemals Achtung, Anerkennung und Autorität verschaffen, wenn sie versucht, sich männliches Verhalten anzueignen.

Einem Mann wird verziehen, wenn er Kraftausdrücke gebraucht oder einen nicht ganz »stubenreinen« Witz erzählt, bei einer Frau wirkt das noch immer ordinär.

Ein Mann kann es sich erlauben, ein Glas zuviel zu trinken, bei einer Frau wirkt es abstoßend.

Ein Mann, der auf der Straße raucht, wird kaum beachtet, eine Frau mit einer brennenden Zigarette im Mundwinkel wird als »billig« eingestuft.

Ein Mann kann es sich erlauben, allein in Nachtbars zu gehen, einer Frau wird man unterstellen, daß sie auf Männersuche ist.

Wenn man es genau betrachtet, sind auch Männer in den oben geschilderten oder ähnlichen Situationen keineswegs eine reine Freude, aber man nimmt einem Mann ein solches Verhalten weniger übel als einer Frau. Daher sollte sich eine Frau, ihrem positiven Image zuliebe, immer im Griff haben, versuchen, sich in jeder Situation »ladylike« zu benehmen, und darauf achten, nicht aus der Rolle zu fallen.

Zugegeben, Vorurteile, tradierte Rollenklischees und Verhaltenserwartungen sind nicht ganz verständlich, jedoch immer noch weit verbreitet. Betrachtet man es jedoch mit weniger Ressentiments, dann kommt man darauf, daß eine Frau ja nicht unbedingt mit solchen oder ähnlichen Dingen ihre Gleichberechtigung unter Beweis stellen muß – dafür stehen ihr andere, viel subtilere Möglichkeiten zur Verfügung.

Eine Frau kann heute problemlos allein in ein Restaurant gehen – sie wird sich jedoch vorzugsweise für ein gutes entscheiden.

Eine Frau kann sich auch zu einem fremden Mann an den Tisch setzen, wenn ihr der Platz zusagt.

Eine Frau kann ohne weiteres einen Mann zum Essen ausführen und die Rechnung bezahlen.

Sie wird es humorvoll nehmen, wenn der Kellner glaubt, daß der Mann den Wein probieren muß und die Rechnung zu bezahlen hat.

Eine Frau kann ohne weiteres an der Hotelbar einen Drink nehmen, es muß ja nicht unbedingt eine verrufene Nachtbar sein.

Eine Frau kann auch allein zu einer Einladung gehen, eine Ausstellung besuchen oder eine Reise machen.

Eine Frau kann, wenn man es genau betrachtet, alles tun, was ihr Freude macht und was ihr richtig erscheint. Wichtig ist nur, daß sie es ihrem Selbstverständnis entsprechend macht und weiß, welches Benehmen von ihr erwartet wird und welches Verhalten für eine Frau richtig ist.

»Kleider machen Leute«

Schon Adolph Freiherr von Knigge hat in seinem aus dem Jahre 1788 stammenden lebenspädagogischen Buch »Über den Umgang mit Menschen« geschrieben:

»Kleide Dich nicht unter und nicht über Deinem Stand,
nicht über und nicht unter Dein Vermögen,
nicht bunt, nicht ohne Not prächtig,
weder glänzend noch kostbar.
Sei reinlich, geschmackvoll,
und woDu Aufwand betreiben mußt,
da sei Dein Aufwand zugleich solide und schön.
Zeichne Dich weder durch altväterische
noch jede neumodische Torheit
nachahmende Kleidung aus.
Verwende einige größere Aufmerksamkeit
auf Deinen Anzug,
wenn Du in der großen Welt erscheinen willst.
Man ist in Gesellschaft verstimmt,
sobald man sich bewußt ist,
in einer unangenehmen Ausstaffierung aufzutreten!«

Das beweist klar und deutlich, daß dem Sprichwort »Kleider machen Leute« bereits damals eine gebührende Aufmerksamkeit geschenkt wurde. Und gerade heute besitzen diese Worte besondere Aktualität und werden mit Sicherheit auch über die Jahrhundertwende hinaus Gültigkeit behalten. Schon damals hat man erkannt, daß die Kleidung entscheidend mitverantwortlich ist für ein perfektes und sicheres Auftreten – wie auch korrekte Umgangsformen und ein gepflegtes Benehmen damit in engem Zusammenhang stehen, man könnte fast sagen: »Das eine kommt nicht ohne das andere aus!«

Schon seit alters her ist die Kleidung ein sehr wichtiger Bestandteil der menschlichen Kultur und daher einem ständigen Wandel unterworfen. Die noch vor Jahren herrschende »Modediktatur« hat inzwischen der persönlichen Individualität Platz gemacht und damit auch einen fast unermeßlichen Freiraum für persönliche »Modetorheiten« geschaffen, die manchmal unpassend und provozierend wirken. In den späten fünfziger bis in die Mitte der sechziger Jahre war es üblich, daß sich die Frau beispielsweise beim Einkaufsbummel in einem sportlich-eleganten Kostüm, einem Kleid mit passendem Mantel zeigte, und der Mann bevorzugte einen klassischen, vielseitig verwendbaren Straßenanzug. Heute bieten die Einkaufsstraßen in den Städten ein ganz anderes Bild: Jeans, Jeans und noch einmal Jeans. Männer, Frauen, Kinder jeden Alters, selbst Greise tragen Jeans. Dazwischen sieht man Jogginganzüge in bunten Farben, hautenge Leggings mit überweiten Pullovern, T-Shirts in allen Variationen, Miniröcke, »Schlabberkleider«, Bermudas und Shorts usw. Im Sommer sieht man immer wieder viel »nackte und verschwitzte Haut«. Der Phantasie oder dem schlechten Geschmack scheinen keine Grenzen gesetzt. Immer mehr Menschen lassen sich gehen – die Verwahrlosung der Kleidersitten nimmt langsam unerträgliche Formen an.

Ein Beispiel: In früheren Jahren kamen die Herren zu einer Opernpremiere ausschließlich in einem dunklen Anzug oder Smoking, die Damen hatten dazu ein festliches Cocktail- oder Abendkleid gewählt, zumindest aber ein elegantes Seidenkleid an. Heute trifft man dort unzählige Jeansfans, die ihre heißgeliebten »Blauen« von morgens früh bis spät in die Nacht Tag für Tag und zu allen Gelegenheiten am Körper tragen. Daneben findet man auch unzählige andere nachlässig gekleidete Menschen: Sie vertreten ihren Standpunkt vehement, daß sich Musik doch auch in »Freizeitkleidung« genießen läßt. Zudem werfen sie ein, daß sie sich um nichts in der Welt in eine steife, unbequeme Kleidung zwängen werden und dadurch ihr eigenes Wohlbefinden leidet.

Ohne Zweifel läßt sich Musik oder ein Theaterstück auch in »Freizeitkleidung« konsumieren. Doch genau betrachtet ist es die Reverenz an die Künstler, ein festlicher Anlaß, der ja nicht alltäglich ist. Daher ist festliche Kleidung für wirklich gebildete Menschen eine Verpflichtung, denn dadurch erhöht sich das eigene Vergnügen! Auch der Hunger läßt sich in lässiger Freizeitkleidung oder sogar in schmuddeliger Kleidung stillen. Doch der Besuch in einem exklusiven Restaurant mit angenehmem Ambiete und ausgezeichnetem Essen ist sicher kein alltägliches Vergnügen. Daher wird sich das Outfit, das man wählt, von der Alltagskleidung unterscheiden.

Kleidung – passend zu Persönlichkeit und Position

Das ästhetische Gesamtbild eines Menschen – gleichgültig, ob es sich um eine Frau oder einen Mann handelt – ist das perfekte Zusammenspiel zwischen einer dynamischen Körperhaltung und einem gepflegten Aussehen. Aber erst durch die passende Kleidung, die der Position entspricht und dadurch den Erfolg sichtbar macht, die stimmigen Umgangsformen, die angenehmen Manieren, bekommt jede Persönlichkeit ihre unverwechselbare Kontur.

Nur wenige Menschen können es sich heutzutage wirklich leisten, ihr Äußeres zu vernachlässigen. Künstlern und anderen Genies wird zwar zugestanden, daß sie »anders« aussehen. Sie können sich außerhalb unserer Norm bewegen und jedes angepaßte Verhalten ablehnen, ohne daß es ihren Erfolg entscheidend schmälert. Den Randgruppen in unserer

Gesellschaft wird ihr »Anderssein«, ihre »verlotterte« Kleidung und ihre ungepflegte äußere Erscheinung zum Vorwurf gemacht – sie werden ausgegrenzt und abgeschoben.

Die Kunst der richtigen Selbstdarstellung hat ihren eigentlichen Ursprung in der Rangordnung. Diese besteht, seit die Menschen anfingen, sich zu kleiden. Über Jahrtausende haben sich diese Regeln manifestiert und sind ein fester Bestandteil unserer Kultur geworden. Unterschiede in der Schichtzugehörigkeit wurden hauptsächlich durch die Kleidung nach außen sichtbar gemacht: So war es beispielsweise Bürgerlichen verboten, Pelze zu tragen – sie galten als die Attribute Adeliger; kein Bauer durfte es dagegen wagen, sich in der Kleidung der Bürgerlichen zu zeigen. Mit der Kleidung unterschieden sich die einzelnen Zünfte – denken wir nur an die typische Kleidung der Schornsteinfeger oder die schwarz-weißen Hosen der Bäcker und die ledernen Schürzen der Schmiede.

Auch heute noch gibt es für bestimmte Berufsgruppen identische Bekleidung: So kann man die Bedienung in manchen Restaurants unschwer an der weißen Bluse und dem schwarzen Rock erkennen. Auch der Mechaniker in seinem blauen Overall wird schnell als solcher erkannt. Daneben haben die Uniformen ihren angestammten Platz und sind teilweise seit Jahrzehnten unverändert: bei Militär, Polizei, Bahnpersonal oder Postbediensteten usw. Jedes Land hat seinen ganz spezifischen Uniformstil entwickelt, jede Nation unterscheidet sich in Farben und Formen, um sich so unverwechselbar kenntlich zu machen.

Doch nicht nur die Uniformen im üblichen Sinn signalisieren die Zugehörigkeit zu bestimmten Berufssparten. Leute aus der Werbe- oder Modebranche sind an ihrer meist unkonventionellen, avantgardistischen Kleidung erkennbar. Dagegen erwartet man bei den Mitarbeitern von Banken klassische Kleidung: meist den grauen Doppelreiher oder einen navyblauen Blazer. Die Geschäftsführerin einer Boutique fällt durch ihre hochmodische Kleidung auf, während ein Baumeister nicht selten sportliche Kleidung bevorzugt, die auf seinen Beruf Rückschlüsse erlaubt. Sie alle haben sich ihren persönlichen Stil aus dem reichhaltigen Angebot der Mode ausgesucht, und trotzdem lassen sie sich mit ihrer Sparte in Zusammenhang bringen.

Ein Beispiel: »Peter Weil, ein gutaussehender Mann in den besten Jahren, macht auf die meisten Menschen schon aufgrund seines perfekt zu seiner Persönlichkeit passenden Outfits einen hervorragenden ersten Eindruck. Seinem selbstsicheren Auftreten nach zu schließen, ist er ein hervorragender Verkäufer. Nun haben ihm die ABC-Werke eine leitende Funktion im Export in ihrem Unternehmen angeboten. Der Termin beim Personalchef verläuft schon aufgrund seiner hervorragenden Qualifikation positiv, das anschließende Gespräch mit den Herren in der Direktion läßt erkennen, daß er der geeignete Mann für diese Position ist. Später zeigt man ihm sein Büro und stellt ihm seine zukünftigen vier Mitarbeiter vor.

Der Eindruck, den diese auf ihn machen, ist genau betrachtet etwas farblos. Ein offensichtlich etwas älterer Mann vom Typ ›Spießer‹ mustert ihn argwöhnisch. Er bekommt ihn als Verkaufsleiter für das Inland vorgestellt, ein zukünftiger Kollege also, der offensichtlich schon längere Zeit im Unternehmen beschäftigt ist. Aber der Eindruck, den er von ihm bekommt, ist alles andere als positiv. Allein aufgrund seiner unvorteilhaften Kleidung, die nicht seiner Position entspricht, traut er ihm keine Kompetenz zu, und er fragt sich: ›Ob der wohl erfolgreich ist?‹

Aber auch Peter Weil als der neue Mann für den Export weckt im anderen negative Gefühle. Er kann diesem ›Schönling‹ keine Sympathie entgegenbringen.« Das ist ein Umstand, der eine Zusammenarbeit sehr schwer machen wird und von den beiden größte Toleranz erfordert.

Die Kleidung der Menschen besitzt gerade im Zeitalter einer pluralistischen Gesellschaft einen entsprechend großen Stellenwert, und es ist daher wichtiger denn je, ihr wieder genügend Aufmerksamkeit zu schenken! Denn die Kleidung ist entscheidend mitverantwortlich für den »ersten Eindruck«, und der kann gewinnen oder verlieren bedeuten. Sind Menschen unpassend gekleidet, entspricht ihre Kleidung nicht den Erwartungen, dann entstehen Emotionen, die nach Aussage von Psychologen jedes sachliche Denken zunächst verhindern.

Ein weiteres Beispiel, das aufzeigt, wie sehr Menschen auf die Kleidung achten und welche Rückschlüsse sie daraus ziehen: »In einem Verkaufsbüro haben die Mitarbeiter nur dann korrekte Kleidung, d. h. Sakko und Krawatte angezogen, wenn sie von vornherein wußten, daß Geschäftsbesuch angesagt war. Sonst bevorzugten sie Jeans, Sporthemd und Turnschuhe. Sehr oft kamen jedoch auch unangemeldet Kunden. Dadurch entstanden immer wieder peinliche Situationen sowohl für die Kunden, die sich durch die allzu legere Bekleidung gestört fühlten, während sich die Mitarbeiter gegenüber den korrekt gekleideten Kunden unsicher fühlten. Ein entgangener Auftrag war nicht selten das Resultat. Als sich ein Kunde über die unpassende Kleidung der Mitarbeiter beschwerte und wissen ließ, daß er diese als Mißachtung seiner Person empfand, reagierte die Geschäftsleitung und ordnete an, daß alle Mitarbeiter in Zukunft täglich korrekte Busineß-Kleidung zu tragen hätten. Der Erfolg ließ sich nach kürzester Zeit ablesen. Nicht nur innerbetrieblich wurden Stil und Umgangsformen optimiert, auch den Kunden, die zu Besuch kamen, konnte man anmerken, daß sie sich wohler fühlten, was den Geschäftserfolg nicht unwesentlich verbesserte.«

Diese beiden Geschichten stehen stellvertretend für unzählige ähnliche, die täglich vorkommen. Unpassende, nachlässige Kleidung ist oft mitschuld daran, daß Menschen keinen »Draht« zueinander finden. Unpassendes Verhalten und schlechte Manieren erschweren den Umgang miteinander. Menschen, die es nicht verstehen, ihre Persönlichkeit mit der richtigen Kleidung zu unterstreichen und letztere auf ihre

Position abzustimmen, denen wird nicht selten Inkompetenz vorgeworfen. An ihrer Glaubwürdigkeit entstehen Zweifel.

Welcher Bekleidungsstil für die Mitarbeiter und MitarbeiterInnen eines Unternehmens richtig ist, welche Normen beachtet werden müssen, das ergibt sich in den meisten Fällen aus den Bekleidungsgepflogenheiten, die in der jeweiligen Branche üblich sind und als allgemeine Standards gelten. Darüber hinaus könnten jedoch auch firmeninterne Richtlinien erarbeitet werden, die sich dann ausschließlich auf das Unternehmen beziehen und mit welchen die Geschäftsleitung die Art der bevorzugten Kleidung ihrer MitarbeiterInnen bestimmt, um dadurch den gewünschten Stil und das erwartete Erscheinungsbild dem Image anzupassen und dieses dadurch zu verbessern. Es erweist sich jedoch als Fehleinschätzung, zu glauben, daß die Kleidung nur für das Erscheinungsbild nach außen wichtig ist – sie ist ebenso maßgeblich verantwortlich für den innerbetrieblichen Stil.

Nach meiner persönlichen Meinung sind jedoch allzu detaillierte Bekleidungsvorgaben nicht unbedingt der richtige Weg (es sei denn, daß dadurch die Corporate Identity des Unternehmens entscheidend unterstützt werden kann). Ansonsten besteht leicht die Gefahr, daß dabei eine Uniformiertheit entsteht, die nicht beabsichtigt ist und nicht den erwarteten Erfolg bringt, weil sich die Mitarbeiter in ihrer Entscheidungsfreiheit, in ihrem persönlichen Geschmack beeinträchtigt fühlen. Es genügt vollkommen, den Stil vorzugeben, den Rahmen zu bestimmen. Darüber hinaus hat man natürlich die Möglichkeit, MitarbeiterInnen, die wenig Fingerspitzengefühl besitzen, zumindest mit guten Ratschlägen zu unterstützen, um so das erwartete Ergebnis zu erreichen.

Der erfolgreiche Mann und sein Outfit

Es ist interessant zu beobachten, daß sowohl Führungskräfte wie auch der Führungsnachwuchs bestimmter Branchen in allen führenden Industrienationen der Welt noch immer ein überwiegend klassisches Outfit bevorzugen. Eine Kleidung also, die in Schnitt und Farbe einen eher konservativen, korrekten Stil erkennen läßt. Die internationale Bezeichnung für diese Bekleidungsart ist »business suit«, was auf deutsch mit Busineß-Anzug übersetzt wird.

Diese Art der Kleidung war früher in allen Führungsetagen und Chefbüros von Banken und Industrieunternehmen obligatorisch, und etwa ab der Position eines Prokuristen waren diese Anzüge natürlich nur feinste Maßanfertigung. Daran hat sich im Laufe der Zeit doch einiges geändert. Zwar wissen die Herren aus dem Management von Großunternehmen, der Hochfinanz, der Politik und diejenigen, die auf dem Weg in die obersten Etagen sind, was sie ihrem Status schuldig sind, und tragen noch immer vorwiegend dunkle Anzüge. Diesen werden in der Hauptsache nur weiße oder hellblaue Hemden zugeordnet – dann und wann findet man auch feine Streifen, aber nur tagsüber. Die passende Krawatte ist natürlich aus Seide, und nur der Knoten ändert sich von Zeit zu Zeit. Selten fehlt ein Stecktuch, um die Eleganz zu unterstreichen. An edlem Schuhwerk und passenden Socken ist der erfolgreiche Mann unschwer erkennbar.

Wie gesagt, es hat sich einiges verändert, auch in der Männermode ist der Wandel schneller geworden. Der Mann hat angefangen, Farbe zu bekennen, und beweist größeren Modemut. Doch nicht selten schießt er über das Ziel hinaus. Der Beweis dafür sind die roten, grünen oder gelben Sakkos, die grellen, plakativ gemusterten Krawatten, buntbedruckte Hemden und andere Modetorheiten, denen man zwar immer öfter begegnet, die jedoch immer als sicheres Zeichen gewertet werden können, daß der Mann (oder die Frau, die ihn berät) wenig Geschmack besitzt und keinen Stil hat. Topmodisch inspirierte Bekleidung entspricht zwar dem Zeitgeist, sie ist auch für bestimmte Berufszweige und Branchen (z. B. Mode/Werbung) durchaus passend, doch in den Führungsetagen der Unternehmen, bei Banken, Versicherungen und in der Politik ist diese Art der Kleidung vollkommen fehl am Platz.

Allgemeingültige Standards und Regeln kann es heute nicht mehr geben – es sei denn, daß die Kleidung eines Mannes dezent sein sollte, einen gepflegten Eindruck machen, seine Persönlichkeit perfekt unterstreichen sollte. Allerdings ist es hilfreich, sich mit den nachfolgenden Grundregeln auseinanderzusetzen, z. B.:

Die Grundgarderobe eines Mannes sollte seinem Beruf und seiner Position entsprechen. Das Busineß-Outfit für einen Mann in Führungsposition könnte so aussehen:

Zwei Anzüge, ein Blazer, zwei Hosen, mindestens sechs passende Hemden (für jeden Tag eines), vier bis sechs Krawatten, zwei Paar zur Stilrichtung passende Schuhe und zwei Gürtel. Vorteilhaft wäre es natürlich, wenn sich die Kleidungsstücke miteinander kombinieren lassen.

Einige Tips, die zeigen, worauf zu achten ist, damit die Kleidung den gestellten Anforderungen entspricht:

Das Material (die Qualität) des Kleidungsstücks muß besonders genau beachtet werden, denn es ist verantwortlich dafür, ob die erforderlichen Trageeigenschaften, Strapazierfähigkeit wie auch Formbeständigkeit gegeben sind. Weiterhin sollte man den Verwendungszweck und die Anforderungen, die der Anzug zu erfüllen hat, klar definieren. Danach wählt man das Material aus, z. B.:
Schurwolle, Alpaca, Wolle und Seide sind edle Materialien für elegante Kleidung,
Cool Wool, Gabardine, Flanell passen für Busineß-Anzüge,
Tweed, Fischgrat, Karos eignen sich für sportliche Sachen.
Auf jeden Fall sollte man jeden Stoff vorher in die Hand nehmen und fühlen, ob das Material einen angenehmen Griff hat und sich sympathisch anfühlt. Dann überprüft man die verwendete Stoffqualität (wird auf dem Etikett angegeben), ebenso die Zusammensetzung und Mischung mit verschiedenen Materialien. Je höher beispielsweise der Anteil an teuren

Naturfasern (Kaschmir, Seide usw.) ist, um so hochwertiger ist der Stoff. Allerdings sind diese weichen Qualitäten nicht für den täglichen Gebrauch geeignet (Formveränderung, Abnützung). Das am besten für Busineß-Anzüge geeignete Material ist nach wie vor 100 Prozent reine Schurwolle, vorzugsweise die superleichte Cool Wool/Supercento-Qualität. Sie trägt sich angenehm (Sommer und Winter), und man macht damit immer einen gepflegten Eindruck.

Die Verarbeitung ist ein weiterer wichtiger Aspekt, der erkennen läßt, ob das Kleidungsstück den Anforderungen gerecht wird. An einigen auch von einem Laien erkennbaren Details zeigt sich, ob der Anzug/das Sakko seinen Preis auch wirklich wert ist:

Musterrapport: Die Teile müssen an Rücken- und Seitennähten im Muster (Karo, Streifen) exakt aufeinander passen. Der Stoff- und Arbeitsaufwand ist erheblich größer, was sich in einem höheren Preis ausdrückt.

Futter: Es ist bei einem guten Anzug immer aus einem festen, feinfädigen Material mit mattem Glanz, überwiegend Viskose.

Revers: Lassen sich Ober- und Unterstoff am Revers verschieben, dann ist die Einlage, im Gegensatz zu billiger Verarbeitung, nicht fixiert. Vielfach sieht man am Rand entlang der Fasson/Spiegelnaht (auch bei Taschenpatten, -eingriffen) eine »Handnaht«, ein weiteres Zeichen hochwertiger Verarbeitung.

Offener Ärmelschlitz: Läßt sich dieser öffnen, d. h., sind die Knopflöcher geschnitten und lassen sich aufknöpfen, so bedeutet das wesentliche Mehrarbeit, die sich im Preis niederschlägt.

Knopflöcher: An der leicht unregelmäßigen Näharbeit läßt sich erkennen, ob es sich um hand- oder maschinengenähte Knopflöcher handelt.

Knöpfe: Sind bei einem Qualitätsanzug immer aus echtem Horn. Man erkennt es an der etwas unregelmäßigen Rückseite.

Der Sitz des Anzugs resultiert aus einem erstklassigen Schnitt. Eine korrekte Paßform hat größte Bedeutung für die Bewegungsfreiheit und das Wohlbefinden. Auch heute noch kann nur *Maßarbeit* höchste Ansprüche an die Paßform erfüllen und von der Norm abweichende Figurprobleme berücksichtigen. Allerdings haben Maßanzüge, bedingt durch die Einzelanfertigung und die Handarbeit, einen entsprechenden Preis!

Eine interessante Alternative dazu ist die *Maßkonfektion* (eine Mischung aus Konfektion und Maßarbeit). Ein bereits vorgefertigter Anzug wird in der entsprechenden Größe probiert und dann unter Berücksichtigung eventuell vorhandener Figurprobleme fertiggestellt.

Die Konfektion bietet ein breitgefächertes Angebot der verschiedensten Norm- und Zwischengrößen an. Der Vorteil: Der Anzug kann probiert und meist sofort getragen werden. Es besteht durchaus die Möglichkeit, kleinere Änderungen (Länge, Weite usw.) vorzunehmen. Der Schnitt beruht allerdings auf Standardmaßen. Daher können Kunden mit Figurproblemen kaum einen gutsitzenden Anzug »von der Stange« kaufen.

Mit dem Anzug allein ist natürlich kein Mann komplett angezogen – es gehören noch ein paar andere Dinge dazu, um das Erscheinungsbild perfekt zu machen. Doch auch dabei muß man darauf achten, daß sie in Form, Farbe und Qualität zueinander passen, um einen Stilbruch zu vermeiden.

Das Krawattenhemd gehört zu einem Anzug oder zu einer Kombination einfach dazu. Die klassische Farbe ist nach wie vor Weiß, gefolgt von Hellblau und wenigen anderen Pastelltönen. Als sportliche Version gelten Streifenhemden, die jedoch *niemals am Abend* getragen werden.

Auch bei Hemden besteht die Möglichkeit, sich zwischen Maßarbeit und Konfektion zu entscheiden. Das Maßhemd wird genau nach den Wünschen des Kunden gefertigt. Es nimmt Rücksicht auf alle Figurprobleme, und man kann z. B.

eine bestimmte Stoffqualität mit dem bevorzugten Kragenschnitt ordern. Das Konfektionshemd dagegen entspricht in seinen Größen den Standardmaßen, daher kann es vorkommen, daß die Anforderungen an eine korrekte Paßform nicht immer erfüllt werden. Deutlich wird dies z. B. bei der korrekten Ärmellänge: So sollten die Manschetten *etwa ein bis maximal eineinhalb Zentimeter* unter dem Sakko-Ärmel »hervorblitzen«, was bei einem konfektionierten Hemd nicht immer gegeben ist.

Es ist wichtig, einige Kriterien zu kennen, die den Einkauf von Hemden erleichtern und erkennen lassen, ob diese den Ansprüchen genügen.

Kragenformen

Button-down: Die spitzen Kragenenden werden am Hemd festgeknöpft. Eignet sich hauptsächlich für schmale Krawattenknoten.

Haifisch: Die Spitzen liegen extra weit auseinander. Der klassische Windsor-Knoten kommt hier am besten zur Geltung.

Kent: Eine klassische Kragenform, die auch bei offiziellen Anlässen passend ist. Sie eignet sich für alle Knoten und für Fliegen.

Tab: Die eckigen Kragenenden werden durch eine schmale, geknöpfte Lasche zusammengehalten. Am besten eignen sich schmale Krawattenknoten.

Turn-down: Der wohl eleganteste Kragen mit handgesäumten Spitzen, die nach unten zeigen, und schmalen Taschen für die auswechselbaren Kragenstäbchen aus Rasierklingenstahl. Alle schmalen Krawattenknoten kommen hier gut zur Geltung.

Manschetten

Heute werden hauptsächlich einfache Manschetten verwendet, Doppelmanschetten bleiben offiziellen Anlässen vorbehalten.

Das Material sollte unbedingt mit den Anzugstoffen harmonieren. Bei feineren Stoffen entscheidet man sich beim

Hemd für einen *feinfädigen Batist* oder *Popeline*, während zu groberen und sportlichen Anzugstoffen Hemden aus *Oxford, Panama oder Köper* passen.

Noch einige Tips, die zeigen, worauf es bei einem guten Hemd ankommt:

- Ober- und Unterkragen sollten sich auseinanderziehen lassen, die Krageneinlage darf nicht verklebt sein;
- die Knopfleiste ist doppelt, ohne Einlage;
- die Nähte erscheinen gleichmäßig und sind mit feinem Stich genäht;
- der Ärmelschlitz wird mit einem zusätzlichen Knopf geschlossen;
- das unterste Knopfloch liegt quer, so sitzen die anderen Knöpfe exakt in der Mitte der Knopfleiste;
- die Knöpfe sind aus echtem Perlmutt (erkennbar an der unregelmäßigen Rückseite);
- es sind Ersatzknöpfe vorhanden.

Die Krawatte gewinnt wieder zunehmend an Bedeutung, obwohl es vor nicht allzu langer Zeit danach aussah, als würde sie aus der Mode kommen. Nicht nur in Übersee gehört die Krawatte zur Kleidung der Manager, auch in Europas Führungsetagen ist das der Fall. Besonders junge, aufstrebende Männer sind für den steigenden Trend zur Krawatte verantwortlich. Es hat sich mittlerweile wohl herumgesprochen: »Wer zu Verkaufsgesprächen mit offenem Hemdkragen erscheint, hat kaum Chancen auf Erfolg!« Während einem Sachbearbeiter, der keinerlei Kundenkontakte hat, ein legeres Outfit eher nachgesehen wird, ist es schon für den Assistenten des Verkaufsleiters verpflichtend notwendig, sich korrekt zu kleiden – und da gehört eine Krawatte einfach dazu.

Krawatten-Regeln

Länge: Die Standardlänge beträgt zwischen 132 und 142 Zentimeter (früher wurden sie nach Maß geschneidert).

Exakt gebunden, sollte die Krawatte genau bis zur Mitte des Hosenbundes reichen, das hintere Ende darf nicht zu sehen sein. Nötigenfalls kann man es zwischen erstem und zweitem Knopf ins Hemd stecken (keinesfalls in den Hosenbund).

Breite: Die Ideal-Breite beträgt 9,5 bis 10,5 Zentimeter.

Knoten: Es gibt unterschiedlichste Möglichkeiten, eine Krawatte zu binden. Es empfiehlt sich, zu variieren bzw. die Knoten jeweils der Kragenform anzupassen, z. B.:

Four-in-Hand-Knoten/Shelby-Knoten: Paßt z. B. zu Button-down- und Tab-Kragen und wird leicht asymmetrisch gebunden.

Half-Windsor-Knoten/Christensen-Knoten: Paßt z. B. zum Kent- und zum Haifisch-Kragen.

Material: Ausschließlich reine Seide! Derzeit ist Seidenrips hochmodisch.

Farben: Alle Kontrastfarben – Voraussetzung: Sie müssen zur übrigen Kleidung passen und dürfen keinesfalls heller sein.

Design: Unis, Foulard-, Paisleymuster, Tupfen, Regiments-, Collegestreifen. Achtung: Streifen müssen von der rechten Hüfte zur linken Schulter zeigen!

Krawattenklammer: Sie wird etwa eine Handbreit über dem Hosenbund angebracht – bei Doppelreihern darauf verzichten.

Tabus: Lederkrawatten und Krawatten mit üppigen bzw. poppigen Mustern; zu Polohemden tragen; in den Hosenbund stecken; beim Essen über die Schulter werfen; auf »Halbmast« (offener Kragenknopf) tragen; Klammern mit Kettchen oder Motiven verwenden.

Die Fliege

Bleibt noch die *Fliege!* Im Grunde genommen sind sie nur eine Minderheit, die Männer, die eine Fliege tragen. Man sagt ihnen nach, daß sie Kreativität, Kunstsinn, Individualität besitzen und sich dadurch von der Masse der Krawattenträger abheben möchten. Der wahre Liebhaber der Fliege entwickelt

eine Sammelleidenschaft: Es gibt nicht wenige, die Fliegen in unzähligen Variationen und aus allen möglichen, nicht selten auch unmöglichen Materialien besitzen und tragen. Der wahre Kenner trägt seine Fliege nur aus Seide, in klassischen Designs und ... er bindet sie vor allem auch selbst!
Fliegenzwang: Zum *Smoking* wird immer eine schwarze Fliege getragen, zum *Frack* gehört ausschließlich eine weiße Fliege.

Die Schuhe
Die Schuhe liefern den deutlichsten Beweis dafür, ob jemand Stil besitzt, ob das sichere »Auftreten« wichtig genommen wird. Daher passen ausgetretene, minderwertige und unpassende Schuhe nicht zum Image einer Persönlichkeit. Man sollte sich nur für Schuhe entscheiden, die eine zeitlos-klassische Form haben und bestens gearbeitet (riemengenäht) und immer gepflegt sind.
Der *Stil der Schuhe* sollte unbedingt der Kleidung angepaßt werden:
Busineß-Anzug: Straßenschuhe – geschnürt; glatt, wenige Steppnähte, dezente Perforierung.
Formeller Anzug: Straßenschuhe – geschnürt; schlicht glatt, einfach gesteppte Kappe.
Kombination: Straßenschuhe – Slipper/Loafer.

Eine wichtige Regel:
Schuhe müssen das Dunkelste am Outfit sein!
Schwarze Schuhe trägt man zu schwarzen, grauen, blauen Hosen und Anzügen, braune Schuhe zu allen Naturfarben wie Braun, Beige, Khaki, Moosgrün usw.

Pflegetips
Schuhe brauchen Pflege. Dazu einige Regeln:
- Nach dem Tragen auf Schuhleisten aus Zedernholz spannen, diese nehmen die täglich vom Fuß produzierten etwa 80 Gramm Feuchtigkeit auf.

- Nur jeden zweiten, besser noch jeden dritten Tag tragen.
- Pflege ist unerläßlich! Mit guter Schuhcreme, dadurch bleibt die Geschmeidigkeit des Leders erhalten, und die Lebensdauer wird erhöht.

Socken/Strümpfe sind Teil der Kleidung, und man sollte ihnen entsprechendes Augenmerk schenken.
Das Material: feine Wolle/mercerisierte Baumwolle/Seide.
Die Farben wählt man passend zur Hose: blaue Hose – blaue Socken. Es ist jedoch durchaus möglich und zudem einfacher, die Farbe der Socken den Schuhen anzupassen: d. h. schwarze Socken zu grauer/blauer/schwarzer Hose.

Das Business-Outfit für den Mann

Anzug	Doppelreiher/Zweiknopf uni; schmaler Nadelstreifen; Glencheck-Karo; Farben: Grau, Blau
Blazer	klassisch englisch mit Goldknöpfen/ modisch: Doppelreiher Farben: Blaunuancen oder Schwarz; Camel
Kombination	Ein- oder Zweiknopf; einreihig; Farben: dezent; vorzugsweise klassisch-englisches Karo
Hosen	mittel- bis dunkelgrau; schwarz
Hemd	weiß, hellblau; sportlich: Streifen
Krawatte	farblich abgestimmt – dezente Muster, *Tabu:* laute Farben und Muster
Schuhe	schwarz zu Grau/Blau/Schwarz; braun zu Naturfarben
Socken	Schwarz oder auf die Hosenfarbe abgestimmt *Tabu:* weiße Socken – sie gehören auf den Tennisplatz!
Gürtel	Farbe den Schuhe anpassen *Tabu:* auffallende Gürtelschnallen

Accessoires	dezente Uhr; ein bis maximal zwei Ringe (Ehering); Krawattenklammer Brille: dezent und zur Gesichtsform passend *Tabu:* Armkettchen; Ohrschmuck; keine gewagten Brillen

Es versteht sich eigentlich von selbst, auch das Äußere eines Mannes sollte vom Kopf bis zu den Füßen gepflegt erscheinen.

Körperpflege – Kosmetik

Frisur	ein Kurzhaarschnitt, der Gesichtsform angepaßt; soll immer einen frisch gewaschenen Eindruck machen; Toupets oder Haartransplantate müssen unbedingt echt wirken *Vermeiden:* einige Haare über die Glatze kämmen; Haarteil, wenn man bereits lange eine Glatze hat und damit bekannt ist
Bart/ Schnurrbart	muß unbedingt zur Gesichtsform passen und die Persönlichkeit unterstreichen; laufende Pflege und exakter Schnitt sind unverzichtbar *Vermeiden:* langer Vollbart; Bart, der nicht richtig wächst
Rasur	(täglich) je nach Vorliebe naß oder mit Apparat bei abendlichen Anlässen sollte man sich ein zweites Mal rasieren
Duft	*After-shave* gehört dazu; Duft sollte unbedingt zum Typ passen und nicht zu schwer oder blumig wirken Eau de Toilette – es sollte im Duft dem Rasierwasser entsprechen, aber sehr sparsam verwendet werden

Cremes	auch ein Mann sollte nicht darauf verzichten – die Haut wird nicht nur geschützt, sondern macht einen gepflegten Eindruck

Die erfolgreiche Frau und ihre Kleidung

Für einen erfolgreichen Mann im Wirtschaftsleben ist es unerläßlich, daß er seine Persönlichkeit durch die richtige Kleidung unterstreicht. Auch für eine Frau, die im Beruf Erfolg haben möchte, ist es wichtig, sich der ungeschriebenen (ursprünglich auf männliche Bedürfnisse ausgerichteten) Kleiderordnung anzupassen! Das wird um so wichtiger, je höher die Position ist, die eine Frau anstrebt.

Die Kleidung ist immer noch ein Erkennungsmerkmal und gleichzeitig eine Möglichkeit zur Selbstdarstellung und dient der eigenen und fremden Identifikation mit bestimmten (Berufs-)Gruppen. Bereits in früheren Jahrhunderten konnte an der Kleidung die Zugehörigkeit zu einer bestimmten Gesellschaftsklasse abgelesen werden. Bis ins späte 19. Jahrhundert war die Mode überwiegend Sache der Aristokratie und der machttragenden Schicht, während das Volk nur seine Arbeitskleidung hatte und sich sonntags in die regional üblichen Trachten kleidete. Erst das 20. Jahrhundert brachte hier eine langsame Veränderung. Mode wurde langsam zum Allgemeingut.

Nach dem Ersten Weltkrieg änderte sich die Stellung der Frau in der Gesellschaft. Die Bekleidung hat diese Veränderungen mitgemacht. Daher ist es mittlerweile bedeutend schwieriger geworden, allein an der Kleidung den Rang und die gesellschaftliche Zugehörigkeit abzulesen. Dennoch orientieren sich die meisten Menschen auch heute noch am äußeren Erscheinungsbild des anderen und versuchen so, Hinweise auf den Menschen zu bekommen.

Für eine Frau, die sich ihren Platz im Beruf durch ihre fachliche Kompetenz bereits erarbeitet hat, für diejenige, die sich auf dem Weg dorthin befindet, ist es *ungemein wichtig*, sich über die richtige Wahl ihres Outfits Gedanken zu machen. Sie sollte sich fragen: Bringt mein modischer Stil meine Persönlichkeit optimal zur Geltung? Ist meine Kleidung auch der Position, in der ich mich befinde, adäquat? Verstehe ich es, mich zu allen Gelegenheiten, beruflich wie privat, passend zu kleiden? Oder liegt es möglicherweise an meiner unpassenden Kleidung, daß der Erfolg ausbleibt? Eine attraktive Erscheinung wird durch eine klassische Kleidung immer positiv hervorgehoben. Eine dezente Aufmachung unterstreicht ihre Kompetenz!

Prinzipiell gelten für Frauen im Beruf die gleichen Grundregeln, die auch Männer beachten müssen. Der vergleichbare Bekleidungsstil für Frauen, die im Berufsleben erfolgreich sein möchten, die bereits ihren Platz in der Führungsetage erreicht haben, und für solche, die auf dem Weg dorthin sind, ist *international* gültig. Er räumt den Frauen zwar etwas mehr modischen Spielraum ein, allerdings gilt auch für sie *die Grundregel:*

Kleidung muß immer dezent und gepflegt sein. Keinesfalls darf sie zu auffallend oder zu modisch sein. Sie muß die Persönlichkeit der Trägerin perfekt unterstreichen und ihre Kompetenz dadurch erkennbar machen!

Das Business-Outfit für die gepflegte Frau

Kostüm/ Hosenanzug	in einem klassisch-dezenten Stil; doppelreihig, ein-, mehrreihig uni; dezente Karos (Pepita); schmaler Nadelstreifen Farben: Blau bis Grau in Nuancen; Schwarz, dezentes Rot bis Grün; *Tabu:* hautenge Hosen; zu enge, zu kurze Röcke
Chanel-Kostüm	in der typischen Tweedqualität – keine zu auffallende Farbe
Blazer	klassisch-englisch; modisch Farben: uni, Blaunuancen, Schwarz; Camel

Strick-Ensembles	klassischer Stil nur in bester Qualität Farben: alle, dezent und der Mode entsprechend; *Vorsicht:* körperbetont vermeiden, wenn die Figur zu mollig ist
Blusen	klassisch; Hemdblusen Farben: abgestimmt modisch aktuell, dezente Streifen *Vermeiden:* Schluppen, Schleifen, übergroße Kragen;
Röcke	uni; dezente Karos und dgl.; Farben: Grau/Blau/Schwarz, modisch aktuell *Tabu:* Miniröcke, Etuiröcke, zu lange Schlitze
Kleid	Mantelkleid bis Hemdblusenkleid; schlicht/dezent uni; dezente Muster, unauffällig *Tabu:* Dekolleté; Spaghettiträger; ärmellos
Strümpfe	modisch sind helle Farben schwarze Strümpfe *ausnahmslos* zu schwarzer Kleidung; *Wichtig:* Immer, d. h. auch im Sommer, Strümpfe tragen!
Schuhe	vorzugsweise Pumps, klassisch-modisch; Absatzhöhe etwa drei bis sechs Zentimeter Farben: abgestimmt auf die Kleidung *Tabu:* Bleistiftabsätze
Accessoires	*Gürtel:* farblich passend zu den Schuhen *Tücher:* in allen Variationen, abgestimmt auf die Kleidung *Schmuck:* vorzugsweise echter Schmuck, sparsam verwendet; Modeschmuck ebenfalls sehr sparsam verwenden! *Brille:* darf wirkungsvolle Akzente setzen, muß jedoch unbedingt zu Gesichtsform

	und Frisur passen und das Outfit ergänzen *Tabu:* mehr als drei Ringe an den Fingern, Klimper-Ketten, zu üppiger Ohrschmuck usw., Brillen dürfen keinesfalls zu aufwendig sein und dominant wirken

Wie bereits erwähnt, ist es für Frauen ungemein wichtig, darauf zu achten, sich auch im beruflichen Alltag korrekt und dezent zu kleiden. Sie dürfen nicht außer acht lassen, daß das berufliche Erscheinungsbild immer noch stark männlich geprägt wird! Deshalb wird von einer Frau erwartet, daß sie sich diesem Erscheinungsbild weitgehend anpaßt, was allerdings keinesfalls heißen soll, daß sie sich wie ein Mann »verkleiden« darf! Von einer tüchtigen Frau erwartet man in erster Linie:

- daß sie sich in jeder Situation wie eine Frau benimmt,
- daß sie auch wie eine Frau aussieht,
- daß sie sich auch im Berufsleben wie eine Frau kleidet,
- daß sie sich wie eine Frau zurechtmacht,
- allerdings ist natürlich jede modische Übertreibung, jedes

Zuviel an Glamour, Glitzer, Farbe, speziell auf das Berufsleben bezogen, nicht angebracht!

Neben allen erwähnten Kriterien ist es daher ungemein wichtig, auch der Pflege des Körpers entsprechendes Augenmerk zu schenken. Das ästhetische Empfinden der Menschen, mit denen man es zu tun hat, kann durch ein dezentes Unterstreichen der persönlichen Vorzüge positiv beeinflußt werden.

Körperpflege – Kosmetik – Make-up

Frisur	soll das Gesicht wirkungsvoll »umrahmen«; tägliche Pflege unerläßlich, guter Schnitt *Vermeiden:* zu auffällige Farbtöne, bunte Strähnen, ausgefallener Haarschmuck
Make-up	darauf sollte nicht verzichtet werden, es un-

terstreicht das gepflegte Aussehen, sollte jedoch sehr dezent gehalten sein
Teint: Farbton sorgfältig auf persönlichen Hautton abstimmen
Augen: Lidschatten und Wimperntusche erhöhen ihre Ausdruckskraft; Farben sollten dezent gewählt werden
Vermeiden: jede Art von »Kriegsbemalung«;

Hände — darauf achten, daß diese immer gepflegt aussehen
Fingernägel: immer gefeilt, nicht zu lang, lackiert
derzeit en vogue: farblos und helle Beigetöne
Vermeiden: überlange »Krallen«, abgesplitterter Lack

Duft — Parfum – unaufdringlich, nur sparsam verwenden
Eau de Toilette – eignet sich besser für den Tag
Deodorant – am besten duftneutral, wichtig für ein angenehmes Körpergefühl
Vermeiden: schweren, üppigen Duft – paßt höchstens für den Abend

Kleidung für offizielle Anlässe

Während im normalen beruflichen Alltag sogenannte Straßenkleidung das richtige Outfit ist, gilt seit jeher die Regel, daß alle gesellschaftlichen oder offiziellen Veranstaltungen mit entsprechender Bekleidung besucht werden, die dem vorgegebenen Stil des Anlasses entspricht. Und gerade das bereitet vielen Menschen Schwierigkeiten. Normalerweise sollte auf jeder Einladung der »Bekleidungswunsch« unbedingt angeführt werden, dadurch fällt es den Gästen leichter, sich darauf einzustellen – andere haben dagegen Mühe, den Hinweis richtig zu interpretieren.

Generell ist es auch heute noch so, daß sich Bekleidungsvorschriften (für offizielle Gelegenheiten) ausschließlich auf die Bekleidung des Herrn beziehen. Folgende Hinweise sind auf den Einladungen zu finden:
Straßenanzug
dunkler Anzug
Cut oder Cutaway/Stresemann
Abendanzug/Smoking/Dinnerjackett

seltener: kleiner Gesellschaftsanzug, Cravate noir/Black Tie Frack/großer Gesellschaftsanzug/Cravate blanche/White Tie. Wie gesagt, diese Hinweise erleichtern es den Gästen, ihre Kleidung den Wünschen des Veranstalters entsprechend zu wählen. Nachdem aber gerade die elegante Gesellschaftskleidung eher selten Verwendung findet, besteht vielfach Unkenntnis darüber, wie ein solches Outfit aussieht, welche Accessoires dazu getragen werden und vor allem zu welchen Anlässen es paßt, wann man damit »overdressed« oder »underdressed« ist.

Der Cut/Cutaway/Morning Dress
Ein festlicher, kleiner Gesellschaftsanzug, der nur am Tag getragen wird!
Anlässe: Hochzeiten/offizielle Feierlichkeiten/Staatsbegräbnisse; *Tabu:* zu Abendveranstaltungen, Premieren
Jackett: lang, mit abgerundeten »Schwalbenschwänzen«, einreihig; Farbe: generell Schwarz
Hose: gestreift, grau/schwarz
Weste: doppelreihig geknöpft, Schalkragen, uni hellgrau
Hemd: klassisch; wahlweise Kent-, Turn-down- oder (seltener) Vatermörderkragen; Doppelmanschette, Manschettenknöpfe, Farbe: nur Weiß
Krawatte: uni hellgrau/silber-schwarz fein gemustert oder fein gestreift
Socken/Kniestrümpfe: schwarz
Schuhe: klassische Schuhe ohne Perforierung, schwarz

Kopfbedeckung: grauer Zylinder/graue Handschuhe; schwarzer Zylinder/schwarze Handschuhe bei Begräbnissen
Accessoires: Nadel mit weißer Perle in die Krawatte gesteckt;

Der Stresemann
Kann zu allen festlichen Anlässen (ähnlich wie der Cut) den ganzen Tag über getragen werden.
Anlässe: offizielle Empfänge, Festsitzungen, Einweihungen, Jubiläen usw.
Jackett: normale Länge, einreihig, schwarz
Hose: schwarz bis grau gestreift
Weste: grau, auch ohne Schalkragen
Hemd: klassischer Kent-Kragen, weiß
Krawatte: graue Krawatte mit Perle
Socken: Seide oder mercerisierte Baumwolle, schwarz
Schuhe: klassische Schuhe ohne Perforierung, schwarz
Kopfbedeckung: klassisch, der Bowler, Melone oder Homburg, schwarz

Die dazu passende Kleidung für die Dame:
elegantes Kostüm, Ensemble (Kleid/Mantel)
Schuhe und Strümpfe passend
dezenter Schmuck
dezente Accessoires
keine zu auffällige Farbe

Der Frack – Cravate blanche/White Tie
Der große Gesellschaftsanzug und der klassisch-elegante Abendanzug.
Anlässe: festliche Galapremieren, offizielle, große Bälle und Festakte; *Tabu:* Hochzeiten (Ausnahme abends), Veranstaltungen vor 18 Uhr
Farbe: ausschließlich Schwarz
Jackett: vorne kurz, taillenlang, hinten knielang mit »Schwalbenschwänzen«. *Wichtig:* Das Jackett wird immer offen ge-

tragen, man darf sich nicht auf die »Schwalbenschwänze« setzen
Hose: schmal geschnitten, hoher Bund, doppelte Seidengalons (Streifen) beidseitig der Seitennaht
Weste: doppelreihig; Material: Baumwollpikee; Farbe: Weiß
Hemd: Vatermörderkragen, gestärkte Brust, Zierknöpfe, Doppelmanschette, Farbe: Weiß
Fliege: weiß, unbedingt selbstgebunden;
Socken/Kniestrümpfe: Seide, schwarz
Schuhe: Lackpumps mit Ripsschleife, schwarz
Accessoires: weißes Einstecktuch; goldene Manschettenknöpfe; goldene Taschenuhr, *keine Armbanduhr*

Die dazu passende Kleidung für die Dame:
langes Abendkleid
Schuhe und Strümpfe passend
Schmuck darf wirken
Accessoires: Abendtäschchen
Farben nach Lust und Laune

Der Smoking – Cravate noir/Black Tie
Ein ausgesprochener Abendanzug, sollte nie vor 18 Uhr getragen werden!
Anlässe: festliche Diners, Premieren, Bälle, Abendempfang;
Tabu: bei Hochzeiten, zur Cocktailparty, bei Galapremieren
Farben: Schwarz/Mitternachtsblau, andere Farben sind stillos
Jackett: klassisch einreihig, seidener (Satin-)Schalkragen; modisch: doppelreihig mit Revers, seidener (Satin-)»Spiegel«
Hose: ohne Aufschläge, beidseitig Seidengalons (Streifen) entlang der äußeren Seitennähte
Hemd: klassischer Kent- oder seltener Vatermörderkragen, weiß, mit Biesen/Spitzen/Rüschen; Doppelmanschette mit »echten« Manschettenknöpfen
Fliege: Seide, schwarz, modische Variante: farbig/gemustert, unbedingt selbstgebunden

Weste: Seide, schwarz, modische Variante: farbig/gemustert; wird jedoch nur bei einreihigem Jackett getragen
Kummerbund: Seide, schwarz, Variante: farbig/gemustert); wird getragen anstelle der Weste und bei doppelreihiger Version
Socken/Kniestrümpfe: Seide, nur schwarz
Schuhe: schwarz, Lackpumps mit Ripsschleife
Schmuck: vorwiegend silber; Uhr mit schwarzem Lederarmband, Manschettenknöpfe

Die Amerikaner nennen ihre Spielart des Smokings »Tuxedo«. Das bedeutet: ein schwarzer oder mitternachtsblauer Anzug mit Satinaufschlägen am Revers. Dazu trägt man »Fancy«-Hemden, also Phantasiehemden (verziert bis bestickt) mit Rüschen, Spitzen usw. und eine schwarze Krawatte.

Die dazu passende Kleidung für die Dame:
Abendkleid kurz bis lang, Cocktailkleid, »kleines Schwarzes« (je nach Gelegenheit)
Schuhe und Strümpfe passend
Schmuck darf wirken
Accessoires: Abendtäschchen

Das Dinnerjackett
Ist die festliche Sommervariante zum Smoking.
Jackett: klassisch (einreihig mit Schalkragen) oder modisch (doppelreihig mit Revers); Farbe: Wollweiß
Hose: vom Smoking
Hemd: klassisch weiß; modisch: Zartblau
Fliege/Socken/Schuhe usw: wie beim Smoking

Die dazu passende Kleidung für die Dame:
sommerliches Abendkleid lang oder kurz je nach Anlaß
Schuhe und Strümpfe passend
Schmuck darf wirken
Accessoires: Abendtäschchen
Farben nach Lust und Laune

Passend gekleidet bei privaten Einladungen

Wie bei gesellschaftlichen Anlässen wären Bekleidungsvorgaben auch im privaten Bereich sinnvoll. Leider wird kaum davon Gebrauch gemacht, jeder Gastgeber versucht, seiner Einladung einen entsprechenden Rahmen zu geben. Dazu gehört auch das passende Aussehen der Gäste.
Folgende Hinweise erleichtern den Gästen die Qual der Wahl:
Bekleidung: *elegant/festlich*
Abendkleidung erwünscht!
Ziehen Sie sich bitte *sportlich/leger* an.
Wir bitten Sie, in *Tracht* oder *ländlicher Kleidung* zu kommen.
Aufgrund dieser Hinweise kann sich jeder Gast den Kleidungsstil vorstellen und für sich entscheiden, was diesen Vorgaben entspricht. So vermeidet er unangenehme Situationen und erscheint weder »underdressed« noch »overdressed« zu einer Einladung.

Stillosigkeiten

Heutzutage ist es, im Gegensatz zu früher, nicht mehr so leicht möglich, Menschen allein aufgrund ihrer Kleidung den einzelnen Gesellschaftsschichten zuzuordnen. Jede Frau, jeder Mann kann sich kaufen und anziehen, was ihr/ihm gefällt bzw. was sie oder er für passend hält. Allerdings führt das dann dazu, daß man häufig auf Menschen trifft, die unpassend angezogen sind, die durch ihre Kleidung unangenehm auffallen, weil nicht sie auf die Gegebenheiten Rücksicht genommen haben.

Es gilt als ungeschriebene Regel des guten Geschmacks, sich einerseits altersgemäß anzuziehen, andererseits sich so zu kleiden, daß die Persönlichkeit vorteilhaft unterstrichen wird. Es gehört aber ebenso zum guten Stil, die Kleidung auf die jeweilige Gelegenheit und Situation abzustimmen.

Wirklich gravierende Unterschiede in der Bekleidung bestehen eigentlich nur zwischen den einzelnen Altersgruppen. Daneben kommt aber auch ein bestimmtes Rollen- und Situationsverhalten zum Tragen. Letztlich ist es das persönliche ästhetische Empfinden, das über Stil, Chic und Eleganz der Kleidung und des gesamten Äußeren eines Menschen entscheidet.

Niemand fühlt sich wohl dabei, wenn er oder sie bei einem bestimmten Anlaß bemerkt, unpassend angezogen zu sein.

Jeder Mensch wird verunsichert:

- wenn die Kleidung nicht dem Anlaß entspricht:

im Smoking zum Abiturjubiläum zu kommen, während alle anderen in Straßenkleidung erscheinen; im luftigen, bunten Sommerkleid zu einem Empfang zu gehen, wenn die anderen Damen in eleganter Kleidung anwesend sind;

- wenn die Kleidung nachlässig ist: ungeputzte Schuhe, schiefe Absätze, Farbe nicht zur Kleidung passend usw.; Laufmaschen, Löcher in den Socken; herunterhängender Hosen- oder Rocksaum; ungebügelte Hosenfalten; zerknitterte Kleidung; Flecken auf der Krawatte, Bluse usw.;
- wenn eine Frau mit zuviel Schmuck »behängt« ist: üppiger Ohrschmuck, zu viele Ketten um den Hals, auffallende Uhr und klimpernde Armbänder, aber auch wenn an jedem Finger ein Ring steckt, usw.;

auch Männer stehen da oft nicht nach: zu viele auffallende Ringe, eine »protzige« goldene Uhr, Kettchen am Handgelenk und eine Kette um den Hals (die allerdings so lange nicht sichtbar wird, wie sein Hemd korrekt geschlossen ist);

- wenn die gesamte Aufmachung zu schrill oder zu nachlässig ist: ungepflegte Frisur, nachlässiges Make-up, betörender Duft, schlechter Körpergeruch, zu lange Fingernägel oder abgesplitterter Lack usw.

Es gibt unzählige Sünden, die den guten Geschmack und das ästhetische Empfinden auf eine harte Probe stellen, und es bleibt jedem einzelnen überlassen, für sich zu entscheiden, was machbar ist und was er seinem Gegenüber zumuten möchte. Dazu gehört beispielsweise auch die Diskussion darüber, ob es Männern erlaubt ist, bei offiziellen Anlässen oder Festen *das Sakko auszuziehen.* Vielfach wird die Meinung vertreten, daß der Gastgeber derjenige ist, der das Signal zur »Marscherleichterung« gibt, und es ihm dann die anderen männlichen Gäste problemlos gleichtun können. Betrachtet man es etwas genauer, so ist es in jedem Fall ein *Fauxpas* bzw. *eine Zumutung* den anderen (vor allem den weiblichen) Gästen gegenüber und eine Attacke auf die guten Manieren.

Das gleiche gilt selbstverständlich für jede andere Art von »Erleichterung«, z. B. das Lockern der Krawatte, das Öffnen des Kragenknopfes oder von dem zu eng gewordenen Rock- oder Hosenbund sowie das Ausziehen von drückenden Schuhen unter dem Tisch. Das sind alles Dinge, die man sich in Gegenwart anderer Menschen nicht erlauben darf.

Aber nicht nur auf Veranstaltungen begegnen einem Menschen, die die vorgegebenen Bekleidungsnormen mißachten! Man findet sie genauso im Restaurant, beim Shopping-Bummel, in Museen, Kirchen und anderen öffentlichen Einrichtungen. Wie oft begegnet man heutzutage Frauen in hautengen Hosen oder superkurzen Röcken, mit tiefem Dekolleté und Spaghettiträgern – und das, obwohl die Figur schon lange aus den »Fugen« geraten ist! Gar nicht zu sprechen von den Männern im Jogginganzug oder jenen, die mit kurzen Turnhosen und Unterhemd bekleidet beispielsweise ein Café besuchen. Wird da die Ästhetik, der gute Geschmack nicht auf eine harte Probe gestellt?

Internationale Verhaltensstandards

Die Welt ist näher zusammengerückt. Nicht zuletzt durch Fernsehen und Film sind wir täglich bis in unsere Wohnzimmer mit den entferntesten Ländern unserer Erde verbunden und wissen zumindest oberflächlich, wie es dort aussieht, welche Menschen dort wie leben. Geschäftsreisen, Ferienreisen, Auslandsaufenthalte werden dann problemlos und angenehm, wenn man die Gewohnheiten der dort lebenden Menschen kennt und es versteht, sich ihren Verhaltensnormen so gut es geht anzupassen, ohne jedoch die eigene Identität (wenn auch nur kurzfristig) aufzugeben. Es ist nicht nur wichtig, sich über die Währungen dieser Länder und die Umrechnungskurse vor Antritt der Reise zu informieren oder die Verkehrsregeln zu kennen. Es ist nicht genug, zu wissen, wie die Hauptstadt des Landes heißt und welche Speisen man dort unbedingt essen oder besser vermeiden sollte. Es ist ebenso unverzichtbar, über die Kultur, die Traditionen, die Religion und die daraus resultierenden gesellschaftlichen Spielregeln Bescheid zu wissen und die dortigen politischen Verhältnisse wenigstens halbwegs zu kennen. Dieses Grundwissen ist wichtig, will man auf einer Geschäftsreise oder während eines Urlaubsaufenthalts in einem fremden Land nicht die Gefühle der Menschen verletzen, mit denen man zu tun hat, einen Fauxpas nach dem anderen begehen oder ein Tabu mißachten.

Es ist zwar so, daß die nationale Identität eines Fremden, eines Besuchers, eines Gastes von den gebildeten Menschen in allen Ländern ohne Wenn und Aber akzeptiert wird. Allerdings nur dann, wenn der/die Fremde ein gepflegtes Benehmen erkennen läßt und wenn er oder sie durch seine/ihre Verhaltensnormen die Kultur des Landes sichtbar macht, aus dem er/sie kommt. Verpönt ist es jedoch, in irgendeiner Weise gegen die in dem Land geltenden Tabus zu verstoßen.

Es wäre allerdings nicht richtig, sich den Sitten eines fremden Landes so weit anzupassen, daß man versucht, das Verhalten der Einheimischen zu kopieren und die eigenen Gewohnheiten zur Seite zu legen. Beispielsweise wenn man versucht, die Benützung von Messer und Gabel so zu praktizieren, wie es die Amerikaner machen: Dort wird das Fleisch mit der Gabel gehalten und mit dem Messer in mundgerechte Stücke geschnitten. Falls notwendig werden auch die Beilagen zerteilt. Anschließend legt man das Messer zur Seite, nimmt die Gabel in die rechte Hand, ißt Bissen für Bissen, während die linke Hand unter dem Tisch verschwindet. Von uns erwartet jedoch niemand, wenn wir dieses Land besuchen, daß wir diese Art zu essen nachahmen. Man kann also, wo immer man sich befindet, problemlos seine eigenen gepflegten Eßgewohnheiten beibehalten, ohne damit anzuecken. Man muß seine kulturellen Eigenheiten nicht verleugnen und kann seinen Nationalstolz zeigen, ohne dabei das Nationalgefühl des anderen Menschen zu verletzen.

Bei uns gehört es zum guten Ton, Besucher unseres Landes höflich zu behandeln. Genauso sollten wir versuchen, ihre kulturellen Eigenheiten so gut es geht zu akzeptieren, auf ihre Verhaltensnormen Rücksicht zu nehmen. Wir freuen uns, wenn Fremde sich für unsere Kultur, für Land und Leute interessieren und unsere Verhaltenserwartungen von ihnen nicht verletzt werden. Genauso selbstverständlich sollte es für uns sein, bei einem Besuch die Sitten und Gebräuche des Landes zu achten, das wir bereisen. Dazu ist es allerdings erforderlich, die entsprechenden Verhaltensnormen, die dort üblich sind, zu kennen. Wenn man aber bedenkt, wie viele Verhaltens- und Spielregeln in unserer Gesellschaft Gültigkeit haben, die das korrekte Verhalten beeinflussen, wie schwierig muß es da sein, sich in einer fremden Kultur zurechtzufinden und die Verhaltenserwartungen zu respektieren.

Das erfordert neben Kenntnissen der im jeweiligen Land üblichen Verhaltensnormen auch eine ausreichende Portion Takt und Fingerspitzengefühl. Aber jeder Mensch, dem gute Manieren zur Selbstverständlichkeit geworden sind, kann sich das nötige Wissen über die jeweils gültigen Sitten und Gesellschaftsnormen aneignen, um sich so auf der ganzen Welt problemlos zu bewegen und in jeder Situation korrekt zu verhalten.

Verhaltenserwartungen in anderen Ländern

Wer in einem anderen Land als höflicher und korrekter Mensch erkannt werden möchte, sollte bemüht sein, sich mit den Verhaltenserwartungen auseinanderzusetzen, die an AusländerInnen gestellt werden. Diese sind selbstverständlich nicht mit denen identisch, welche die eigenen Landsleute erfüllen müssen.

AusländerInnen werden überall auf der Welt zunächst nach ihrer Nationalität beurteilt. Auch bei uns wird zuerst eruiert, woher jemand kommt und welche Einstellung er zu unserem Land hat. Der Mensch, der dahintersteht, erscheint zweitrangig. Daher ist es für jeden (ob Deutscher, Schweizer oder Österreicher), der aus beruflichen oder privaten Gründen ins Ausland reist, wichtig, so viele Informationen wie möglich über das jeweilige Land zu besitzen, um die Verhaltenserwartungen zu erfüllen. Man sollte nicht nur wissen, welche Sprache dort gesprochen wird, welche Währung das Land hat und welches politische System herrscht. Man sollte auch geschichtliche Fakten kennen. Besonders sollte man aber Anhaltspunkte haben, welche Umgangsformen dort als korrekt und welche als inkorrekt angesehen werden.

Ob Asien, Afrika, der Nahe oder Ferne Osten, Lateinamerika, die USA oder Kanada, überall gibt es Normen, die den Umgang mit anderen Menschen erleichtern und die sich von den bei uns üblichen Verhaltensregeln wesentlich unterscheiden. Das Wissen über die im jeweiligen Land geltenden gesellschaftlichen Spielregeln erleichtert bei Reisen den Umgang mit den Einheimischen, mit Freunden oder Geschäftspartnern und trägt wesentlich dazu bei, daß sowohl der Mann wie die Frau sich im Ausland richtig benehmen bzw. die Verhaltenserwartungen, die an ihn/sie gestellt werden, erfüllen.

Natürlich kann niemand die Umgangsformen und Gepflogenheiten des Landes, das er bereist, auf Anhieb beherrschen. Das erwartet sicher auch niemand. Doch über die wichtigsten Fakten und die herrschenden Tabus, die in den meisten Fällen ihren Ursprung in einer uns fremden Religion und Kultur haben, sollte man sich unbedingt vor der Reise Hintergrundinformationen beschaffen. Dadurch wird der Aufenthalt in einem fremden Land erleichtert, der Umgang mit den Einheimischen vereinfacht. Und in geschäftlichen Belangen wird sich der Erfolg leichter einstellen.

Je weniger wir von einem fremden Land wissen, je unbekannter uns der Kulturkreis ist, um so verständnisloser stehen wir den Sitten und Gebräuchen gegenüber, mit denen wir konfrontiert werden, um so schwerer fällt es, die Verhaltenserwartungen zu erfüllen.

Die folgenden Verhaltensempfehlungen beschränken sich auf solche Länder und Staaten, zu denen wir einerseits intensive geschäftliche Beziehungen pflegen und die andererseits als Urlaubsländer einen großen Stellenwert besitzen. Die Verhaltensregeln der einzelnen Länder beruhen größtenteils auf meinen eigenen Erfahrungen, darüber hinaus habe ich wichtige Informationen von Vertretern des jeweiligen Landes erhalten. Die Hinweise sollen als Anhaltspunkte dienen und zum besseren Verständnis gegenüber fremden Menschen und ihren Verhaltensweisen beitragen. Allerdings können sie keinen Anspruch auf Vollständigkeit erheben. Über die Gepflogenheiten und Umgangsformen in anderen

Ländern Bescheid zu wissen bedeutet, sich freier bewegen zu können und keine Angst davor zu haben, ein Tabu zu verletzen oder ins »Fettnäpfchen« zu treten. Wer sich jedoch über die in einem bestimmten Land üblichen Umgangsformen konkreter informieren möchte, bekommt bei den diplomatischen Vertretungen jede gewünschte Auskunft, welchen Verhaltenserwartungen er/sie gerecht werden sollte.

Europa

Norwegen

Das Königreich Norwegen bildet den Westen Skandinaviens. Seine Kultur wurde entscheidend geprägt durch die Wikinger, die in den Jahren 800 bis 1050 das Land besiedelten. Später war Norwegen jahrhundertelang unter dänischer Herrschaft. 1814 erhielt es eine eigene Verfassung, und gleichzeitig entstand die Personalunion mit Schweden, die im Jahr 1905 endete und dem Land die Unabhängigkeit brachte.

Diese wechselvolle Geschichte prägte die Kultur Norwegens und das Verhalten seiner Bewohner. Bemerkenswert ist, daß die Gesellschaft Norwegens wesentlich demokratischer ist als in anderen Teilen Europas, die Führungsschicht hält sich lieber im Hintergrund.

Amtssprache	Norwegisch
Umgangssprache	Bokmal (Dänisch) und Nynorsk (Schwedisch)
International	Englisch

Begrüßung, Verabschiedung
Ein Handschlag ist nur beim Kennenlernen oder nach längerer Anwesenheit üblich, im täglichen Umgang wird er nicht praktiziert.

Anrede: Meist nur »Guten Tag«, »Guten Abend« ohne Zusatz des Namens. Die Norweger gehen relativ schnell zum vertrauten »Du« über.

Titel: Haben im wesentlichen keine Bedeutung.

Visitenkarte: Wird wie bei uns gehandhabt.

Verhaltensnormen für Frauen

Die Frauen sind in Norwegen absolut gleichberechtigt, deshalb findet man sie häufig in Führungspositionen, an verantwortungsvollen Stellen in Politik und Wirtschaft. Die Bewegungsfreiheit der Frauen wird durch keinerlei Restriktionen eingeschränkt, daher sind sie selbstsicher und selbstbewußt. Trotzdem nehmen sie von den Männern Hilfsbereitschaft und zuvorkommendes Verhalten gerne in Anspruch. Ausländerinnen sollten sich dem Verhalten der Norwegerinnen anpassen.

Kleidung

Im Geschäftsleben wird auch in Norwegen ein klassischer, eher konservativer Stil bei der Bekleidung bevorzugt. Herren: formeller Anzug oder Kombination mit Hemd und keinesfalls zu lauter Krawatte, Farben: Blau/Grau bevorzugt; Damen: dezentes Outfit (Kostüm, Kleid), keine grellen Farben und Muster.

Zu offiziellen Anlässen gilt für Damen und Herren formelle Kleidung, selten Smoking oder kleines Abendkleid.

Bei privaten Besuchen im Restaurant oder bei privaten Einladungen müssen die Herren nicht unbedingt Krawatte tragen.

Vermeiden: Jede aufdringliche Kleidung wird als unpassend empfunden, das gilt auch für nachlässige Kleidung.

Gastlichkeit, Gesellschaftsleben

Kann mit dem in Dänemark verglichen werden. Eine *Besonderheit* ist Yulebord – in der Adventszeit laden Unternehmen, Organisationen, Verbände usw. Geschäftsfreunde und

Mitarbeiter zu einem Abendessen in ein Restaurant ein, das den bei uns üblichen Weihnachtsfeiern sehr ähnlich ist.

Tischmanieren, Tischsitten: Die bei uns üblichen entsprechen durchaus denen in Dänemark. Kaffee gehört in Norwegen zu jeder Mahlzeit.

Vermeiden: Alkohol wird zu Mahlzeiten nicht getrunken, daher sollte man keinesfalls danach fragen. Speisen, die man nicht mag, sollte man höflich ablehnen, jedoch versuchen, einen plausiblen Grund dafür anzugeben.

Gastgeschenke: Blumen stehen an vorderster Stelle. Andere kleine Aufmerksamkeiten, besonders wenn ein ausländischer Gast aus seiner Heimat eine Besonderheit mitbringt, werden gerne angenommen.

Vermeiden: Vorsicht bei Alkohol! Man sollte sich zuerst davon überzeugen, daß der Gastgeber kein Alkoholgegner ist!

Pünktlichkeit: Hier gilt: »Pünktlichkeit ist die Höflichkeit der Könige«, sowohl im Geschäftsleben wie auch im gesellschaftlichen Bereich. Bei privaten Einladungen werden höchstens zehn Minuten Verspätung toleriert.

Trinkgeld: Wird nicht unbedingt erwartet; wenn, dann sollte es nicht zu großzügig sein.

Eigenarten

Für Norweger ist ein höflicher und freundlicher Umgang mit anderen Menschen oberstes Gebot; daher sollte man sich als Ausländer diesem Verhalten unbedingt anpassen.

Tabus: Man sollte nicht von sich aus auf Alkoholprobleme zu sprechen kommen. Das Thema Walfang sollte vermieden werden.

Finnland

Dieses weite, dünnbesiedelte Land im Nordosten Europas kann auf eine bewegte Vergangenheit zurückblicken. Im Jahre 1581 wurde es Großfürstentum und blieb bis zum

Anfang des 19. Jahrhunderts Teil des schwedischen Reiches. 1809 wurde Finnland russisches Großfürstentum und erreichte erst 1917 seine nationale Unabhängigkeit.

Die Führungsschicht Finnlands kommt vielfach aus der kleinen schwedischstämmigen Minderheit, die großen Wert auf Tradition und Kultur legt. Dementsprechend sind auch die Umgangsformen und das Verhalten gegenüber anderen Menschen.

Amtssprache	Finnisch und Schwedisch
International	Englisch

Begrüßung, Verabschiedung

Handschlag beim Kennenlernen oder nach langer Abwesenheit, im täglichen Umgang nicht unbedingt erforderlich, im Geschäftsleben vor allem im Umgang mit Ausländern jedoch normal. Umarmungen und Wangenküsse sind nicht üblich.

Anrede: Meistens nur »Guten Tag«, »Guten Morgen«, »Guten Abend« ohne Namensnennung. Das »Du« spielt in Finnland eine sehr große Rolle, es wird z. B. zwischen Vorgesetzten und Mitarbeitern, Gleichaltrigen, Menschen mit gleicher Ausbildung benutzt.

Vermeiden: Als Außenstehender sollte man nicht vorschnell das »Du« antragen.

Titel: Werden wichtig genommen, daher sollte man es nicht unterlassen, akademische Titel, militärische Grade, Berufstitel (Präsident, Minister, Direktor usw.) zu nennen. Ebenfalls enorm wichtig: Ehrenzeichen und Orden. Sie werden häufig getragen und haben einen entsprechend großen Statuswert.

Visitenkarte: Ein wichtiges Hilfsmittel vor allem im Geschäftsleben.

Verhaltensnormen für Frauen

Sie sind den unseren sehr ähnlich. Die Finnen sind zwar auf der einen Seite aufgeschlossen und modern, auf der anderen Seite besitzen Konventionen einen großen Stellenwert. Daher findet man nur selten Frauen in Führungspositionen und in der Politik.

Die Rolle der Frau ist geprägt durch die auch bei uns üblichen Verhaltensstandards, dementsprechend ist auch das Verhalten der Männer gegenüber den Frauen.

Kleidung

Auf passende Kleidung wird größter Wert gelegt. Die Finnen bevorzugen besonders im Geschäftsleben einen konservativen Stil: Anzug, Hemd, Krawatte. Auch von einer berufstätigen Frau wird erwartet, daß sie sich gepflegt, aber dezent kleidet. Bei Geschäftspartnern wird vorausgesetzt, daß sie sich danach richten.

In offiziellen und gesellschaftlichen Zusammenhängen entsprechen die Bekleidungsvorschriften unseren bzw. den internationalen Normen.

Bei Einladungen (auch privater Art) wird die gewünschte Kleidung meist angegeben. Man sollte sich unter allen Umständen danach richten.

Vermeiden: Unpassende Kleidung: Es ist ein Fauxpas, sich nicht zur Gelegenheit passend anzuziehen.

Gastlichkeit, Gesellschaftsleben

Die Finnen sind sehr gastfreundlich und laden gerne ins eigene Haus ein, was als besonders freundliche Geste verstanden werden soll.

Die Tischordnung ist in den skandinavischen Ländern etwas anders als bei uns: Der Ehrengast (Geschäftsfreund) sitzt links vom Hausherrn. Von ihm wird nach dem Hauptgang eine kurze Dankesrede erwartet.

Zum gesellschaftlichen Leben gehören die internationalen Serviceklubs. Besonders aktiv sind auch die Sportvereine.

Wichtig: Dem 50. Geburtstag kommt eine ganz besondere Bedeutung zu. Er ist der wichtigste Tag im Leben der Finnen und wird besonders gefeiert. Daher ist es im Geschäftsleben wichtig, das zu beachten und entsprechend zu gratulieren.

Als besondere persönliche Auszeichnung gilt eine Einladung zur Sauna, die man unbedingt annehmen sollte.

Vermeiden: Eine Einladung (Essen/Sauna) nicht anzunehmen bedeutet für den/die Gastgeber eine deutliche Mißachtung der Gastfreundschaft, und man sollte es nur mit wirklich triftigen Gründen tun.

Unpassende Kleidung gilt als Fauxpas, daher vorher erkundigen.

Tischmanieren, Tischsitten: Sie sind mit den bei uns üblichen identisch.

Gastgeschenke: Alkoholische Getränke sind durchaus üblich. Daneben bringt man einer Gastgeberin immer Blumen mit. Man kann sie eingepackt oder ausgepackt überreichen.

Pünktlichkeit: Darauf wird in Finnland größter Wert gelegt, und zwar überall. Das muß man unbedingt berücksichtigen.

Trinkgeld: Entspricht unseren Gepflogenheiten.

Tabus: Einladungen ablehnen; Angeberei.

Schweden

In allen kulturellen, wirtschaftlichen, politischen Bereichen gilt das Königreich Schweden als die bedeutendste »Macht« im skandinavischen Raum. In der europäischen Geschichte spielte Schweden bis in das 18. Jahrhundert eine führende Rolle. Eine gutfunktionierende Zusammenarbeit mit den anderen Staaten Skandinaviens und mit Finnland und ihre ständige Kooperation in allen Fragen der Wirtschaft sowie im Sozial- und Entwicklungsbereich nimmt das schwedische Volk sehr ernst. Trotz eines ausgeprägten Nationalstolzes ist den Schweden eine internationale Ausrichtung wichtig.

All diese Faktoren haben auf die schwedische Kultur einen bedeutenden Einfluß. Das Verhalten der Menschen, speziell das der führenden Oberschicht, ist noch weitgehend traditionell und konventionell geprägt. Der Traditionsreichtum ist kennzeichnend für die schwedischen Umgangsformen, bei gesellschaftlichen und offiziellen Veranstaltungen gilt das internationale Protokoll.

Amtssprache	Schwedisch
International	Englisch

Begrüßung, Verabschiedung

Der Handschlag ist nicht sehr verbreitet, im Geschäftsleben wird er jedoch angewendet, besonders bei ausländischen Besuchern.

Anrede: Wie in Norwegen üblich. Auch die Schweden gehen schnell (vor allem untereinander) zum »Du« über.

Vermeiden: Als Ausländer sollte man das »Du« nicht zu vorschnell anbieten.

Titel: Offiziell wurden Titel abgeschafft, trotzdem werden die Schweden gern mit »directör« angesprochen, was etwa die gleiche Bedeutung hat wie bei uns der »Doktor«.

Verhaltensnormen für Frauen

Die Schwedinnen sind wie die Norwegerinnen gegenüber allen anderen Frauen Europas am stärksten gleichberechtigt. Sie haben angesehene Positionen in den Führungsetagen der Wirtschaft erreicht und spielen auch im öffentlichen Leben verantwortungsvolle Rollen. Trotz ihrer Emanzipation wird ihr Verhalten geprägt von der auch bei uns üblichen Trennung zwischen Beruf und Gesellschaft.

Das Verhalten der Männer gegenüber den Frauen ist jedoch noch weitgehend traditionell-konservativ. Sie werden in allen Situationen (auch im Berufsleben) stets höflich und ausgesprochen zuvorkommend behandelt.

Kleidung

Korrekte, formelle Business-Kleidung ist ein »Muß«. Männer tragen Anzug/Kombination mit Hemd und Krawatte, die

Farben sind eher gedeckt. Frauen bevorzugen dezente Kostüme und Kleider.

Bei gesellschaftlichen und offiziellen Veranstaltungen tragen Herren je nach Anlaß oder Vorgabe einen Smoking oder einen dunklen Anzug. Damen dagegen wählen dezent-elegante Kleidung.

Zu privaten Einladungen sollte man jedoch unbedingt vorher bei den Gastgebern rückfragen, welche Kleidung erwünscht ist.

Gastlichkeit, Gesellschaftsleben
Die Schweden sind als sehr gastfreundlich bekannt. Doch diese Gastfreundschaft wird noch immer durch Konventionen geregelt, und das nicht nur bei rein offiziellen Anlässen. So wird es als selbstverständlich betrachtet, daß der Ehrengast (z. B. ein ausländischer Geschäftsfreund), der links neben der Gastgeberin/dem Gastgeber sitzt, nach dem Essen aufsteht und einige Dankesworte spricht; alle anderen Gäste am Tisch werden sich bei der Hausfrau mit den Worten »tak för maten« für das Essen bedanken.

Vielfach ist es auch üblich, sich bei der-/demjenigen, der das Essen zubereitet hat, per Handschlag zu bedanken, nicht selten verschwindet sogar der eine oder andere im Restaurant in die Küche und bedankt sich dort beim Personal.

Eine wichtige Rolle im gesellschaftlichen Leben spielen die internationalen Serviceklubs. Einladungen bei alten schwedischen Familien gelten als besonders prestigeträchtig.

Tischmanieren, Tischsitten: Sind denen im übrigen Europa sehr ähnlich.

Trinksitten: Das Zuprosten unterliegt wesentlich strengeren Regeln als bei uns, daher sollte man von sich aus nicht zum Glas greifen.

Vermeiden: Auf das Wohl des Gastgebers zu trinken, gilt als Fauxpas.

Gastgeschenke: Hübsche Kleinigkeiten werden gerne angenommen, besonders wenn sich der Gast die Mühe gemacht hat, herauszufinden, was der Gastgeberin/dem Gastgeber eine persönliche Freude bereitet. Das gilt auch im geschäftlichen Bereich.

Pünktlichkeit: Die Schweden legen allergrößten Wert auf Pünktlichkeit, sowohl im Geschäftsleben als auch im privaten oder gesellschaftlichen Bereich.

Trinkgeld: Ist üblich, doch die Höhe ist geringer als bei uns.

Eigenarten

Die führende Schicht Schwedens lebt nach besonders hohen ethischen Grundsätzen, sie verhält sich verantwortungsbewußt gegenüber sozial Schwachen. Daneben haben die Schweden eine sehr positive Einstellung zu allem Fremden, dem sie überaus tolerant gegenüberstehen.

Tabus: Man sollte jede Vertraulichkeit wie auch Gespräche über den Zweiten Weltkrieg unbedingt vermeiden.

Dänemark

Wie die anderen skandinavischen Staaten ist auch Dänemark eine konstitutionelle Monarchie, und zwar seit dem Jahre 1849. Gegründet wurde der Staat im Jahr 950 durch den Wikingerkönig Gorm, was auf die Kultur des Landes und die Bewohner entsprechenden Einfluß hatte.

Die Dänen bevorzugen einen sehr freien Lebensstil, alles Konventionelle und Einengende wird abgelehnt, und dementsprechend locker sind auch die eigenen Verhaltensweisen wie die Verhaltenserwartungen, die an andere gestellt werden. Auffällig sind die hohen finanziellen Leistungen für Mütter; Vaterschaftsurlaub ist obligatorisch, und es gibt genügend staatlich geförderte Institutionen zur Betreuung der Kinder. Bemerkenswert ist auch, daß in Dänemark seit 1989 homosexuelle und lesbische Paare Ehepaaren gleichgestellt sind.

Amtssprache	Dänisch
International	Englisch

Begrüßung, Verabschiedung

Der Handschlag ist, besonders beim Kennenlernen notwendig, sonst wie bei uns üblich. Umarmungen unter Verwandten und guten Freunden sieht man ebenfalls.

Anrede: Diese wird im großen und ganzen wie bei uns praktiziert.

Ausnahme: Das Duzen ist üblich. Vor allem zwischen Angehörigen der gleichen Generation ist es eine Selbstverständlichkeit. Auch bei Fremden wird relativ rasch zum vertrauten »Du« übergegangen.

Vermeiden: Als Ausländer bietet man besser nicht sofort das »Du« an. Das gilt vor allem und ganz besonders im Geschäftsleben.

Titel: Werden angewendet, doch ist niemand böse, wenn man es nicht tut.

Visitenkarte: Wird wie bei uns gehandhabt.

Verhaltensnormen für Frauen

Die Frauen in Dänemark sind sehr emanzipiert und absolut gleichberechtigt. Man trifft hier sehr viele Frauen in Führungspositionen und in der Politik. Sie sind selbstbewußt und haben ein selbstsicheres Auftreten. Die dänischen Männer anerkennen ihre Tüchtigkeit. Ihr Verhalten gegenüber Frauen ist von ausgesuchter Höflichkeit und Zuvorkommenheit.

Kleidung

Im Geschäftsleben wird von Männern wie Frauen eher ein klassisch-formeller Stil bevorzugt. Zu offiziellen und gesellschaftlichen Anlässen elegant, wie international üblich. Zu privaten Einladungen kann man modisch-leger erscheinen. Um keinen Fehler zu machen, jedoch lieber nachfragen.

Vermeiden: Alles, was in anderen skandinavischen Ländern ebenfalls angeführt wurde.

Gastlichkeit, Gesellschaftsleben

Die Dänen sind ausgesprochen gastfreundlich. Sie legen größten Wert auf ausgesuchte Tischkultur und die Präsentation der Speisen. Zum Essen werden selten alkoholische Getränke serviert, dagegen gehört Kaffee unbedingt dazu.

Zuprosten: »Skol«, mit diesem Wort wird jedem in der Runde zugeprostet, jeden einzelnen sollte man dabei auch unbedingt anschauen!

Beachten: Die dänische Mittagspause ist zwischen 11.30 Uhr und 14.30 Uhr, eine Störung während dieser Zeit wird als grobe Unhöflichkeit gewertet.

Im übrigen sind Serviceklubs weit verbreitet und haben am gesellschaftlichen Leben großen Anteil.

Vermeiden: Vorsicht beim hochprozentigen Aquavit! Die Dänen bieten ihn ihren Gästen gerne an, doch sollte man ihn nur in kleinen Mengen trinken, um später nicht unangenehm aufzufallen.

Tischmanieren, Tischsitten: Es bestehen keine wesentlichen Unterschiede zu den bei uns üblichen.

Gastgeschenke: Besonders beliebt: Weine und Spirituosen (besonders aus dem Ausland). Blumen sind ebenfalls willkommen.

Wichtig: Vergessen Sie niemals, nach der Einladung der Gastgeberin/dem Gastgeber zu danken. Die Worte »tak for sidst« zeigen, daß Sie Manieren haben.

Pünktlichkeit: Im Geschäftsleben wird darauf allergrößter Wert gelegt. Im Privatleben wird das »akademische Viertel« toleriert. Ausnahmen sind Einladungen zum Essen, sie erfordern absolute Pünktlichkeit.

Trinkgeld: Etwas weniger als bei uns.

Eigenarten

Die Dänen lieben ihren Staat, daneben sind sie sehr weltoffen und humorvoll. Sie erwarten von den Besuchern ihres Landes nicht nur Verständnis dafür, sondern freuen sich, wenn sich diese ähnlich verhalten, z. B. bei der Begrüßung einige humorvolle Worte sagen, die allerdings keinesfalls ironisch sein dürfen.

Tabus: Jede Art von Angeberei wird als schlechtes Benehmen gewertet. Wer eine positive Einstellung zur EU hat, sollte diese im Beisein von Dänen keinesfalls vehement verteidigen. Geschäftsbesuche oder wichtige Verhandlungen nicht in den Monaten Juli/August ansetzen. Tabu sind alle beruflichen Verhandlungen oder Geschäftsgespräche während der Mittagszeit, noch schlimmer während des Essens.

Großbritannien/Nordirland

Der Inselstaat im Nordwesten Europas ist eine konstitutionelle Monarchie und vereinigt in seinen Grenzen England, Schottland, Wales und Nordirland. Diese sehr unterschiedlichen Landesteile tragen mit dazu bei, daß es nirgendwo auf der Welt so zahlreiche und zudem sehr unterschiedliche Verhaltensformen gibt. Nicht genug damit, daß auch heute (obwohl dann und wann Liberalisierungsbestrebungen bemerkbar sind) noch jede Gesellschaftsschicht im Land deutlich von der anderen getrennt ist und nach ihren eigenen Regeln und Verhaltensformen lebt, bestehen auch für den Umgang zwischen den einzelnen Schichten bestimmte Vorgaben, die das Miteinander regeln und vereinfachen sollen, vielfach aber recht kompliziert machen.

Die gesellschaftlichen Spielregeln (trotz stark differierender Normen der Klassen, Gegenden und Generationen) werden auch heute noch maßgeblich von der Ober- und der Mittelschicht geprägt. Die entscheidende Grundregel dafür liegt wohl in dem den Briten eigenen Hang zur Tradition, der selbst bis in die entferntesten Kolonien, die dem Commonwealth of Nations zugehörig sind, noch spürbar ist.

Amtssprache	Englisch
Umgangssprachen	Walisisch (Wales) und Gälisch (Nordirland/Schottland)

Begrüßung, Verabschiedung
Handschlag beim Kennenlernen, beim Verabschieden besonders bei geschäftlichen Begegnungen. Sonst ist ein Schütteln der Hände nicht unbedingt üblich, denn die Briten lieben die Distanz. Umarmung und Wangenkuß trifft man eher selten, und wenn, dann nur unter sehr guten Freunden und nur mit dem anderen Geschlecht.

Anrede: Im großen und ganzen wie bei uns üblich, zudem spricht man sich nach relativ kurzer Zeit mit dem Vornamen an, was allerdings keineswegs identisch ist mit dem bei uns gebräuchlichen »Du«, d. h. kein Zeichen für eine enge Freundschaft. Es bedeutet lediglich eine weniger förmliche Art des Umgangstons.

Titel: Sind ebenso zahlreich vorhanden wie Orden. Erhebungen in den Adels- oder Ritterstand sind sehr begehrt und gelten als höchste Auszeichnung, daher werden sie auch verwendet.

Visitenkarten: Sind in geschäftlichen Zusammenhängen wichtig, in Adels- und Führungskreisen werden sie auch als Privatkarten benützt.

Verhaltensnormen für Frauen
Auch in Großbritannien sind sehr viele Frauen berufstätig, aber bis auf sehr wenige Ausnahmen kaum in gehobenen Positionen der Wirtschaft oder Politik zu finden. Die Briten sind sehr konservativ und erwarten, daß sich eine Frau in jeder Situation »ladylike« benimmt. Die Männer verhalten sich den Konventionen entsprechend allen Frauen gegenüber in der Regel ritterlich und höflich, besonders wenn diese der gehobenen Gesellschaftsschicht angehören. Dies gilt auch gegenüber Fremden, wobei diese die Erwartungen erfüllen müssen.

Vermeiden: Eine Frau, die zuviel trinkt, empfinden die Briten als Zumutung. Rauchen auf der Straße oder in öffentlich zugänglichen Räumen wird ebenfalls in die Kategorie »schlechtes Benehmen« eingeordnet.

Kleidung
Großbritannien ist noch immer ein ausgesprochen konservatives Land, daher wird speziell im geschäftlichen, offiziellen und gesellschaftlichen Bereich besonderer Wert auf klassische Kleidung gelegt. Der Geschäftsmann bevorzugt einen klassisch-formellen Stil: Anzug oder Blazer-Kombination, Hemd, Krawatte, bevorzugte Farben sind Blau und Grau. Oft findet man Nadelstreifen. Speziell auf das Londoner Banken- und Börsenviertel beschränkt ist das typische Outfit der Banker: der schwarze Anzug mit dem »Bowler«. Die berufstätige Frau kleidet sich ebenfalls dezent und konservativ: Kostüm, Blazer-Rock-Kombination, Mantelkleid; Hosen sind erlaubt.

Bei offiziellen Anlässen, wie z. B. Dinner und Dinnerparty ist für den Herrn zwingend ein kleiner Gesellschaftsanzug (Smoking – im Sommer auch Dinnerjackett) vorgeschrieben (Bekleidungsvermerk: »Black Tie«). Die Damen tragen zu solchen Anlässen unbedingt ein elegantes, langes Kleid (vorzugsweise ohne Dekolleté).

Bei festlichen Gelegenheiten, die untertags stattfinden (z. B. Pferderennen in Ascot) erscheint der Herr in einem festlichen Gesellschaftsanzug wie Cut (Morning Dress), für den Kontinentaleuropäer wäre auch ein Stresemann adäquat. Die Damen erscheinen hier in eleganten Seidenkleidern mit Hut.

Vermeiden: Zu auffällige Bekleidung, allzu bunte Farben. Shorts bei Männern und Frauen, außer zu Barbecues bei engen Freunden auf dem Land.

Gastlichkeit, Gesellschaftsleben
Die Engländer gelten als sehr »snobistisch« und sind Fremden gegenüber eher zurückhaltend. Daher sind Einladungen in das Privathaus selten, und wenn, dann sollte das als besondere Auszeichnung angesehen werden. Geschäftsbesucher werden in Restaurants ausgeführt.

Geschäftsmänner in gehobenen Positionen sind Mitglieder

in einem renommierten Herrenclub, in den Geschäftspartner eingeladen werden, aber niemals in Begleitung von Damen. Ebenfalls vertreten sind die internationalen Serviceklubs wie Lions, Rotary oder Kiwanis. Daneben spielen zahlreiche Sportklubs eine wichtige Rolle im gesellschaftlichen Leben der Briten: exklusive Countryclubs, Yachtclubs, Golfclubs usw. Mit einer Mitgliedschaft wird auch der Klassenunterschied unterstrichen.

Wichtig: »Tea Time« hat immer Vorrang, z. B. vor jedem Geschäftstermin, und sollte daher unbedingt beachtet werden.

Tischmanieren, Tischsitten: Gerade die Tischmanieren haben in Großbritannien eine große Bedeutung, denn an ihnen erkennt man, wer zur »upper class« (Oberschicht) zu zählen ist oder dem »common people« (gemeinen Volk) angehört.

So unterscheidet sich beispielsweise die englische Art des Suppeessens wesentlich von der bei uns üblichen: Während wir den Löffel mit der Spitze nach vorne in den Mund stecken, nehmen die wohlerzogenen Briten die Suppe seitlich vom Löffel. Die Gabel wird nur mit der gewölbten Seite nach oben benutzt, unsere Art, die Gabel zu benutzen, gilt als unfein. Allerdings sind die Briten tolerant, sie akzeptieren durchaus unsere gewohnte Art zu essen.

Gastgeschenke: Gastgeschenke dürfen nicht zu dürftig ausfallen, besonders von Geschäftsbesuchern »erwartet« man ein ansprechendes Geschenk in einer luxuriösen Verpackung. Blumen für die Gastgeberin sind ebenfalls üblich.

Pünktlichkeit: Darauf wird allergrößter Wert gelegt, und eine Verspätung wird nicht toleriert.

Trinkgeld: Wird wie bei uns gehandhabt.

Eigenarten

Die Briten sind bekannt für Ihre Geduld (z. B. Schlangestehen). Es wird auch von jedem Fremden erwartet, daß sich dieser in jedem Fall hinten anstellt.

Statussymbole werden besonders in der Mittelklasse wichtig genommen: teure Kleidung bzw. der Schneider, bei dem man arbeiten läßt; Privatschulen, die die Kinder besuchen; eine Adresse in einem guten Viertel. Daneben ist es wichtig, feine Restaurants zu besuchen, teuren Wein zu trinken u. a. m.

Tabus: Großbritannien kennt im Grunde genommen kaum Tabus, doch wenn man es genau betrachtet, gilt es doch, einiges zu beachten, wenn man einen Briten nicht verletzen möchte: Kritik in jeder Form wird nur schwer vertragen. Taktlose Bemerkungen wirken ebenfalls verletzend. Persönliche Dinge anzusprechen gilt als Fauxpas. Unbedingt vermeiden: Die Privatsphäre verletzen; humorloses Verhalten oder fehlendes Verständnis für die oft sehr skurrile Originalität, mit der wir Kontinentaleuropäer nur schwer etwas anfangen können.

Irland

Die Grüne Insel, wie sie allgemein genannt wird, hat eine lange und wechselvolle Geschichte hinter sich. Den Kelten, die bereits um 500 v. Chr. das Land besiedelten, folgten im 9. und 10. Jahrhundert die Normannen. 1171 begann die Unterwerfung durch die Briten. Die Teilung der Insel erfolgte bereits 1922, doch der katholische Teil Irlands erlangte erst 1949 die vollständige Unabhängigkeit. Die jahrhundertelangen Religionskriege durch den Konflikt mit dem protestantischen Nordirland, das Teil Großbritanniens ist, dauern auch heute noch an.

Die Kultur wurde dadurch entscheidend geprägt. Bezeichnend dafür ist, daß die beherrschende Sprache in Irland zwar Englisch ist, die Ursprache Irisch aber nicht nur als Umgangssprache verwendet wird, sondern vor allem auch Amtssprache ist. Die Iren sind in ihren Verhaltensformen den Briten ähnlich, allerdings geben sie sich etwas zwangloser. Sie bevorzugen eher die informellen Umgangsformen, daher sind auch die Benimmregeln lockerer und freier.

Amtssprache	Englisch, Irisch

Begrüßung, Verabschiedung
Ist mit der in Großbritannien gebräuchlichen Art identisch.
Anrede/Titel: Wird wie bei den Briten angewendet.
Visitenkarte: Siehe Großbritannien

Verhaltensnormen für Frauen
Sind nach wie vor sehr traditionell und konservativ. Frauen sind wohl berufstätig, besetzen aber kaum führende Positionen, obwohl 1990 Mary Robertson zur Staatspräsidentin gewählt wurde. Von den Frauen wird ein angepaßtes Verhalten erwartet, das diese auch zeigen. Männer begegnen den Frauen im allgemeinen mit großer Zuvorkommenheit und Höflichkeit.

Kleidung
Es wird allgemein eine korrekte Kleidung erwartet. Im Geschäftsleben ein klassisch-konservativer Anzug, ebenfalls gerne gesehen sind sportlich-elegante Kombinationen, z. B. »Harris Tweed«-Sakko und Hose. Frauen kleiden sich ebenfalls korrekt-elegant.

Im offiziellen und gesellschaftlichen Bereich wird elegante Kleidung bevorzugt. Bei Einladungen, bei denen keine Bekleidungsvorgaben vermerkt sind, im Zweifel nachfragen.

In der Freizeit bevorzugen die Iren einen gepflegten »casual dress«.

Vermeiden: Allzu auffällige und zu lässige Kleidung.

Gastlichkeit, Gesellschaftsleben
Die Iren sind betont gastfreundlich. Einladungen ins eigene Haus werden gerne ausgesprochen. Im Geschäftsleben gelten in etwa die gleichen Regeln wie bei den Briten.

Tischmanieren, Tischsitten: Mit den bei uns üblichen macht man keine Fehler.

Gastgeschenke: Sollten nicht zu üppig ausfallen. Geschenke im Geschäftsleben sind nicht üblich.

Pünktlichkeit: Zuverlässigkeit, eine der irischen Eigenschaften, gibt bereits die Antwort darauf: Die Iren erwarten eine absolute Pünktlichkeit in jeder Situation.

Trinkgeld: Wie in Großbritannien.

Eigenarten

Die Iren sind ein sehr freundliches Volk, sie lieben Zuverlässigkeit und Effizienz. Die englischsprachige Literatur wird geprägt von irischen Namen wie Samuel Beckett, Sean O'Casey, James Joyce. Daneben sind die Iren sehr sangesfreudig und haben einen ausgeprägten Hang zum Witz, der manchmal recht deftig ausfallen kann.

Tabus: Kein Gespräch über die Beziehung Irland – Großbritannien beginnen. Nach Möglichkeit nicht selbst von den innenpolitischen Schwierigkeiten oder der schlechten Wirtschaftssituation sprechen.

Niederlande

Holland, wie das Königreich an der Nordsee umgangssprachlich genannt wird, wurde im 17. Jahrhundert zur größten Handels- und Seemacht Europas. Zudem besaß es hauptsächlich in Südostasien ein großes Kolonialreich. Nach 1945 erhielten jedoch fast alle Kolonien ihre Unabhängigkeit. Doch die Kultur des Landes und das Verhalten der Bewohner sind von diesen Faktoren wesentlich beeinflußt. So zeichnen sich die Niederländer durch eine außergewöhnliche Weltoffenheit aus, engagieren sich stark in der Entwicklungspolitik, und die Mehrzahl der Menschen besitzt gute Sprachkenntnisse.

Die kulturellen Leistungen der niederländischen Maler (Vincent van Gogh, Rembrandt) waren für die europäische Kultur richtungweisend. Daneben verdient die Architektur der Städte auch zu unserer Zeit noch Beachtung. Heute ist es die wirtschaftliche Stärke, die einem großen Teil der Bevölkerung den Wohlstand sichert.

Amtssprache	Niederländisch
International	Englisch

Begrüßung, Verabschiedung
Das Schütteln der Hände ist bei der Begrüßung wie beim Abschied üblich. Auch Umarmungen und das gehauchte »Küßchen« auf die Wangen wird unter Verwandten und guten Freunden praktiziert.

Anrede: Wie bei uns üblich.

Titel: Darauf sollte man unbedingt verzichten. Die im deutschsprachigen Raum übliche Anrede »Herr Doktor« ist z. B. absolut unüblich.

Visitenkarte: Im Geschäftsleben notwendig.

Verhaltensnormen für Frauen
Sie entsprechen unseren gewohnten Normen.

Kleidung
Bei Geschäftsverhandlungen ist für Männer und Frauen ein konservativ-klassisches Business-Outfit zwingend. Man sollte darauf achten, daß dabei eher gedeckte Farben bevorzugt werden. Bei offiziellen und gesellschaftlichen Veranstaltungen trägt der Herr Smoking (im Sommer Dinnerjackett) oder einen dunklen Anzug. Damen ziehen sich elegant, aber nicht übertrieben an.

Vermeiden: Allzu freizügige Bekleidung. Besonders in der Stadt, in Restaurants und bei Museumsbesuchen sollte nur korrekte Kleidung gewählt werden.

Gastlichkeit, Gesellschaftsleben
Die Familie, internationale Serviceklubs und Sportvereine (Fußball) prägen das gesellschaftliche Leben. Im übrigen entspricht es unseren Gewohnheiten.

Tischmanieren, Tischsitten: Ebenfalls wie bei uns üblich.

Gastgeschenke: Kleine, nicht zu protzige Geschenke oder

Mitbringsel aus dem eigenen Land, z. B. Wein, Spirituosen, Süßigkeiten. Blumen werden gerne angenommen.

Pünktlichkeit: Wie bei uns üblich.

Trinkgeld: Wie bei uns üblich.

Eigenarten

Die Niederländer sind sehr weltoffen und haben keinerlei Ressentiments gegen Fremde. Bedingt durch die ehemaligen Kolonien und die noch zum Staatsgebiet gehörenden Niederländischen Antillen (ABC-Inseln mit Aruba, Bonaire, Curaçao), sind die Niederländer multikulturell eingestellt.

Tabus: Gespräche über den Zweiten Weltkrieg sollte man (besonders als Deutscher) vermeiden. Ebenso sollten der Fußball bzw. die Fußball-Weltmeisterschaft nicht unbedingt als Thema dienen.

Belgien

Auch das Königreich Belgien besitzt eine wechselvolle Geschichte. Bis ins Jahr 1960 war Belgien eine bedeutende Kolonialmacht. Die Gegensätze zwischen den einzelnen Volksgruppen (im Süden die französischsprechenden Wallonen, im Norden als zahlenmäßig größte Gruppe die flämischsprechenden Flamen sowie eine deutschsprechende Minderheit im Osten) sorgen immer wieder für Auseinandersetzungen, obwohl seit 1980 ein Regionalisierungsgesetz den beiden Hauptteilen des Landes zumindest föderative Selbständigkeit zugesteht.

Amtssprache	Französisch, Flämisch
International	Englisch

Begrüßung, Verabschiedung

Händeschütteln ist allgemein üblich, vor allem im Geschäftsleben. Umarmung und »angedeuteter Kuß« auf beide Wangen ist nur unter Verwandten, Freunden oder guten Bekannten üblich.

Vermeiden: Jede Art von Aufdringlichkeit.

Anrede: In Wallonien wie in Frankreich, in Flandern und den anderen Landesteilen wie bei uns üblich.

Titel: Werden überall wichtig genommen und sind unbedingt zu gebrauchen. *Ausnahme:* Ein Doktortitel wird nur für die Anrede von Medizinern verwendet. Orden werden gerne getragen.

Visitenkarte: Wird wie bei uns gehandhabt.

Verhaltensnormen für Frauen

Die Belgier gelten als konservativ, entsprechend ist auch das Verhalten gegenüber Frauen. Bei den Wallonen ist der französische Einfluß spürbar, im flämischen Teil ist die Frau wesentlich selbständiger und berufsorientiert, obwohl auch dort noch nicht viele Frauen in Führungspositionen zu finden sind.

Kleidung

Im Geschäftsleben wird größter Wert auf klassisch-korrekte Kleidung gelegt. Männer tragen Anzug, Hemd, Krawatte, gedeckte Farben werden bevorzugt, Frauen Kostüm oder Kleid, Hose- oder Rock-Kombination mit Blazer.

Bei offiziellen Anlässen und Festlichkeiten wird auf elegante Kleidung Wert gelegt: Uniform mit Orden oder Smoking/Dinnerjackett/dunkler Anzug für den Herrn, die Damen kleiden sich vorzugsweise elegant, je nach Anlaß Kostüm oder Seidenkleid.

Vermeiden: Im Geschäftsleben ist Freizeitkleidung absolut verboten. Legere, nachlässige Kleidung und Frauen mit auffälliger Kleidung werden abgelehnt.

Gastlichkeit, Gesellschaftsleben

Die Belgier feiern gerne und ausgiebig, zudem sind sie ausgesprochen gastfreundlich. Die Wallonen gleichen in ihrer Mentalität, wie bereits erwähnt, den Franzosen. Sie sind nach außen orientiert, auch gute Geschäftsfreunde werden nur relativ selten ins eigene Haus eingeladen.

Die Flamen dagegen legen großen Wert auf gepflegte Häuslichkeit. Daher sind für sie Einladungen in die eigenen »vier Wände« ein Zeichen von echter Gastfreundschaft.

Im übrigen spielt auch die große Internationalität Brüssels eine wichtige Rolle im gesellschaftlichen Leben, ebenso wie Männerklubs (Rotary, Lions u. a.). Auch diverse Sportklubs besitzen einen hohen Stellenwert, während Frauen in zahlreich vorhandenen Frauenklubs zusammengeschlossen sind.

Tischmanieren, Tischsitten: Diese entsprechen den bei uns üblichen Standards.

Gastgeschenke: Als Ausländer kann man bevorzugt Spezialitäten aus dem eigenen Land mitbringen, z. B. Weine, Spirituosen. Blumen eignen sich ebenfalls als Gastgeschenk. Sie werden vorzugsweise per Boten vor der Einladung überbracht.

Pünktlichkeit: Im Geschäftsleben legen alle Volksgruppen größten Wert auf Pünktlichkeit. Während die Wallonen bei Einladungen das »akademische Viertel« tolerieren, sollte man bei Flamen pünktlich erscheinen.

Trinkgeld: Wird wie bei uns üblich gehandhabt.

Eigenarten

Beide großen Sprachgruppen haben ihre ganz individuellen Eigenarten, und dementsprechend sind auch die Verhaltensnormen. Die Flamen besitzen große wirtschaftliche Macht, was Einfluß auf das öffentliche und das gesellschaftliche Leben hat. Die Wallonen gleichen in ihrer Mentalität und Lebensart sehr den Franzosen.

Den Belgiern sind Statussymbole sehr wichtig:
Führungsposition im Berufsleben;
hoher Lebensstandard, eigenes Haus, großes Auto;
Frauen lieben echten Schmuck.

Tabus: In Flandern sollte man nie Französisch sprechen. In Wallonien dagegen sind Flämisch und Niederländisch verpönt. Niemals den Sprachenkonflikt ansprechen.

Frankreich

Dieses bis zum Zweiten Weltkrieg ausgesprochen traditionsbewußte Land hat einen ungewöhnlich schnellen Wandel durchgemacht. Der bis dahin eher geruhsame, ländliche Lebensstil ist einem hektischen Lebensrhythmus gewichen. Besonders in den Städten hat sich konsumorientiertes Denken durchgesetzt, demzufolge haben sich auch die Verhaltensweisen der Franzosen verändert.

Wurde das gesellschaftliche Leben früher ausschließlich geprägt durch eine traditionell reiche, vor allem sehr kultivierte Oberschicht der Großgrundbesitzer und der Intellektuellen (sie bleiben auch heute noch gerne unter sich), so führt der zunehmende soziale Aufstieg der unteren Schichten nach und nach zu einer Vermischung der Klassen. Doch leider drückt sich dies in einem laxen Verhalten gegenüber anderen aus. Dazu kommt noch, daß gerade in Frankreich Menschen verschiedenster Rassen und aus den unterschiedlichsten Kulturen eng zusammenleben. Die sich daraus ergebenden Probleme haben ihre Auswirkungen auf das Zusammenleben und damit auch auf die Verhaltensweisen der Menschen.

Amtssprache	Französisch
International	Englisch

Begrüßung, Verabschiedung

Der Handschlag gilt als formelle Begrüßung. Er wird bei der Vorstellung, aber auch nach längerer Abwesenheit praktiziert. Unter Verwandten, Freunden, Bekannten (speziell im Süden) sind die Umarmung und das »gehauchte« Küßchen auf beide Wangen üblich.

Anrede: Wie bei uns üblich; ist der Name nicht bekannt, spricht man das Gegenüber mit Madame (Frau), Mademoiselle (Fräulein – diese Anrede besteht nach wie vor), Monsieur (Herr) an.

Titel: Die Franzosen sind zwar titelbewußt, doch ist es

keineswegs erforderlich, jeden (Adels-)Titel anzuführen. Bei hohen Militärs sieht es etwas anders aus: »Mon Général«/ »Mon Colonel« wäre hier die richtige Anrede. Wichtig sind auch die Ehrenzeichen und Orden – die Ehrenlegion besitzt besondere Bedeutung.

Visitenkarten: Werden gehandhabt wie in allen europäischen Ländern.

Verhaltensnormen für Frauen

Die Französin ist zwar bekannt dafür, in der Öffentlichkeit ein sehr selbstbewußtes Auftreten zu haben, dennoch gelingt es nur sehr wenigen Frauen, in der wirtschaftlichen Führungsschicht Fuß zu fassen. Daraus ergibt sich, daß nach wie vor die alten Normen Gültigkeit haben.

Die Franzosen treten Frauen ganz allgemein galant gegenüber und behandeln sie mit großer Zuvorkommenheit. Sie sind es gewohnt, daß die Frauen dieses Verhalten mit entsprechender Freundlichkeit honorieren.

Frauen aus anderen Ländern können sich in Frankreich in der Regel so verhalten, wie sie es in ihrer Heimat tun, das wird ohne weiteres akzeptiert. Doch rate ich dazu, rein aus Höflichkeit, sich der dortigen Mentalität anzupassen.

Kleidung

Der Geschäftsmann kleidet sich nach wie vor sehr formell (Anzug, Hemd, Krawatte) und meist in den international üblichen Busineß-Farben (Blau, Grau). Auch die Frauen im Berufsleben (selbst wenn sie nicht unbedingt in Führungspositionen tätig sind) kleiden sich klassisch-formell, wobei der Chanel-Stil bevorzugt wird.

Zu öffentlichen oder gesellschaftlichen Veranstaltungen wird kleine Abendkleidung (Männer: Uniformen mit Orden, Smoking/Dinnerjackett; Damen: elegantes Kostüm/Seidenkleid) getragen. Bei privaten Einladungen wird ebenfalls dezente Eleganz bevorzugt – es sei denn, die Einladung wurde mit dem Hinweis »entre nous« (»man ist unter sich«) ausgesprochen. Dann heißt das: schicke, modische Kleidung, Herren auch ohne Krawatte, Damen nicht zu elegant.

Wichtig: Damen sollen auch im Sommer Strümpfe tragen!

Bei den Männern wird es selbst in guten Restaurants toleriert, daß sie ohne Krawatte erscheinen. Auch das ausgezogene Sakko (vorausgesetzt, das Hemd ist frisch) wird akzeptiert, ausgenommen natürlich offizielle Einladungen!

Gastlichkeit, Gesellschaftsleben

Auch in Frankreich nimmt der Trend zu kürzeren Geschäftsessen zu, vor allem mittags. Aber die gepflegten abendlichen Soupers haben nichts an Beliebtheit verloren. Private Einladungen sind selten. Man darf auch bei sehr guten und langen Geschäftsbeziehungen nicht erwarten, in ein französisches Haus eingeladen zu werden, und wenn es doch einmal passiert, dann betrachten Sie das als persönliche Auszeichnung.

Serviceklubs wie Lions, Rotarier u. a. haben einen wichtigen Anteil am gesellschaftlichen Leben – auch der französische Automobilklub spielt eine wichtige Rolle.

Tischmanieren, Tischsitten: Sind den unseren sehr ähnlich.

Bemerkenswert: Das unvermeidliche Baguette (Weißbrot), das bei jedem Essen auf dem Tisch steht. Es darf nur in mundgerechten Stückchen abgebrochen und gegessen werden. *Fauxpas:* Niemals direkt abbeißen oder gar schneiden!

Unbedingt beachten: Bei Geschäftsessen darf niemals vor dem Dessert mit etwaigen Gesprächen oder Verhandlungen begonnen werden!

Gastgeschenke: Wie bei uns üblich, allerdings sollten zu großzügige Geschenke vermieden werden. Sie werden überwiegend von Boten überbracht. Blumen sollte man unbedingt vor der Einladung ins Haus schicken lassen.

Pünktlichkeit: Die Franzosen selbst sind nicht sehr pünktlich, das »akademische« Viertel wird problemlos toleriert.

Von den ausländischen Geschäftspartnern erwarten sie jedoch größte Pünktlichkeit.

Trinkgeld: Wie bei uns üblich, eher etwas reichlicher bemessen.

Eigenarten

Die Franzosen sind sehr liberal eingestellt, sie besitzen für alles und jedes eine große Selbstverständlichkeit, deshalb ist in Frankreich »alles erlaubt, was nicht unbedingt verboten ist«.

Die sprichwörtliche Höflichkeit der Franzosen trifft man vor allem in den gehobenen Kreisen auch heute noch an. Daher ist höfliches Auftreten bei geschäftlichen und privaten Begegnungen unbedingt notwendig.

Die Worte »pardon« (Verzeihung), »s'il vous plait« (bitte), »merci« (danke) sollte man zumindest beherrschen, denn man wird sie zu allen möglichen Gelegenheiten brauchen.

Tabus: Zu lässige oder gar nachlässige Kleidung beim Stadtbummel, im Restaurant, in Museen, Kirchen usw. wird abgelehnt. Keinesfalls die heutige Bedeutung Frankreichs in wirtschaftlichen Belangen anzweifeln. Der Zweite Weltkrieg ist kein beliebtes Thema, besonders Deutsche sollten es vermeiden. Zudem Überpünktlichkeit vermeiden.

Luxemburg

Obwohl das Großherzogtum Luxemburg für die europäische Integration eine tragende Rolle spielt und Sitz bedeutender Institutionen ist (z. B. Montanunion, Europäischer Gerichtshof, Statistisches Amt der Europäischen Gemeinschaft, Europaparlament), sollte man nicht außer acht lassen, daß das kleine Land, zwischen Belgien, Frankreich und Deutschland gelegen, mit etwa 380000 Einwohnern den alten Traditionen noch immer verbunden ist. Die Nähe brachte es mit sich, daß Frankreich einen starken kulturellen Einfluß ausgeübt hat und das Verhalten der Bewohner dadurch entsprechend geprägt ist. Das erkennt man auch daran, daß die Amtssprache Französisch ist. Daneben wird aber von vielen Menschen als zweite Sprache Deutsch gesprochen, und untereinander sprechen die Luxemburger ihren alten Dialekt Lëtzebuergisch.

Amtssprache	Französisch
Umgangssprache	Lëtzebuergisch (moselfränk. Dialekt)
International	Englisch

Begrüßung, Verabschiedung
Wie in Frankreich üblich.

Anrede: Wie in Frankreich üblich.

Titel: Die Luxemburger legen keinerlei Wert auf Titel, auch Orden oder Ehrenzeichen werden nicht für besonders wichtig erachtet.

Visitenkarten: Werden wie bei uns gehandhabt.

Verhaltensnormen für Frauen
Wie in Frankreich üblich.

Kleidung
Entspricht den internationalen Normen.

Gastlichkeit, Gesellschaftsleben
Die Luxemburger gelten eher als zurückhaltend. Allerdings kommt die Führungsschicht aus den Chefetagen internationaler Institutionen, daher gelten überwiegend auch internationale Verhaltensmaßstäbe. Im Gesellschaftsleben spielen Serviceklubs eine wichtige Rolle.

Tischmanieren, Tischsitten: Entsprechen dem internationalen Standard.

Gastgeschenke: Wie in Frankreich.

Pünktlichkeit: Das »akademische Viertel« wird im Privatleben toleriert, im Geschäftsleben wird auf äußerste Pünktlichkeit geachtet.

Trinkgeld: Wie in Frankreich.

Eigenarten
Den Luxemburgern sind Konventionen wichtig, und sie legen größten Wert auf strikte Einhaltung einmal getroffener Abmachungen. Die Luxemburger sprechen meist französisch und deutsch, viele auch englisch.

Tabus: Vermeiden sollte man jede Art von Angeberei, Kritik usw. Fragen, die die Intimsphäre berühren, muß man ebenfalls unterlassen. Der Zweite Weltkrieg darf besonders von Deutschen nicht erwähnt werden.

Portugal

Das Land war im 15. Jahrhundert eine führende Seemacht mit großen überseeischen Besitzungen (heute gehören noch die Azoren und Madeira zum Staatsgebiet) und dem Monopol für den Gewürzhandel. Faktoren, die den Reichtum des Landes begründeten. Kaum jemandem ist heute bewußt, daß Portugal einst ein Königreich war, bevor im Jahre 1910 die Republik ausgerufen wurde. Zwischen 1926 und 1974 wurde das Land diktatorisch regiert und ist seitdem eine Demokratie.

Ganz allgemein neigen wir dazu, die Portugiesen in ihrer Mentalität mit den Menschen aus dem Mittelmeerraum zu vergleichen, was uns dieses Volk in einem völlig falschen Licht zeigt. Während Italiener und Südfranzosen durch ihre Extrovertiertheit und Kontaktfreudigkeit auffallen, neigen die Portugiesen eher zu Melancholie – und Vorsicht. Besonders bei Fremden tun sie sich anfänglich schwer, mit ihnen Bekanntschaft zu schließen. Daher ist es im Umgang mit ihnen ausgesprochen wichtig, die Verhaltensregeln korrekt anzuwenden.

Amtssprache	Portugiesisch
International	Englisch

Begrüßung, Verabschiedung

Der Handschlag gilt als eine normale Begrüßungsform. Besonders bei der ersten Begegnung und der Vorstellung wird auf dieses »Ritual« Wert gelegt. Hingegen ist das in südlichen Ländern übliche Umarmen wirklich nur unter sehr guten Freunden gebräuchlich. Das gleiche gilt auch für den »Wangenkuß«.

Anrede: Wie international üblich.

Vermeiden: Duzen, wenn man nicht ausdrücklich dazu aufgefordert wird.

Titel: Diese werden als wichtig betrachtet, und alle Akademiker, selbst wenn sie kein Examen oder keinen Abschluß haben, werden mit »Doktor« angesprochen, vielfach nach folgender Norm: »Wer einen Anzug, ein weißes Hemd und eine Krawatte trägt, gilt als ›Doktor‹.«

Visitenkarten: Werden wie bei uns gehandhabt.

Verhaltensnormen für Frauen

Frauen in Führungspositionen oder Geschäftsfrauen gibt es kaum. Eine Frau wird noch immer lieber im Haus gesehen, daher steckt die Gleichberechtigung noch in den Kinderschuhen.

Eine Portugiesin, ob berufstätig oder nicht, kleidet sich immer betont klassisch und dezent. Daher sollten sich auch Ausländerinnen an diese Bekleidungsnormen halten und jede aufdringliche oder herausfordernde Kleidung unbedingt vermeiden. Bei Kirchenbesuchen tragen Frauen immer ein Tuch auf dem Kopf.

Männer müssen sich Frauen gegenüber äußerst zurückhaltend und respektvoll verhalten. Komplimente dürfen keinesfalls zu intim sein.

Kleidung

Die Portugiesen, speziell in der gehobenen Schicht, legen größten Wert auf korrekte Kleidung. Männer im Beruf tragen selbstverständlich das auch bei uns übliche Business-

Outfit: Anzug, Hemd, Krawatte. Im Süden tragen die Herren bei öffentlichen Veranstaltungen und in der Gesellschaft unbedingt einen Smoking oder ein Dinnerjackett, die Damen ein elegantes, abendliches Kleid. Im Norden genügt bei diesen Anlässen für den Herrn ein dunkelblauer oder schwarzer Anzug und für die Damen z. B. ein elegantes Kostüm. Strümpfe – auch im Sommer – werden bei einer perfekt gekleideten Frau erwartet.

Vermeiden: Allzu farbenfrohe Kleidung. Besonders für Herren im Geschäftsleben sind die bei uns üblichen kräftigen Farben verpönt. Frauen wird eine allzu aufreizende Aufmachung übelgenommen. In Städten, Kirchen, Museen, Restaurants wird Freizeitkleidung mit großer Skepsis betrachtet.

Gastlichkeit, Gesellschaftsleben

Die Portugiesen gelten als zurückhaltend und introvertiert, sind aber von ausgesuchter Höflichkeit. Trotzdem braucht es etwas länger, bis Einladungen (das gilt vor allem im privaten Bereich) ausgesprochen werden. Geschäftsessen sind durchaus üblich, finden aber hauptsächlich unter Männern statt. Ebenfalls sehr beliebt sind Männerklubs: Lions, Rotarier, Kiwanis, die auf das gesellschaftliche Leben Portugals großen Einfluß haben. Ausländische Mitglieder sind jederzeit gerne willkommen!

Vermeiden: Es gilt als Zeichen von schlechtem Benehmen, eine Einladung abzulehnen, wie es als beleidigend empfunden wird, keine Gegeneinladung auszusprechen. Noch schlimmer ist es allerdings, diese dann nicht einzuhalten.

Pünktlichkeit: Die Portugiesen legen Wert auf Pünktlichkeit; vor allem im Geschäftsbereich sollte jede Verspätung vermieden werden.

Tischmanieren: Wie bei der Kleidung achten die Portugiesen penibel auf ein korrektes Verhalten bei Tisch. Da sie in vielen Dingen von den Engländern beeinflußt sind, gelten auch die in England üblichen Etiketteregeln. Als Ausländer tut man gut daran, sich danach zu richten.

Gastgeschenke: Über bescheidene Gastgeschenke freut man sich, auch Blumen (bevorzugt rosa Nelken) werden gerne angenommen.

Vermeiden: Jede Art von Übertreibung. Durch zu große und wertvolle Geschenke fühlt man sich dem Gast verpflichtet.

Trinkgeld: Es ist üblich, bei Dienstleistungen ein Trinkgeld zu geben: etwa zehn Prozent des Rechnungsbetrages, doch sollte es dezent passieren.

Eigenarten

Die Portugiesen besitzen einen ausgeprägten Nationalstolz, den man beachten und in keiner Weise negieren darf. Geduld und Selbstdisziplin sind ausgeprägte Stärken, die bei uns übliche Drängelei und Ungeduld wird man nicht finden. Auch da ist es erforderlich, sich anzupassen.

Tabus: Anspielungen auf bestehende »Spannungen« zwischen Portugiesen und Spaniern. Taktlose Bemerkungen oder zweideutige Witze. Rüpelhaftes Verhalten und Ungeduld.

Spanien

Das Land ist auch heute noch tief mit dem Erbe der Iberer verwurzelt, die im 10. Jahrhundert v. Chr. das Land besiedelten. Sie galten als ein stolzes, freiheitsliebendes, aber auch feinsinniges, künstlerisch begabtes Volk. Etwa 200 v. Chr. waren es die Römer, welche die Karthager vertrieben und die Provinz Hispania gründeten. Um 711 hatten die Araber die Herrschaft über das Land. Sie endete mit der »Reconquista« (Rückeroberung) des letzten arabischen Fürstentums – Granada – 1492 durch die Herrscher von Kastilien und Aragón. In den Jahren von 1516 bis 1556 war Kaiser Karl V. Herrscher über »ein Reich, in dem die Sonne nicht untergeht« – es umfaßte das Heilige Römische Reich, Spanien, die Besitzungen in Südamerika, die Philippinen. Zwischen 1773 und 1874 war Spanien Republik.

Einzigartige Werke der Malerei, der Architektur und der Dichtung sind Zeugen vergangener Epochen und auf der ganzen Welt berühmt.

Auch heute ist der Stolz der Spanier sprichwörtlich. Ihr Gefühl für Farben und Formen, die künstlerische Begabung und ihr rhythmisches Empfinden sind weitere Eigenschaften, die für diese Kultur bekannt sind. Das enorme wirtschaftliche Wachstum und der Zustrom von Touristen aus aller Welt brachten zwar große Veränderungen mit sich, doch die Eleganz und ein würdevolles Verhalten ist allen Bevölkerungsschichten zu eigen. Dazu kommt ein selbstsicheres, extrovertiertes Auftreten und nicht zuletzt ein ausgeprägter Nationalstolz, den alle Spanier gemeinsam haben. Das erkennt man u. a. auch daran, daß sie Statussymbole wie Orden und Ehrenzeichen wirklich tragen.

Amtssprache	Spanisch
Umgangssprache	Katalanisch, Galizisch, Baskisch – regional bedingt
International	Englisch

Begrüßung, Verabschiedung

Der Handschlag ist üblich, wird aber nicht so häufig praktiziert wie bei uns. Allgemein üblich sind die Umarmung »abrazo« mit gleichzeitiger Berührung der Wangen und ein »gehauchtes Küßchen«. Männer untereinander begrüßen sich ebenfalls auf diese Weise, meist verbunden mit einem Klopfen auf den Rücken.

Anrede: Wird in der Regel wie bei uns gehandhabt. Sollte der Nachname nicht bekannt sein, so genügt es, Señor (Herr), Señora (Frau), Señorita (Fräulein, die Anrede »Fräulein« ist in Spanien nach wie vor üblich) zu sagen.

Titel: Bei Akademikern durchaus üblich und auch erwünscht.

Vermeiden: »Amigo« wird in Spanien schnell verwendet

und bedeutet nicht viel. Ausländer sollten daher diese Anrede vermeiden, besonders wenn sie den Gesprächspartner nicht gut kennen.

Visitenkarten: Bei Geschäftsbesuchen erforderlich.

Verhaltensnormen für Frauen

Die Spanierinnen haben in den Jahren nach der Franco-Diktatur (nach 1975) zwar wesentlich mehr Freiheiten gewonnen, doch für eine wirkliche Gleichberechtigung mit den Männern gibt es nur zaghafte Ansätze. Der Grund dafür liegt hauptsächlich im starken Einfluß der katholischen Kirche und des Klerus. Frauen in Führungspositionen und öffentlichen Stellungen sind kaum anzutreffen. Grundsätzlich können sich Frauen in der Öffentlichkeit ohne Einschränkungen bewegen, doch wird auf Tugendhaftigkeit im Auftreten streng geachtet.

Jeder Ausländer sollte sein Verhalten gegenüber Frauen so ausrichten, wie es die spanischen Männer tun: galant, höflich und gepflegt.

Kleidung

Vor allem im Geschäftsleben und in offiziellen Zusammenhängen achten die Spanier streng auf eine formell-klassische Kleidung. Sie selbst bevorzugen bei ihrem Business-Outfit dunkle Farben und weiße Hemden mit dezent gemusterten Krawatten. Daher erwarten sie auch von Ausländern, daß sie sich bei Besuchen diesem Kleidungsstil anpassen. Von Frauen im Berufsleben wird erwartet, daß sie sich vor allem korrekt kleiden.

Bei Kirchenbesuchen ist schickliche Kleidung angebracht. Frauen tragen noch immer ein Kopftuch. Auch bei Besuchen in Museen und in Restaurants wird eine angemessene Kleidung erwartet, ebenso in Städten und bei Einladungen im privaten Kreis.

Vermeiden: Aufreizende Kleidung: Minirock, Shorts, tiefes Dekolleté usw.

Gastlichkeit, Gesellschaftsleben

Die Spanier gelten als gesellig und gastfreundlich. Einladungen in Restaurants, Bars, aber auch zu Theater-, ja sogar Kinobesuchen sind alltäglich. Das gilt auch im Geschäftsleben. Das Mittagessen beginnt nicht vor etwa 13.30 Uhr und dauert etwa drei Stunden. Abendeinladungen werden in der Regel nicht selten erst für etwa 22.00 Uhr angesetzt.

Wichtig zu wissen: Das gesamte Geschäftsleben beginnt in der Regel erst um 9.30 Uhr und endet vielfach erst gegen 22.00 Uhr. Daher findet auch das gesellschaftliche Leben erst später statt. Eine weitere Besonderheit in Spanien ist eine Einladung zur »merienda«, die um etwa 17.00 Uhr beginnt und in einem Café oder Restaurant stattfindet.

Da die Spanier ein ausgeprägtes Vereinsleben haben, spielt sich ein großer Teil ihrer Freizeit dort ab. Dazu laden sie gerne Besucher und Geschäftsfreunde ein.

Vermeiden: Einladungen abzulehnen, es sei denn, man kann einen wirklich triftigen Grund für die Absage nennen.

Pünktlichkeit: Damit nehmen es die Spanier nicht sehr genau, im Gegenteil: Vielfach gilt es als höflich, 15 bis 30 Minuten später zu einer Einladung zu erscheinen.

Im Geschäftsleben sieht es da etwas anders aus. Besonders von Personen aus den deutschsprachigen Ländern erwarten die Spanier pünktliches Einhalten des vereinbarten Termins.

Ausnahme: Zu einem Stierkampf darf man nie zu spät erscheinen.

Tischmanieren, Tischsitten: Diese sind zumindest in der Oberschicht gleich wie bei uns, und es wird größter Wert darauf gelegt, daß sie peinlich genau eingehalten werden.

Gastgeschenke: Darauf wird in Spanien großer Wert gelegt. Üblich sind Pralinen oder eine Flasche Wein. Auch bei Geschäftsbesuchen freuen sich Kunden und Geschäftsfreunde über eine Aufmerksamkeit. Dabei wird eine Spezialität aus der Heimat des Besuchers besonders geschätzt. Blumen sind ebenfalls sehr beliebt; anders als bei uns, darf man der Gastgeberin auch Rosen mitbringen.

Vermeiden: Wie in allen südlichen Ländern darf man keine Chrysanthemen mitbringen, sie gelten als Friedhofsblume. Verpönt sind ebenfalls allzu persönliche Geschenke.

Trinkgeld: In allen Dienstleistungsberufen erwarten die Beschäftigten ein Trinkgeld, mindestens zehn Prozent der Rechnung.

Eigenarten

In Spanien findet man, gerade was die Umgangsformen betrifft, von Provinz zu Provinz relativ große Unterschiede. Daher ist es wichtig, will man sich bei einem Geschäftsbesuch oder bei einem privaten Aufenthalt nicht gänzlich danebenbenehmen, sich mit den Verhaltensnormen so gut wie möglich vertraut zu machen. Entsprechende Hinweise und Hilfe geben die diplomatischen Vertretungen.

Zu beachten ist auch, daß den Spaniern ihre Mittagspause (»Siesta«) zwischen 13.30 Uhr und 15.30 Uhr heilig ist. Es ist äußerst unhöflich, während dieser Zeit zu stören (Telefon).

Tabus: Bedenken gegen den Stierkampf oder dessen Ablehnung sollte man lieber für sich behalten. Negative Bemerkungen über Kirche und Katholizismus sowie Themen wie regionale Spannungen, Attentate, Terrorismus sollten unbedingt vermieden werden. Politik und nationale Themen sind ebenfalls kein geeigneter Gesprächsstoff für Ausländer. Keine Geschäftstermine zur Mittagszeit und keine geschäftlichen Gespräche während des Essens.

Italien

Die Geschichte Italiens ist gleichzeitig die Geschichte der europäischen Kultur. Im 8. Jahrhundert v. Chr. besiedelten die Etrusker das Land; unzählige Zeugnisse aus dieser Zeit sind erhalten geblieben. Im 6. Jahrhundert v. Chr. waren es die Griechen, die den Süden Italiens kolonisierten. Viel später erst, im 1. Jahrhundert v. Chr., entstand das römische Kaiserreich, das bis 476 n. Chr. Bestand hatte. Zwischen 1494 bis 1871 beherrschten abwechselnd die Spanier, die Österreicher und die Franzosen das Land. Ausgehend vom Königreich Sardinien-Piemont, gelang es dem Risorgimento (Einigungsbewegung) – gegen den Widerstand Österreichs, das große Teile Norditaliens beherrschte –, das in mehrere Kleinstaaten zerfallene Italien zu vereinen. 1861 wurde das Königreich Italien gebildet. 1921 wurde die faschistische Partei unter Mussolini gegründet. Die weitere Geschichte unseres Jahrhunderts ist sicher allen hinlänglich bekannt.

Den Italienern sagt man allgemein nach, daß sie Lebensfreude und große Kontaktfreudigkeit besitzen, daneben rühmt man ihre Eleganz und ihren Stil. Eine traditionsgebundene, kultivierte Führungsschicht ist verantwortlich für den wirtschaftlichen Erfolg Italiens. Allerdings bestehen zwischen den Menschen im Norden und denen im Süden des Landes krasse Unterschiede in der Lebensauffassung, und entsprechend unterschiedlich ist auch das Verhalten. Während die Süditaliener, sicher bedingt durch die klimatischen Bedingungen im »Mezzogiorno«, nach wie vor Meister im »Dolce far niente« sind und Improvisation zu ihren Stärken gehört, sind die Italiener, die im dichtbesiedelten Norden leben, bekannt für ihre Geschäftstüchtigkeit und ihr Erfolgsstreben.

Amtssprache	Italienisch
International	Englisch

Begrüßung, Verabschiedung

Der Handschlag ist zwischen Menschen, die sich persönlich nicht gut kennen, üblich. Die Umarmung wird vor allem zwischen guten Bekannten und Freunden praktiziert, ebenso »Wangenküsse«.

Anrede: Entspricht im Grunde genommen unserer Norm,

ist jedoch der Nachname nicht bekannt, sagt man Herr (Signore), Frau (Signora), Fräulein (Signorina – der Unterschied zwischen Frau/Fräulein besteht nach wie vor). Allerdings ist es wichtig, sich zu bemühen, den Namen eines Menschen zu erfahren und diesen dann zu verwenden. Die Italiener legen großen Wert auf Förmlichkeit.

Titel: Werden bei den Italienern sehr wichtig genommen. Wer studiert hat, legt unbedingt Wert darauf, z. B. »Dottore« (Herr Doktor)/»Dottoressa« (Frau Doktor). *Wichtig:* Im Gegensatz zu unseren Gepflogenheiten unterbleibt im Falle eines vorhandenen Titels die Anrede mit Herr/Frau/Fräulein; Lehrer/Lehrerinnen werden z. B. mit »Professore« tituliert.

Vermeiden: Vorschnelles »Duzen« unbedingt vermeiden!

Visitenkarten: Werden bei allen geschäftlichen Zusammenkünften übergeben.

Verhaltensnormen für Frauen

Im Norden Italiens trifft man überdurchschnitlich viele Frauen in Führungspositionen. Sie haben sich in einer ursprünglich reinen »Macho-Männer-Gesellschaft« einen respektablen Platz erobert, werden geachtet und zuvorkommend und galant behandelt. Vielleicht ist der Grund darin zu suchen, daß diese Frauen es verstehen, ihre weiblichen Vorzüge einzubringen, und es größtenteils vermieden haben, durch männliches Verhalten an die Spitze zu kommen.

Im Süden des Landes gelten dagegen größtenteils noch immer die alten, strengen Verhaltensnormen, denen man sich als Frau unbedingt anpassen sollte: Frauen gehen niemals allein in die Öffentlichkeit (z. B. Restaurant), ziehen sich niemals freizügig an, bedecken sich in der Kirche den Kopf usw.

Von einem Ausländer wird daher ebenfalls erwartet, eine Frau zuvorkommend und sehr höflich zu behandeln, auch wenn er mit ihr rein geschäftlich zu tun hat. Komplimente, wenn sie ehrlich gemeint sind, erfreuen auch eine Italienerin.

Kleidung
Die Italiener legen größten Wert auf ein Outfit, das zum Anlaß paßt. Bei Geschäftsbesprechungen tragen z. B. Männer und Frauen ausschließlich Busineß-Kleidung in dezenten Farben und im klassischen Stil, die der Position angemessen ist. Bei offiziellen, abendlichen Anlässen ist für Männer der Smoking, für Frauen die elegante, abendliche Kleidung unerläßlich.

Vermeiden: Jede nachlässige oder zu saloppe Bekleidung bei Einladungen, beim Stadtbummel; sie wird nur bei entsprechender Vorgabe oder in der Freizeit toleriert.

Gastlichkeit, Gesellschaftsleben
Zum Mittagessen begibt man sich in der Regel frühestens um 12.30 Uhr, das Abendessen gibt es selten vor 20.00 Uhr. Dauer: in der Regel zwei bis drei Stunden.

Bei Geschäftsbesuchen ist die Einladung zum Mittagessen fast obligatorisch, dieses kann sich auf bis zu drei Stunden ausdehnen. Auch Einladungen zum Abendessen sind durchaus üblich.

Die Italiener sind ein geselliges Volk, ein Großteil ihres Lebens spielt sich in der Öffentlichkeit ab.

Vermeiden: Eine Einladung zu einem Essen abzulehnen, wird immer als sehr unhöflich gewertet.

Pünktlichkeit: In allen geschäftlichen Zusammenhängen wird (speziell vom Ausländer) absolute Pünktlichkeit erwartet. Im Privatbereich wird das »akademische Viertel« durchaus toleriert.

Tischmanieren, Tischsitten: Entsprechen grundsätzlich den bei uns üblichen, doch selbst in der Oberschicht ist eine charmante »Nonchalance« bemerkbar. Die Italiener bevorzugen edles Tafelgeschirr, silbernes Eßbesteck, schöne Gläser und aufwendige Tischdekorationen.

Gastgeschenke: Sind durchaus üblich, wenn man eingeladen ist. Dabei legen die Italiener Wert auf eine repräsentative Aufmachung. Bei Geschäftsbesuchen freut sich der Kunde/Geschäftspartner über eine Aufmerksamkeit aus der Heimat des Besuchers. Blumen sind immer willkommen. Auch hierbei werden »Üppigkeit« und »Großzügigkeit« erwartet. Blumen werden vorzugsweise am Vormittag vor der Einladung ins Haus geschickt.

Vermeiden: Allzu persönliche, intime Geschenke! Niemals Chrysanthemen, sie gelten als Symbol der Trauer (Friedhofsblumen).

Pünktlichkeit: Wird wichtig genommen – speziell bei geschäftlichen Verabredungen. Allerdings: Bei privaten Einladungen wird das »akademische« Viertel toleriert.

Trinkgeld: Es gehört in Italien unbedingt dazu, mit dem Trinkgeld großzügig umzugehen.

Im Restaurant wird es nach der Bezahlung der Rechnung zurückgelassen oder dem Kellner persönlich überreicht.

In Bars wird es nach Erhalt des üblichen Kassenbons überreicht bzw. in die dafür vorgesehene »Gemeinschaftskasse« gelegt. Die Höhe beträgt in der Regel etwa 15 Prozent.

Eigenarten

Die Familie besitzt in Italien einen großen Stellenwert. Daher ist es wichtig, sich zuerst nach dem Befinden der Familie zu erkundigen, dann von der eigenen Familie zu erzählen. Das gilt auch bei Geschäftsbesuchen. Eine Einladung in die Familie ist als besondere Auszeichnung zu werten.

Tabus: Gespräche, mit denen die Intimsphäre verletzt werden könnte. Themen wie Mafia, Camorra, schlechte Wirtschaftslage. Mussolini, der Zweite Weltkrieg, besonders wenn Deutsche davon sprechen. Telefonanrufe in der Mittagszeit oder abends nach 21.00 Uhr. Auffälliges Verhalten ebenso wie Arroganz, Intoleranz, Unhöflichkeit wird nicht toleriert. Selbst leichte Betrunkenheit wird als schlechtes Benehmen gewertet.

Griechenland

Die Wiege der europäischen Kultur stand in Griechenland. Die außergewöhnlichen historischen Zeugnisse finden wir auch heute noch auf dem südlichen Teil der Balkanhalbinsel. Homers berühmte »Ilias« begründete die Weltliteratur, Philosophie und Mathematik hatten ihren Ursprung im Griechenland der Antike. Daneben waren die alten Griechen Meister der Bildhauerei und der Architektur.

Die historische Bedeutung Griechenlands und das Erbe der Vorväter sind mitverantwortlich für die Geisteshaltung und das Verhalten der Griechen. Ausländer, ob sie einen Urlaub dort verbringen oder geschäftliches Interesse hinter der Reise steht, tun gut daran, sich etwas mit der Geschichte Griechenlands zu beschäftigen. Allerdings ist es vor jeder Reise in dieses Land (das aus über 200 Inseln besteht, von denen 150 bewohnt sind) unbedingt erforderlich, die wichtigsten Verhaltensnormen zu kennen.

Amtssprache	Neugriechisch, Dimotiki
International	Englisch

Begrüßung, Verabschiedung

Der Handschlag ist üblich beim Kennenlernen, jedoch auch beim Abschied für eine längere Zeit. Umarmungen trifft man eher selten an und wenn, dann nur unter wirklich guten Freunden.

Anrede: Wie bei uns üblich: Kyrie (Herr), Kyria (Frau). Griechische Begrüßungsworte, kali mera (Guten Morgen), kali spera (Guten Abend, ab etwa 14.00 Uhr), von einem Ausländer gebraucht, werden als höfliche Geste gewertet.

Vermeiden: Das Zeigen der »offenen« Hand, z. B. beim Reichen der Hand. Es wird als grobe Beleidigung angesehen. »Duzen« ohne ausdrückliche Aufforderung wird als Eindringen in den Persönlichkeitsbereich gewertet.

Titel: Akademische Titel werden verwendet, oft auch ohne Namensnennung. Bei Adeligen und militärischen Würdenträgern ist die Anrede mit Titel unerläßlich, ein Nichtbeachten wird als Fauxpas angesehen.

Visitenkarten: Sind im Geschäftsleben absolut notwendig.

Verhaltensnormen für Frauen

In Griechenland haben die Frauen noch viele Einschränkungen zu beachten, das gilt auch für Ausländerinnen. Gleichberechtigung ist noch kein Thema. Obwohl viele Griechinnen eine ausgezeichnete Ausbildung besitzen, sind Frauen in Führungspositionen kaum zu finden. Sehr wichtig ist es, daß Frauen in jeder Beziehung korrekt und anständig gekleidet sind. Sparsame Kleidung gilt als obszön. Frauen, auch wenn sie auf Urlaub sind, sollten daher niemals zu kurze Röcke oder knappe Shorts tragen oder zu tiefe Ausschnitte zeigen. Selbst Hosen gelten als provozierend. Griechische Männer sind noch immer »Machos«. Auch als Ausländerin sollte man sich daher entsprechend verhalten. Eindruck macht man allerdings, wenn man echten Schmuck trägt.

Männer sollten Griechinnen immer ausgesucht höflich behandeln und ihnen keinesfalls zu nahe kommen.

Kleidung

Die Griechen legen größten Wert auf korrekte Kleidung, wobei ein konservativer Stil üblich ist. Selbst bei starker Hitze ist es üblich (bei Geschäftsbesprechungen, im Restaurant, in der Öffentlichkeit), einen leichten Anzug, Hemd und Krawatte zu tragen. Das gilt als Zeichen für Glaubwürdigkeit und Selbstbeherrschung. Ausländer, die bei geschäftlichen Anlässen zu lässig gekleidet sind, dürfen sich nicht wundern, wenn sie keinen Erfolg haben. Ausländerinnen, die in geschäftlicher Mission in Griechenland zu tun haben, müssen die vorgegebenen Richtlinien der Männer beachten: Korrekte, klassische Kleidung, keine zu auffallenden Farben und vor allem ein korrekter Stil sind wichtig. Strümpfe sind unerläßlich, auch bei großer Hitze.

Bei Privateinladungen wird ebenfalls ein gepflegtes Äußeres erwartet. Im Zweifelsfall ist es unbedingt erforderlich, sich vorher zu erkundigen, welche Kleidung erwartet wird.

Bei allen öffentlichen und gesellschaftlichen Veranstaltungen ist ein Smoking (Dinnerjackett) obligatorisch, Damen tragen festliche Kleidung, die allerdings niemals zu »offenherzig« sein darf.

Vermeiden: Grelle Farben für Herren, lässiger Freizeitlook, Shorts. Bei Frauen alles, was provozierend wirkt.

Gastlichkeit, Gesellschaftsleben

Die Griechen gelten als gastfreundliche und aufgeschlossene Menschen. Sie lieben Geselligkeit und erwarten auch von ihren Gästen, daß sie daran teilnehmen. Einladungen sollte man daher mit Freude annehmen und diese auch zeigen. Geschäftsessen sind üblich, und man muß als Gast die angebotenen Speisen zumindest versuchen, wobei man den Griechen keine größere Freude machen kann, als ihre Spezialitäten auch zu mögen.

Wichtig: Man erwartet, daß sich der Gast nach jeder Einladung *schriftlich* bedankt!

Das orthodoxe Osterfest und der Nationalfeiertag (25. März) sind vielfach Anlaß, um mit der Familie oder mit Freunden zu feiern. Daneben sollte man beachten, daß der Namenstag ein wichtiger Festtag ist.

Die übliche Essenszeit am Mittag ist zwischen 13.00 Uhr und 15.30 Uhr (Siesta). Am Abend wird etwa ab 20.00 Uhr gegessen.

Jede Einladung muß unbedingt erwidert werden, und zwar etwa zehn Tage später. Dabei muß man aber darauf achten, daß dieser Termin keinesfalls auf einen Dienstag, den 13. fallen darf (Griechen vermeiden es auch, Verträge an diesem Tag abzuschließen).

Vermeiden: Eine Absage wird als Beleidigung aufgefaßt; nur ein wirklich triftiger Grund wird akzeptiert.

Pünktlichkeit: Bei Geschäftsbesprechungen wird Pünktlichkeit vorausgesetzt. Bei allen anderen Gelegenheiten (*Aus-*

nahme: Einladung zum Essen) werden bis zu 15 Minuten toleriert.

Tischmanieren, Tischsitten: Die bei uns üblichen Tischmanieren gelten auch in Griechenland. Die Griechen legen großen Wert auf luxuriöse Tischkultur.

Gastgeschenke: Gerne gesehen ist man mit Spirituosen, alten Weinen. Pralinen berühmter Confiserien werden ebenfalls mit Freude entgegengenommen. Besucher aus dem Ausland bringen vorzugsweise Dinge aus ihrem Land mit, z. B. Schwarzwälder Kirschwasser, schottischen Whisky, alten Burgunder, Schweizer Schokolade.

Blumengebinde, vor allem wenn sie aufwendig gesteckt sind und teuer aussehen, machen der Gastgeberin Freude (am Vormittag des Einladungstages zustellen lassen!).

Trinkgeld: Wird unbedingt erwartet, Höhe: etwa 15 Prozent vom Betrag.

Eigenarten

Die Griechen lieben Statussymbole und legen größten Wert darauf, ihren Wohlstand zu zeigen. Der Besuch einer ausländischen Universität, eine teure Wohngegend, ein ausländisches Auto sind ihnen ungemein wichtig. Auffälliger, echter Schmuck, vor allem bei einer Frau, zeugt von Wohlhabenheit. Designer-Kleidung und der Besuch teurer Lokale erhöhen das Prestige.

Tabus: Die Türkei und das Zypernproblem, Gespräche über die Politik, zweideutige Anspielungen.

Türkei

In der Türkei treffen sich Orient und Okzident, also zwei Kulturkreise, wie sie unterschiedlicher nicht sein könnten. Dennoch leben die Menschen dort scheinbar friedlich auf engem Raum zusammen. Fremde, die dieses Land besuchen, haben wenig Mühe, mit den Verhaltensweisen der Einheimischen zurechtzukommen, und die sich dann und wann ergebenden Schwierigkeiten sind hauptsächlich religiöser Natur. Denn der Islam als tragende Religion prägt das Verhalten der Mehrzahl des Volkes, was für uns Mitteleuropäer manchmal nur schwer nachvollziehbar ist. Besonders auch deshalb, weil von jedem Fremden (ob der Besuch nun geschäftlicher Natur ist oder privaten Charakter hat) erwartet wird, daß er die vorgegebenen Ge- und Verbote achtet und beachtet und natürlich auch die Sitten und Bräuche akzeptiert.

Die Gegensätze zu unserer Kultur und unseren Verhaltensweisen lassen vielfach ein falsches Bild vom Land aufkommen; um so erstaunlicher ist es für jede/n BesucherIn, mit welcher Gastfreundschaft er oder sie aufgenommen wird.

Wer also dieses Land bereist, sollte sich unbedingt vorher über die geltenden Verhaltensregeln informieren und sich ein Bild davon machen, was die Menschen dort von einem Gast erwarten. Man sollte versuchen, die Verhaltensweisen kennenzulernen und diese vor allem auch zu billigen.

Amtssprache	Hochtürkisch
International	Englisch

Begrüßung, Verabschiedung

Händeschütteln wird zwischen Fremden in privaten wie geschäftlichen Zusammenhängen praktiziert. Umarmungen und Wangeküsse sind nur zwischen Verwandten, Freunden oder sehr guten Bekannten üblich, dabei küßt man sich auf beide Wangen, auch zwischen Männern.

Anrede: Herr (Bay), Frau (Bayan), diese werden stets mit dem Vornamen genannt.

Titel: Die Türkei ist eines der wenigen Länder, in denen es keine Titel und Orden gibt!

Verhaltensnormen für Frauen

Die Haltung gegenüber Frauen unterscheidet sich, wie in allen islamischen Staaten, grundlegend von der in Ländern mit christlich geprägter Kultur. Da es sich um eine reine

Männergesellschaft handelt, haben Frauen im öffentlichen Leben nichts zu suchen. Die Türkei bildet hier insofern eine Ausnahme, als die Frauen den Männern gleichgestellt sind. Sofern sie in den Großstädten leben und (vorzugsweise) aus der Oberschicht stammen, besitzen sie aufgrund einer ausgezeichneten Ausbildung auch die Möglichkeit, beruflich erfolgreich zu sein. Man trifft durchaus auf Frauen in höheren Positionen, selbst in der Regierung konnte sich die eine oder andere Frau ihren Platz erobern. Die Männer akzeptieren diese neue Situation, genauso wie sie sich damit abfinden, eine europäische Frau als Verhandlungspartnerin zu haben. Das Geschäftsleben ist auch in der Türkei, nicht zuletzt aufgrund der angestrebten Mitgliedschaft in der EU, international geworden. Die Männer, mit denen man es dabei zu tun hat, zählen zur europäischen Elite. Sie behandeln auch Frauen so, wie man es bei uns tut.

Man sollte sich vor Augen halten, daß eine Vielzahl von Frauen emanzipiert sind, sich aber aus Rücksicht auf Traditionen und Religion in vielen Zusammenhängen alte Verhaltensweisen erhalten haben. Das ist, besonders für Europäer, die dort zu tun haben, wichtig zu wissen. Denn sie müssen ihr Verhalten unbedingt danach ausrichten. Sich richtig zu informieren, ist eine wichtige Voraussetzung. Fehler, die dann nur schwer wiedergutzumachen sind, können so vermieden werden.

Kleidung

Für Herren ist formelle Kleidung (auch bei höchsten Temperaturen) wichtig: Anzug, Hemd, Krawatte. Beste Qualität ist Voraussetzung. Die Farben sind gedeckt. Auf gepflegtes Schuhwerk wird besonders genau geachtet. *Wichtig:* ein ausgezeichneter Haarschnitt.

Bei Frauen wird auf elegante, zeitlose Mode größter Wert gelegt (Kostüme, Kleider). Wichtig sind alle Arten von Accessoires: echter Schmuck. Auf die Frisur wird sehr geachtet.

Bei Festlichkeiten, zu offiziellen und gesellschaftlichen

Anlässen tragen Herren einen Smoking/ein Dinnerjackett, Frauen elegante Kleidung.

Vermeiden: Männer dürfen speziell im Geschäftsleben, bei offiziellen Anlässen und privaten Einladungen niemals zu salopp gekleidet erscheinen, verpönt sind Bermuda-Shorts. Frauen sollten niemals zu kurze Röcke oder Shorts tragen und großzügige Dekolletés zeigen.

Gastlichkeit, Gesellschaftsleben

Die Türken haben eine sehr zuvorkommende, hilfsbereite, höfliche Art, mit der sie den Besuchern in ihrem Land begegnen. Gastfreundschaft hat Tradition, ist ein Teil ihrer Kultur. Einladungen ins Restaurant erfolgen meist aus geschäftlichen Gründen, private Einladungen gelten noch immer als besondere Auszeichnung.

Daneben besitzt das Leben in Klubs, die vorwiegend Männern in bestimmten Positionen vorbehalten sind, besondere Bedeutung, vor allem deshalb, weil dort die Möglichkeit gegeben ist, geschäftlich aktuelle Veranstaltungen durchzuführen und dabei mit anderen Geschäftsleuten zusammenzukommen. Ausländische Besucher werden dorthin gerne mitgenommen. Eine weitere Art der Kontaktpflege sind Cocktail-Empfänge, die mit sogenannten Buffet-Diners fortgesetzt werden.

Wichtig: Auf eine Einladung hat unbedingt eine Gegeneinladung zu erfolgen!

Vermeiden: Einladungen abzulehnen wird als Beleidigung empfunden.

Tischmanieren, Tischsitten: Sind den internationalen angeglichen.

Gastgeschenke: Das sind in erster Linie Süßigkeiten, wobei auf eine aufwendige, teure Verpackung/Präsentation größter Wert gelegt wird, z. B. Silberdose/Kristallglas. Geschätzt werden beispielsweise auch Tücher/Krawatten, vorzugsweise aus Seide. Ausländische Besucher liegen mit etwas Besonderem aus ihrem Land richtig. Schnittblumen werden bevorzugt, dabei wird auf Üppigkeit Wert gelegt. Auch Topfpflanzen kann man schenken, dabei ist es wichtig, auf ein schönes Gefäß zu achten.

Vermeiden: Intime Geschenke, z. B. Unterwäsche für Damen.

Pünktlichkeit: Bei allen privaten Einladungen gilt eine Verspätung bis zu 15 Minuten als entschuldbar. Im Geschäftsleben wird vor allem bei Ausländern größter Wert auf Pünktlichkeit gelegt.

Trinkgeld: Ist üblich und sollte reichlicher ausfallen als bei uns, mindestens 15 Prozent vom Betrag.

Eigenarten

Bei den Türken gilt es als Ehrensache, Vereinbarungen und Zusagen abzusichern und einzuhalten. Das sollte man sich als Ausländer merken und darauf Rücksicht nehmen.

Bemerkenswert ist auch der weitverbreitete Aberglaube: So gelten beispielsweise »3« und »41« als Glückszahlen, daneben wird der »Böse Blick« *(naza)* noch immer von vielen Menschen gefürchtet.

Auffällig ist, daß sich einzelne Bevölkerungsschichten u. a. durch ihre Sprachgewohnheiten und durch unterschiedliche Formulierungen voneinander unterscheiden.

Tabus: Jedes Gespräch über Politik sollte vermieden werden. Die Themen Kurden, Armenier, Schiiten sowie Zypern sollte man ebenfalls nicht anschneiden. Den Wunsch nach Schweinefleisch oder Wurst sollte man sich verkneifen. Keine Neugierde, besonders wenn es um den persönlichen Bereich geht.

Polen

Die Verwurzelung Polens in seiner nationalen, sehr wechselhaften Geschichte, die gekennzeichnet ist von ständiger Bedrohung sowohl aus dem Westen wie auch aus dem Osten, hat einen unmittelbaren Einfluß auf die Kultur des Landes. Im 18. Jahrhundert wurde Polen zum Spielball seiner Nachbarn

(Preußen, Rußland, Österreich), die das Land unter sich aufteilten und Polen zu einer »Nation ohne Staat« machten. Erst 1945 bekam Polen seine neuen, derzeit gültigen Grenzen.

Polen galt zudem immer als Klassengesellschaft: Zahlreiche Adelsgeschlechter hatten großen gesellschaftlichen Einfluß. Ihnen gegenüber standen das Bürgertum und die Landbevölkerung. Allen gemeinsam war eine tiefe Religiosität, welche auf einen starken römisch-katholischen Einfluß zurückzuführen ist.

Amtssprache	Polnisch
International	Englisch

Begrüßung, Verabschiedung

Händeschütteln ist nicht üblich, es sei denn beim Kennenlernen oder bei längerer Abwesenheit. Umarmen ist üblich, wie bei allen Slawen, vor allem bei Männern. Der Handkuß (merkwürdigerweise auch in Arbeiter- und Bauernkreisen) wird immer und vor allem gekonnt praktiziert. Die Verbeugung drückt besondere Ehrerbietung aus.

Anrede: Herr/Frau/Fräulein.

Titel: Dafür besteht eine besondere Vorliebe, daher unbedingt aussprechen.

Verhaltensnormen für Frauen

Die Polen waren im Grunde genommen ein eher konservatives Volk. Da sich die Gesellschaft im Umbruch befindet, wird man erst sehen, inwieweit die Gleichberechtigung der Frau verwirklicht wird.

Die polnischen Männer hofieren die Frauen und verhalten sich ihnen gegenüber immer ausgesucht höflich und galant.

Als Frau sollte man sich daher eher zurückhaltend und dezent benehmen.

Kleidung

Männer im Geschäftsleben kleiden sich klassisch-konservativ: Anzug, Hemd, Krawatte, vorzugsweise gedeckte Farben.

Bei offiziellen oder gesellschaftlichen Anlässen wird ein dunkler Anzug oder ein Smoking gewählt.

Frauen sollten sich im Stil unbedingt den Männern anpassen, sich elegant und vornehm anziehen.

Vermeiden: Freizügige und nachlässige Bekleidung. Farben, die nicht zusammenpassen.

Gastlichkeit, Gesellschaftsleben

Die Polen haben einen starken Familiensinn und gelten als gastfreundlich. Man achtet auf Traditionen und praktiziert die westeuropäische Lebensart.

In Polen überaus beliebt: opulente Mahlzeiten, vorwiegend im größeren Kreis mit Verwandten und guten Freunden. Die Einladung eines Geschäftsfreundes gilt als besondere Ehre.

Internationale Serviceklubs fassen langsam Fuß.

Vermeiden: Die Ablehnung einer Einladung wird als Beleidigung empfunden.

Tischmanieren, Tischsitten: Wer bei uns korrekte Tischmanieren hat, kommt in Polen gut zurecht.

Gastgeschenke: Alkohol wird in jeder Form gerne angenommen. Bei einem Geschäftsbesuch könnte man auch Geschenke mitbringen, die in Polen heute noch nicht erhältlich sind. Blumen sind ebenfalls beliebt.

Pünktlichkeit: Bei Geschäftsterminen wird auf Pünktlichkeit geachtet. Bei privaten Einladungen wird das »akademische Viertel« toleriert, jedoch sollte man zu Esseneinladungen pünktlich sein.

Trinkgeld: Wie bei uns üblich.

Eigenarten

Die Polen sind überwiegend katholisch, anderen Konfessionen gegenüber eher intolerant. Sie besitzen eine ausgesprochene künstlerische Begabung und sind auf ihre Kultur stolz. Besonders ausgeprägt ist das Improvisieren, daher gelingt es auch, die wirtschaftlichen Schwierigkeiten zu meistern.

Tabus: Gespräche über Politik, den Zweiten Weltkrieg, wirtschaftliche und gesellschaftspolitische Probleme.

Tschechische Republik, Slowakische Republik

Die Tschechoslowakei ging im Jahr 1918 aus dem untergegangenen Kaiserreich Österreich-Ungarn hervor, war nach dem Zweiten Weltkrieg ein kommunistisch regierter Staat, der im Jahr 1989 zur Demokratie zurückkehrte. Durch die Unabhängigkeitsbestrebungen der slowakischen Teilrepublik wurde das Land geteilt. Seit dem 1. Januar 1993 bestehen zwei selbständige, allerdings wirtschaftlich noch stark miteinander verbundene Staaten: Tschechien und die Slowakei.

Betrachtet man es genau, so bestehen zwischen diesen beiden Ländern, einerseits bedingt durch die Verschiedenheit der Volksgruppen, andererseits durch die Ungleichheit der Herrschaftsverhältnisse, große historische Unterschiede, was nicht zuletzt zur Teilung führte.

Trotzdem scheinen die kulturellen Unterschiede nicht sehr groß zu sein. Auch im Verhalten ähneln sich die Menschen beider Staaten sehr, was ja nach so vielen Jahren gemeinsamer Vergangenheit nicht verwundert. Daher ist es sinnvoll, die Verhaltensnormen und die Umgangsformen gemeinsam aufzuzeigen.

Amtssprache	Tschechisch – Slowakisch
International	Englisch

Begrüßung, Verabschiedung

Eine leichte Verbeugung mit anschließendem Reichen der Hände ist üblich. Umarmungen werden kaum mehr praktiziert.

Anrede: Wie bei uns üblich.

Titel: Darauf wird viel Wert gelegt! Ganz besonders der »Ingenieur«-Titel genießt einen hohen Stellenwert.

Verhaltensnormen für Frauen

Diese sind noch sehr konservativ. Obwohl viele Frauen berufstätig sind, gelten die althergebrachten Regeln und Normen.

Die Männer sind den Frauen gegenüber sehr zuvorkommend und behandeln sie ausgesprochen höflich.

Kleidung

Der konservativ-formelle Stil im Geschäftsleben entspricht den in Europa üblichen Gepflogenheiten. Das gilt auch bei offiziellen und gesellschaftlichen Anlässen. Frauen sollten sich ebenfalls in diesem Stil kleiden, vor allem jedoch dezent.

Gastlichkeit, Gesellschaftsleben

Tschechen wie Slowaken sind bekannt gastfreundlich, was sich besonders in einem engen nachbarschaftlichen Verhältnis untereinander ausdrückt. Im Geschäftsleben wird der Besuch von Restaurants bevorzugt bzw. werden die Gäste gerne in landestypische Lokale geführt.

Besonders beliebt ist der Besuch der unzähligen Bierkneipen und Cafés. Zunehmend fassen auch Serviceklubs Fuß.

Tischmanieren, Tischsitten: Sind mit den bei uns gewohnten identisch, werden aber genau beachtet.

Gastgeschenke: Bei einem Geschäftsbesuch freut man sich über westliche Prestigeartikel, bei einer privaten Einladung sind Süßigkeiten, Wein oder Spirituosen gefragt. Blumen sind beliebt.

Pünktlichkeit: Geschäftliche Verabredungen sollten pünktlich eingehalten werden. Im Privatbereich wird das »akademische Viertel« toleriert, außer es handelt sich um eine Einladung zum Essen.

Trinkgeld: Wie bei uns, lieber aber etwas höher bemessen.

Eigenarten

Die Slowaken gelten als konservativer und zeigen ihre Emotionalität stärker; sie wirken »bäuerlicher«.

Die Tschechen dagegen wirken aufgeschlossener, eleganter, zeigen rationales Denken und sind weltbekannt für ihre humorvolle Art, mit der sie auch schwierige Situationen überbrücken.

Auf den Besitz von Statussymbolen wird allergrößter Wert gelegt: große Autos, Fernseher, Telefon und vor allem eine Wohnung in einer guten Wohngegend.

Tabus: Das Verhältnis zwischen Tschechen und Slowaken sollte nicht angesprochen werden.

Ungarn

Die Kultur und die Geschichte Ungarns sind eng mit der Österreichs verbunden. Im Jahr 1867 wurde das riesige Reich der kaiserlich-königlichen Donaumonarchie gegründet. Der Kaiser von Österreich war gleichzeitig König von Ungarn. Nach dem Sturz der Monarchie blieb Ungarn Königreich, trat 1941 in den Krieg ein und kämpfte an der Seite Deutschlands. 1946 übernahmen die Kommunisten gewaltsam die Macht; sie wurden allerdings mittlerweile durch eine demokratische Regierung ersetzt.

Die Ungarn besitzen ein ausgeprägtes Nationalgefühl und sind stolz auf ihre lange Geschichte.

Amtssprache Ungarisch

Begrüßung, Verabschiedung

Entspricht unseren Normen. Der Handkuß wird von den Ungarn sehr oft angewendet.

Anrede: Herr/Frau/Fräulein.

Titel: Darauf wird viel Wert gelegt.

Visitenkarten: Im Geschäftsleben unbedingt erforderlich.

Verhaltensnormen für Frauen

Das Verhalten der Ungarin zeichnet sich durch eine ganz besondere Flexibilität aus, die man sonst bei kaum einer anderen Frau auf der Welt findet: tagsüber als berufstätige, selbständige und durchaus gleichberechtigte Frau, bei gesellschaftlichen oder offiziellen Anlässen als Dame aufzutreten. Entsprechend ist auch das Verhalten der Männer gegenüber den Frauen: galant, zuvorkommend, ritterlich, charmant.

Ist man als Frau in Ungarn auf Besuch oder auf Geschäftsreise, dann sollte man versuchen, sich so gut es geht diesem Verhalten anzupassen. Männer aus anderen Ländern müssen Ungarinnen gegenüber bestes Benehmen an den Tag legen.

Vermeiden: Jede Art von Anspielung, die den Intimbereich verletzt.

Kleidung

Die Ungarn legen allergrößten Wert auf Eleganz und korrekte Kleidung. Der Geschäftsmann trägt vorzugsweise ein klassisches Outfit: Anzug, Hemd, Krawatte, in ausschließlich gedeckten Farben. Maßarbeit wird besonders geschätzt. Gute Schuhe sind wichtig.

Als Frau kleidet man sich ebenfalls eher klassisch und dezent: Kostüm, Mantelkleid. Größter Wert sollte auf ausgezeichnete Qualität gelegt werden.

Offizielle oder gesellschaftliche Anlässe verlangen nach kleiner Abendkleidung: Der Herr erscheint in Smoking/Dinnerjackett/schwarzem Anzug, die Dame im kleinen Abend- oder Seidenkleid.

Vermeiden: Laute Farben und schrille Kleidung. Der bei uns so modische und beliebte »Lässig-Look« stößt in Ungarn auf keinerlei Verständnis.

Gastlichkeit, Gesellschaftsleben

Die Ungarn gelten als gastfreundlich, besonders dann, wenn man sich besser kennt. In geschäftlichen Zusammenhängen wird gerne in (typische) Restaurants eingeladen. Eine Einladung in das Haus eines Geschäftsfreundes sollte man als besondere Auszeichnung betrachten.

Vermeiden: Eine Einladung ohne wirklich triftigen Grund abzulehnen.

Tischmanieren, Tischsitten: Der starke Einfluß der k. u. k. Monarchie ist auch heute noch spürbar. Auf Etikette wird Wert gelegt. Diese spiegelt sich auch bei Tisch wider. Mit den bei uns üblichen korrekten Manieren kommt man allerdings gut zurecht.

Gastgeschenke: Besondere Freude bereiten alkoholische Getränke, Süßigkeiten oder andere Spezialitäten. Für einen Geschäftsbesuch eignen sich jedoch auch Geschenke, die in Ungarn nicht oder nur schwer erhältlich sind, z. B. technische Artikel.

Pünktlichkeit: Wird in geschäftlichen Zusammenhängen unbedingt erwartet. Private Einladungen gestatten die »akademische Viertelstunde«, versuchen sollte man jedoch, speziell bei Essenseinladungen, pünktlich zu sein.

Trinkgeld: Wird erwartet, sollte aber etwas höher ausfallen als bei uns.

Eigenarten

Die Ungarn sind wirklich außergewöhnliche Menschen, sie legen Wert auf beste Ausbildung, sie sind kreativ und sprachbegabt. Dazu kommt, daß sie sehr freundlich und absolut begeisterungsfähig gegenüber Neuerungen sind. Sie sind weltoffen und zeigen Fremden gegenüber großes Interesse.

Tabus: Man sollte keinesfalls über die noch herrschenden Unzulänglichkeiten von Entwicklung und Produktivität sprechen.

Jugoslawien

Der Vielvölkerstaat Jugoslawien, der aus den Teilrepubliken Slowenien, Kroatien, Serbien, Bosnien-Herzegowina, Mazedonien, Montenegro bestand, ist in seiner bisherigen Form nicht mehr existent. Slowenien, Kroatien und Mazedonien erklärten ihre Unabhängigkeit, und in den anderen Landesteilen herrscht Bürgerkrieg. Die Hintergründe für den Zerfall des Staates sind vielfältigster Natur. Es würde zu weit führen, hier darauf näher einzugehen. Allerdings gibt es auch kulturell bedingte Ursachen, beispielsweise die Religion: Die Slowenen waren bis zum Ausbruch des Ersten Weltkriegs im Jahr 1914 ein Teil der österreich-ungarischen Monarchie. Sie sind durchwegs Katholiken und mit dem deutschsprachigen Kulturkreis eng verbunden. Die Kroaten lebten aufgrund ihrer Zugehörigkeit zur k. u. k. Monarchie in einer von Mitteleuropa beeinflußten Welt und sind streng katholisch, während die Serben von Byzanz missioniert wurden und orthodoxe Christen sind. Sie standen zudem lange Jahre unter der Herrschaft der Türken und dadurch nicht nur unter morgenländischem Einfluß, sondern sind auch häufig Mohammedaner.

Verständlicherweise wurde die Kultur der einzelnen Völker von der unterschiedlichen Geschichte stark beeinflußt. Auch die Verhaltensweisen sind unterschiedlich, daher ist es schwer, Richtlinien zu geben, die allgemeine Gültigkeit besitzen. Sinnvoll wäre es daher, sich vor einer Reise in diese Länder von den diplomatischen Vertretungen entsprechende Verhaltensrichtlinien zu holen.

Amtssprache	Serbokroatisch – Kroatisch – Mazedonisch, je nach Landesteil
International	Englisch

Begrüßung, Verabschiedung

Verneigen, Händeschütteln bei Begrüßung und Verabschiedung; Umarmung manchmal üblich, auch unter Männern.

Anrede: Wie bei uns üblich.

Titel: Falls vorhanden, werden diese angeführt.

Verhaltensnormen für Frauen

Die Frauen sind in beruflichen Belangen (in den westlich geprägten Landesteilen) überwiegend den Männern gleichgestellt. Dennoch werden Führungspositionen hauptsächlich mit Männern besetzt, und nur wenige Frauen haben es geschafft, in Führungspositionen aufzurücken.

Die Verhaltenserwartungen sind noch immer konservativ, Traditionen besitzen einen großen Stellenwert.

Kleidung
Klassisch-konservativ vor allem im Geschäftsleben (Anzug, Hemd, Krawatte). – Zu offiziellen Anlässen dunkler Anzug. Frauen sollten sich schlicht und dezent kleiden.

Vermeiden: Alles, was auffällt. Es herrscht ein relativ bescheidenes Bekleidungsniveau, das man nicht mit ausgesuchter Kleidung übertrumpfen sollte.

Gastlichkeit, Gesellschaftsleben
Die Jugoslawen waren als sehr gastfreundlich bekannt. Aufgrund der derzeitigen Lage läßt es sich kaum beurteilen.

Tischmanieren, Tischsitten: Entsprechend den unseren.

Gastgeschenke: Sind ebenfalls üblich.

Pünktlichkeit: Wird im Geschäftsleben erwartet, bei privaten Einladungen ist das »akademische Viertel« erlaubt.

Trinkgeld: Ja, vielleicht etwas höher bemessen.

Eigenarten
Hier herrschen aufgrund der vielfältigen Kultur große Gegensätze, die man unbedingt berücksichtigen müßte.

Tabus: Die materielle Situation des Landes mit unserer zu vergleichen.

Asien

Mit fast einem Drittel der Landfläche ist Asien der größte Erdteil unserer Welt. Er grenzt im Norden an das Eismeer, im Osten an den Pazifik und im Süden an den Indischen Ozean. Daneben gehören noch große Inselgruppen zu Asien: Japan, die Philippinen, die malaiischen Inseln. Asien hat von allen

Kontinenten die meisten Einwohner: über 3,1 Milliarden. Und die meisten davon leben in China, Indien und Indonesien.

So vielfältig wie die Menschen, die auf dem asiatischen Kontinent leben, so vielfältig sind auch ihre Kulturen. Und die sind stark geprägt von den großen asiatischen Religionen: dem Buddhismus wie dem Hinduismus, die zu den Weltreligionen gehören, während der Konfuzianismus hauptsächlich in China verbreitet ist. Hier findet man auch den Taoismus, eine philosopisch-religiöse Bewegung. Der Schintoismus gilt als Hauptreligion des japanischen Volkes. So ist der Tenno nicht nur Staatsoberhaupt, sondern auch Oberhaupt dieser Religion.

Die Verhaltensnormen und die Regeln für den Umgang miteinander sind von Volk zu Volk, von Land zu Land verschieden. Es würde ein Buch füllen, auch nur annähernd darüber zu informieren. Daher stellvertretend für alle asiatischen Staaten drei Beispiele, die einen Einblick ermöglichen in das Verhalten und die dort üblichen Umgangsformen. Wer in irgendein asiatisches Land reisen möchte, sei es aus beruflichen oder privaten Gründen, der tut gut daran, sich vorher darüber zu informieren, welche Verhaltenserwartungen man erfüllen muß.

Hongkong

Noch bis zum Jahr 1997 bleibt Hongkong britische Kolonie, dann fällt das Gebiet vertragsgemäß an die Volksrepublik China zurück, die ab diesem Zeitpunkt für die politischen Belange zuständig ist, während jedoch die innere Autonomie Hongkongs in bezug auf das bisherige System der freien Marktwirtschaft für weitere 50 Jahre erhalten bleibt.

Die Hongkong-Chinesen gelten als geschäftstüchtiges, fleißiges Volk. Das beweist ihr wirtschaftlicher Erfolg und der daraus resultierende Reichtum. Der Trend zu Statussymbolen und persönlichem Besitz ist auffallend. Die Verhaltensweisen sind geprägt von der chinesischen Kultur. Die alten Traditionen werden nach wie vor aufrechterhalten. Durch die enge Bindung an den Commenwealth of Nations wurden aber auch die britische Lebensart und die in England üblichen Verhaltensweisen übernommen.

Amtssprache/international Englisch

Begrüßung, Verabschiedung

Das Händeschütteln ist üblich.

Anrede: Wie in Großbritannien üblich.

Titel: Besitzen einen großen Stellenwert, daher sollte man sie nennen. Orden, besonders wenn sie von der britischen Königin verliehen wurden, versprechen enormen Prestigegewinn und sind daher entsprechend begehrt.

Visitenkarten: Sehr wichtig! Mit jedem, den man kennenlernt, bei jeder Gelegenheit austauschen.

Verhaltensnormen für Frauen

Frauen werden mit einer Mischung aus asiatischen und europäischen Verhaltensformen behandelt. Allerdings gibt es sehr wohl Frauen, die im Beruf erfolgreich sind und entsprechende Positionen besetzen. Doch im Privatleben hat nach wie vor der Mann das »Sagen«.

Vermeiden: Allzu forsches und selbstsicheres Auftreten als Frau.

Kleidung

Der Geschäftsmann trägt ein Busineß-Outfit: Anzug, Hemd, Krawatte in dezenten Farben und elegantem Schnitt (Maßarbeit bevorzugt), aus bester Qualität nach europäischem Vorbild.

Die Frauen im Berufsleben ziehen sich betont klassisch an, vorzugsweise Kostüme.

Bei offiziellen und gesellschaftlichen Einladungen gelten europäische Gepflogenheiten.

Vermeiden: Der bei uns sehr verbreitete »Lässig-Look« ist

im Geschäftsleben absolut verpönt. Auch z. B. bei Restaurantbesuchen ist korrekte Kleidung sehr wichtig.

Gastlichkeit, Gesellschaftsleben

Spielt sich hauptsächlich in den Luxushotels in Hongkong ab.

Internationale Serviceklubs oder Klubs nach britischem Vorbild: Golfklub oder der renommierte »Hong Kong Club« haben einen großen Anteil am gesellschaftlichen Leben.

Vermeiden: Einladungen nicht anzunehmen; keine Rückeinladung innerhalb angemessener Zeit (etwa zehn bis 14 Tage) auszusprechen.

Tischmanieren, Tischsitten: Mit korrekten westlichen Tischmanieren macht man keinen Fehler.

Geschenke: Wertvolle Geschenke (in zwei Teilen, da die Zwei eine Glückszahl ist) werden besonders geschätzt, z. B. Markenartikel von bekannten Designern, etwa Herrenkrawatten oder Seidentücher für Frauen.

Pünktlichkeit: Im Geschäfts-, Gesellschafts- und Privatleben absolut wichtig.

Trinkgeld: Üblich.

Eigenarten

Der Familiensinn der Hongkong-Chinesen ist sehr ausgeprägt.

Soziale Unterschiede werden durch Kleidung und Statussymbole (beispielsweise exklusive Autos, Wohngegend, Besuch teurer Privatschulen oder ausländischer Universitäten) demonstriert. Statuswert hat aber auch ein ausgeprägtes Gesellschaftsleben.

Glücksspiele, Wetten und Börsenspekulation sind ebenfalls außerordentlich beliebt.

Tabus: Mißerfolge und Kritik dürfen niemals angesprochen werden. »Gesichtsverlust« (siehe Japan) ist unbedingt zu vermeiden.

Japan

Das »Land der aufgehenden Sonne«, wie das Kaiserreich Japan auch gerne genannt wird, besitzt eine lange, wechselvolle Geschichte, in der auf kulturelle Blütezeiten (z. B. die Nara-Zeit 710–780) kriegerische Auseinandersetzungen folgten (1850 erzwingen amerikanische Schiffe die Öffnung japanischer Häfen und damit den ersten Freundschafts- und Handelsvertrag zwischen Japan und den USA). Nach dem Zweiten Weltkrieg entwickelte sich die Industrie Japans und wurde in vielen Bereichen zu einem starken Konkurrenten für die bisher führenden Industrienationen aus Europa und die USA. Trotz ihrer wirtschaftlichen Erfolge und einem nach außen hin modernen Lebensstil sind die Japaner ausgesprochen traditionsbewußt – die Einhaltung von Protokoll-, Etikette- und Verhaltensregeln gehört zu den obersten Maximen. Japaner erwarten aber auch von Besuchern ihres Landes, von Geschäftspartnern und Freunden, daß diese sich vorurteilsfrei danach richten.

Amtssprache	Japanisch
International	Englisch

Begrüßung, Verabschiedung
Erfolgt durch eine relativ tiefe Verbeugung und ein Falten der Hände.

Bei offiziellen gesellschaftlichen Anlässen unbedingt vor jedem Gast verbeugen, dem man vorgestellt wird.

Anrede: Ausländer können problemlos die englischen Anreden verwenden.

Titel: Gibt es auch in Japan, sie werden auch genannt.

Visitenkarten: Diese spielen in Japan eine wichtige Rolle und sollten in genügender Zahl mitgeführt werden.

Wichtig: Name und Adresse sollten auch in japanischer Schrift gedruckt werden (gegebenenfalls separat anfertigen lassen).

Verhaltensnormen für Frauen

Die Rolle der Frau ist, obwohl es nach außen so aussieht, keineswegs gleichberechtigt. Die Japanerinnen können zwar auf eine ausgezeichnete Ausbildung verweisen und sind berufstätig, überlassen jedoch nach ihrer Heirat dem Mann die »Hauptrolle«. Er ist, wie es die Tradition vorschreibt, der Ernährer der Familie, während die Frau ihren angestammten Platz im Haus einnimmt. Alle häuslichen Dinge sowie die Familienkasse gelten als ihr Aufgabengebiet.

Wie überall im Fernen Osten, besonders in den buddhistischen und schintoistischen Ländern, besteht auch in Japan eine eigene Werteordnung, durch die die Frauen leider ziemlich weit unten angesiedelt sind. Eine europäische Frau kann kaum mit höflichem Verhalten rechnen.

Sollten geschäftliche Erfordernisse eine Frau nach Japan führen, so wäre es für sie einfacher, sich von einem Mann begleiten zu lassen, um ihre Geschäfte erfolgreich abwickeln zu können. Das gilt auch für andere asiatische Länder.

Vermeiden: Allzu stark in den Vordergrund gestellte Selbstsicherheit und Kompetenz bei Frauen.

Kleidung

Sehr konventionell. Die Japaner legen größten Wert auf ein korrektes Äußeres: Männer tragen im Geschäftsleben Anzug, Hemd, Krawatte in den bevorzugten Farben Dunkelblau (klassische Busineß-Farbe) und Grau.

Frauen müssen im Berufsleben ebenfalls klassisch und konventionell gekleidet sein, bevorzugt werden Kostüme.

Zu allen offiziellen und gesellschaftlichen Anlässen gilt europäisch-formelle Kleidung als korrekt: kleine Abendkleidung, z. B. Smoking, zumindest dunkler, eleganter Anzug. Frauen kleiden sich entsprechend elegant, bevorzugt langes Kleid.

Vermeiden: Alles, was auffallend wirkt. »Lässig-Look« unbedingt vermeiden, vermindert die Glaubwürdigkeit.

Gastlichkeit, Gesellschaftsleben

Sollte man die Möglichkeit bekommen, in ein japanisches Haus eingeladen zu werden, so bedeutet das eine ganz besondere Auszeichnung. *Wichtig:* Unbedingt die Schuhe ausziehen!

Internationale Serviceklubs bestehen; die Aktivitäten haben aber, anders als in Europa oder Übersee, kaum Einfluß auf das Gesellschaftsleben.

Japaner legen größten Wert auf das Protokoll. Es ist unbedingt erforderlich, sich darüber zu informieren, wer welche Position/Bedeutung hat, und sich danach zu richten.

Geschäftsbeziehungen/-besuche/-essen/Gesprächsführung: Um eine positive Geschäftsbeziehung aufzubauen, ist eine gute persönliche Beziehung zwischen den Geschäftspartnern wichtig. Dazu gehören natürlich auch private Begegnungen, die hauptsächlich außer Haus und nur zwischen Männern (äußerst selten sind auch Frauen dabei) stattfinden.

Japaner erwarten, daß sie zu einem Besuch in das Unternehmen des Geschäftspartners eingeladen werden, daß enge Kontakte zwischen den Mitarbeitern geknüpft werden.

Diese finden üblicherweise nach Geschäftsschluß statt. Dabei kommt es unbedingt darauf an, dem Geschäftspartner zu zeigen, welche Wichtigkeit man besitzt. Im Gegensatz zu Besprechungen im Unternehmen laufen die Arbeitsessen durchaus etwas lockerer ab.

Geschäftsgespräche müssen in Japan ausnahmslos zuerst durch persönliche Themen eingeleitet werden.

Wichtig: Neujahrsglückwünsche sind eine japanische Sitte. Es wird erwartet, daß auch Ausländer sich zu diesem Anlaß durch Kartengrüße in Erinnerung bringen.

Tischmanieren, Tischsitten: Sind wesentlich anders als bei uns. Europäer können aber problemlos ihre gewohnten Tischmanieren praktizieren.

Gastgeschenke: Bevorzugte Gastgeschenke sind Besonderheiten aus dem Land des Besuchers, z. B. Süßigkeiten, klassische Musik.

Wichtig: Geschenke immer mit beiden Händen überreichen.

Tabus: Unbedingt auf eine elegante Verpackung achten, dabei jedoch weißes Geschenkpapier (Farbe des Todes) und allzu grelle Farben vermeiden. Geschenke dürfen nie aus *vier* oder *neun* Teilen bestehen, das sind Unglückszahlen. Niemals Geschenke in Gegenwart anderer überreichen.

Pünktlichkeit: Japaner sind Perfektionisten, absolute Pünktlichkeit ist ein »Muß«!

Trinkgeld: Es ist nicht üblich, ein Trinkgeld zu geben.

Eigenarten

Für die Japaner steht die Gemeinschaft absolut im Vordergrund, d. h., das Unternehmen hat Familiencharakter und verkörpert die Gemeinschaft.

In Japan bestehen verschiedene Religionen (Buddhismus, Schintoismus, Konfuzianismus) nebeneinander. Die religiösen Traditionen werden von allen Schichten sehr ernst genommen und praktiziert.

Selbstdisziplin, Selbstwertgefühl, ein ausgeprägtes Nationalgefühl und die Bereitschaft, intensiv zu arbeiten, befähigen die Japaner immer wieder dazu, Höchstleistungen zu vollbringen.

Lächeln ist oberstes Gebot, das gilt selbst dann, wenn unangenehme Nachrichten überbracht werden.

Tabus: Den Japanern (ebenso wie anderen Asiaten) ist es wichtig, daß sie niemals ihr »Gesicht verlieren«, d. h., man sollte niemals einen Menschen dazu zwingen, zuzugeben, daß er etwas nicht weiß, daß er etwas nicht kann, daß er etwas nicht kennt.

Dazu gehört auch, daß man kaum »nein« sagt. Dieses Verhalten erschwert es natürlich Menschen aus den westlichen Kulturkreisen, japanische (asiatische) Willensäußerungen zu erkennen.

Thailand

Das seit Jahrhunderten selbständige Königreich hatte bis 1939 den Namen Siam. Die Thailänder verweisen mit berechtigtem Stolz auf ihre lange Geschichte und auf ihre schon vor Jahrhunderten errungene Freiheit: 1238 gründete Sukhotai das Königreich, das sich 1350 bis auf die Malaiische Halbinsel ausdehnte. Um das Jahr 1700 war die große Blütezeit des Königreichs Siam, der 1767 die Zerstörung folgte. Seit 1978 besteht eine parlamentarisch-demokratische Verfassung, doch bestimmend sind immer wieder wechselnde politische Verhältnisse (z. B. Militärputsch in neuerer Zeit).

Amtssprache	Thai
International	Englisch

Begrüßung, Verabschiedung
Die Hände werden etwa in Gesichtshöhe gefaltet, dazu sagt man »Wai«.

Anrede: Europäer können die englische Form der Anrede benützen.

Titel: Darauf wird in bestimmten Kreisen ebenfalls Wert gelegt, daher sollte man diese anwenden.

Verhaltensnormen für Frauen
Wie in den anderen asiatischen Staaten.

Kleidung
In geschäftlichen und offiziellen Zusammenhängen wird von den Europäern ein klassisch-korrektes Outfit erwartet, d. h. dunkler Anzug, Hemd, Krawatte (auch bei größter Hitze). Frauen sollten sich dezent kleiden.

Vermeiden: Allzu auffallende Kleidung.

Gastlichkeit, Gesellschaftsleben
Eingeladen wird meist in landestypische Restaurants (thai-

ländische oder chinesische Küche). Einladungen in das eigene Haus gelten als höchste Auszeichnung.

Vermeiden: Es wird als Beleidigung aufgefaßt, eine Einladung abzulehnen.

Tischmanieren, Tischsitten: Bei Europäern werden die gewohnten Tischsitten problemlos toleriert.

Geschenke: Mit Europäischem bereitet man große Freude.

Pünktlichkeit: Im Geschäftsleben wichtig.

Trinkgeld: Üblich.

Eigenarten

Die Thailänder lieben Zurückhaltung in jeder Beziehung, wie sie auch Distanz zum anderen schätzen. Sie verabscheuen Lautstärke genauso wie Unfreundlichkeiten.

Die höchste soziale Stellung haben die Mönche.

Tabus: Für Thailänder bedeutet es eine Todsünde, am Kopf berührt zu werden (er gilt als Aufenthaltsort der Seele). Eine Berührung des Fußes oder das Zeigen mit den Fingern auf einen Menschen wird ebenfalls als Sünde betrachtet. »Nein«, dieses Wort gibt es im Sprachgebrauch der Thailänder nicht. Konflikte und Konfrontationen sollte man unbedingt vermeiden.

Nordamerika

Vereinigte Staaten von Amerika (USA)

Das Staatsgebiet der USA mit seinen 50 Bundesstaaten umfaßt den südlichen Teil des nordamerikanischen Festlandes – dazu gehören auch Alaska, Hawaii usw. Im Jahr 1492 wurde der amerikanische Kontinent von Christoph Kolumbus entdeckt. Erst ab 1534 besiedelten zuerst Spanier und Franzosen Teile des Landes, es folgte die Besiedlung Neuenglands durch die Briten. 1783 endete der acht Jahre dauernde Unabhängigkeitskrieg gegen England. Die Sezessionskriege zwischen den Nord- und den Südstaaten dauerten von 1861 bis 1865, und schlossen das Land zu einer Einheit zusammen. Die indianischen Ureinwohner waren schon vorher fast ausgerottet worden, und der traurige Rest wurde in Reservate abgeschoben. Ihre Kultur hat damit, wie in Kanada auch, keinerlei Einfluß auf das Verhalten der Bewohner.

Die USA galten als Land der »unbegrenzten Möglichkeiten«, daher kamen im Laufe der Zeit Emigranten aus aller Herren Länder, um sich dort neue Existenzen aufzubauen. Sie brachten ihre eigene Kultur mit und lebten sie, doch nach und nach vermischten sich die doch recht unterschiedlichen Verhaltensweisen, und dieses Konglomerat wird seitdem als amerikanischer Konformismus praktiziert.

Amtssprache Englisch (Amerikanisch)

Begrüßung, Verabschiedung

Handschlag bei geschäftlichen Zusammenkünften, beim offiziellen, gesellschaftlichen und privaten ersten Kennenlernen oder bei längerer Abwesenheit.

Vermeiden: Händeschütteln bei jeder möglichen Gelegenheit entspricht nicht den Verhaltenserwartungen.

Anrede: »Sir« oder »Madam«, wenn man den Namen nicht kennt; im Zusammenhang mit dem Familiennamen dagegen: »Mister ...« (»Herr ...«) – Abkürzung im schriftlichen Verkehr: Mr.; »Missis ...« (»Frau ...«) – Abkürzung im schriftlichen Verkehr: Mrs.; »Fräulein« (»Miss«) als Anrede unverheirateter Frauen ist in den USA nicht mehr gebräuchlich.

Im allgemeinen spricht man Bekannte, Mitarbeiter, Gäste, Geschäftspartner rasch mit dem Vornamen an. Doch ist diese Art der Anrede keinesfalls gleichzusetzen mit unserem »Duzen« und bedeutet auch nicht, daß dadurch bereits eine besonders freundschaftliche Beziehung entstanden ist.

Vermeiden: Als AusländerIn muß man jedoch unbedingt abwarten, bis ein/e AmerikanerIn von sich aus diese Anrede vorschlägt, d. h., man darf nie von sich aus den Vornamen anbieten.

Titel: Akademische Titel werden normalerweise nicht angewendet. Dagegen ist es üblich, z. B. »Mister« ohne Familiennamen, jedoch zusammen mit dem Titel anzuwenden. »Mister President« kommt nicht nur als Anrede für den Präsidenten der USA zur Anwendung, sondern alle möglichen Vorsitzenden von Klubs oder Vereinen werden ebenso betitelt.

Verhaltensnormen für Frauen

Besonders in den Großstädten sind die Frauen durchaus gleichberechtigt, die Standards gegenüber Frauen sind ausgesprochen liberal, sie besitzen absolute Redefreiheit (*Ausnahme:* zweideutige Witze oder lockere Redensarten gelten bei Frauen als absolut unmöglich), und die Männer sind durchaus bereit, den Frauen auch zuzuhören. Anders ist es dagegen in ländlichen Gegenden oder kleineren Städten. Dort bestehen die gleichen Einschränkungen wie bei uns, die Frauen haben hier andere Verhaltenserwartungen zu erfüllen.

Bemerkenswert ist jedoch, wie die Männer aus den gehobenen Schichten den Frauen begegnen. Ihr Verhalten ist wesentlich höflicher und galanter, als dies bei uns der Fall ist. Die Frauen nehmen diese Gesten der Zuvorkommenheit ganz selbstverständlich und mit entsprechender Freundlichkeit an.

Vermeiden: Niemals eine Hilfestellung oder zuvorkommendes Verhalten ablehnen.

Kleidung

Gerade im Geschäftsleben merkt man, daß die Amerikaner eigentlich gar nicht so ungezwungen sind, wie wir sie aufgrund ihres legeren Outfits bei Europareisen einschätzen. Im Geschäftsleben ist klassisch-korrekte Kleidung, der »business suit«, besonders wichtig!

Männer tragen generell Busineß-Kleidung mit Anzug, Hemd, Krawatte (auch im Sommer). Wichtig: Auf die Schuhe achten!

Frauen ziehen sich im Beruf ebenfalls dezent an, z. B. Kostüm.

Bei offiziellen und gesellschaftlichen Veranstaltungen wird Gesellschaftskleidung getragen. Herren: Smoking/»Tuxedo«, Damen: elegante Kleidung, z. B. Cocktailkleid/Seidenkleid. Das lange Kleid bleibt ganz besonderen Anlässen vorbehalten.

Beachten: In vielen guten Restaurants herrscht »Krawattenzwang«.

Vermeiden: Frauen dürfen niemals ohne Strümpfe gehen, auch nicht bei größter Hitze! Allzu freizügige Bekleidung ist absolut verpönt.

Gastlichkeit, Gesellschaftsleben

Die Amerikaner sind gastfreundlich. Schnell erfolgt unter Geschäftsfreunden eine Einladung in das eigene Haus, wobei oft als Reverenz an den Gast eine Speise aus dessen Heimat angeboten wird. Das ist eine freundliche Geste einem Fremden gegenüber und muß als solche auch honoriert werden. Auch wenn Freunde, Verwandte oder Bekannte zu Besuch haben, werden diese oft und gerne eingeladen, und es wird für sie eine Party, ein Brunch oder gar ein Dinner veranstaltet.

Das Gesellschaftsleben spielt sich in Klubs ab: Countryklubs sind wichtig, in die gerne auch Fremde eingeladen werden. Serviceklubs wie Rotary und Lions haben ihren Ursprung in den USA. Demzufolge besitzen sie einen hohen Stellenwert. Ebenso haben (besonders in der gehobenen Schicht) alle möglichen Wohlfahrtsveranstaltungen großen Anteil am gesellschaftlichen Leben.

Wichtig: Bei bedeutenden offiziellen Veranstaltungen ist es üblich, mit einem Gebet zu beginnen. Als Fremder sollte man diesem Brauch Respekt zollen. Übrigens kann es auch bei einer privaten Einladung passieren, daß vor dem Essen ein Gebet gesprochen wird.

Vermeiden: Eine Einladung nicht anzunehmen wird als persönliche Mißachtung verstanden. Gesprächsthemen aus den Bereichen Religion und Politik sollten vermieden werden.

Tischmanieren, Tischsitten: Die amerikanischen Tischmanieren unterscheiden sich ganz wesentlich von den unseren. Vor allem der Gebrauch von Messer und Gabel unterscheidet sich von unseren Gewohnheiten. (Das Messer wird nur zum Schneiden der Speisen benützt, dann auf dem Tellerrand abgelegt. Die Gabel wird in die rechte Hand genommen, und die zerkleinerten Speisen werden Stück für Stück gegessen, während die linke Hand unter dem Tisch auf den Schoß gelegt wird.)

Allerdings: Als Ausländer dürfen sie problemlos ihre eigenen kontinentalen Tischmanieren behalten. Niemand erwartet, daß sie sich umstellen. Im Restaurant wartet man geduldig, bis vom Personal ein Tisch zugewiesen wird.

Geschenke: Gehören unbedingt dazu. Bei Geschäftsbesuchen liegt man mit etwas Typischem aus der Gegend, aus der man kommt, richtig und bereitet Freude.

Pünktlichkeit: Ein Amerikaner rechnet mit absoluter Pünktlichkeit, gleichgültig ob im Geschäfts-, Privat- oder Gesellschaftsleben.

Trinkgeld: Es wird großzügig bemessen, üblich sind zwischen zehn und 15 Prozent.

Tabus: Intimthemen gelten als absolut ungehörig. Hinweise nicht zu beachten, z. B. »Don't touch« (»Nicht berühren«), wird negativ aufgenommen.

Kanada

1497 landete mit John Cabot erstmals ein Europäer an der Ostküste Kanadas. 1608 wurde Quebec gegründet, 1663 der südliche Teil des Landes von den Franzosen kolonialisiert. Im 18. Jahrhundert kam Kanada unter britische Herrschaft und erlangte 1931 als Mitglied im britischen Commonwealth seine Unabhängigkeit.

Kanada war, wie die USA, ein beliebtes Einwanderungsland, und Menschen vieler Nationalitäten haben hier eine neue Heimat gefunden. Sie haben ihre Bräuche und ethnischen Gewohnheiten mitgebracht, die sich im Laufe der Zeit vermischt haben. Die Verhaltensweisen und Umgangsformen haben sich den neuen Lebensweisen angepaßt.

Amtssprache	Englisch oder Französisch, je nach Landesteil

Begrüßung, Verabschiedung

Reichen der Hände, jedoch nur bei Begrüßung und Verabschiedung; Umarmung im französischsprachigen Landesteil, jedoch nur bei Verwandten oder guten Freunden.

Anrede: Wie in Großbritannien üblich.

Titel: Wie in den USA üblich.

Verhaltensnormen für Frauen

Entsprechen im großen und ganzen denen in den USA.

Kleidung

Im Berufsleben korrekt, Vorbild sind die USA. Die Freizeitkleidung darf dagegen lässig und bequem sein.

Vermeiden: Niemals ohne Strümpfe gehen. Im Berufsleben tragen Frauen keine Hosen, Männer gehen niemals ohne Sakko.

Gastlichkeit, Gesellschaftsleben

Gastfreundschaft wird großgeschrieben. Die Einladungen erfolgen gerne in Restaurants und Hotels. Private Einladungen ins eigene Haus, besonders wenn man sich noch nicht gut kennt (Geschäftsbesucher) gelten als besondere Auszeichnung.

»Sit-down-Dinner« ist eine Form des Buffets, das in Kanada sehr beliebt ist. Dabei ist es üblich, daß sich der älteste Gast vor dem Dessert mit einigen an die Gastgeberin gerichteten Worten für die Einladung bedankt.

Im gesellschaftlichen Leben spielen Serviceklubs eine wichtige Rolle. Das kulturelle Leben wird getragen durch die vielen ethnischen Gruppen.

Vermeiden: Eine Einladung nicht anzunehmen. Nach angemessener Zeit (bis zu drei Wochen) keine Rückeinladung auszusprechen.

Tischmanieren, Tischsitten: Wie in Großbritannien bzw. bei uns üblich.

Geschenke: Wie in Großbritannien. Blumen sind üblich, jedoch sollte man niemals weiße Lilien wählen, sie gelten in Kanada als Trauerblumen.

Pünktlichkeit: Wird unbedingt erwartet.

Trinkgeld: Siehe Großbritannien.

Tabus: Niemals einen Kanadier mit einem Amerikaner vergleichen. Keine kurzen Hosen im Geschäftsalltag oder bei Stadtbesuchen.

Lateinamerika

Im süd- und mittelamerikanischen Raum gab es hochentwickelte Kulturen, beispielsweise die im Reich der der Inkas, das 1532 von den Spaniern unter Francisco Pizzaro erobert und zerstört wurde, oder die der Azteken, einem Indianervolk, das seit dem 12. Jahrhundert eine Hochkultur geschaffen hatte und weite Teile Mexikos beherrschte, nach der Eroberung durch die Spanier unter Hernan Cortés in den Jahren 1519 bis 1521 allerdings unterging. Der indianischen Urbevölkerung erging es nach der Eroberung ähnlich wie den nordamerikanischen Indianern, sie wurde von den spanischen Eroberern ausgerottet oder von den Kolonialherren derart an den Rand gedrängt, daß ihre Zivilisation und ihre Kultur kaum Einfluß auf die Umgangsformen hatten, die heute in diesen Ländern herrschen.

Anders als in den USA und Kanada haben sich in den Ländern Lateinamerikas nicht nur die Sprache, sondern auch die Lebensformen und Verhaltensweisen der spanischen und portugiesischen Kolonialherren erhalten.

Aus der Sicht der Mitteleuropäer neigt man manchmal dazu, lateinamerikanische Staaten von oben herab als Entwicklungsländer zu sehen. Diese Betrachtungsweise ist falsch, denn jeder Staat in Lateinamerika besitzt eine Kultur und hat eine eigene geschichtliche Entwicklung. Daher unterscheiden sich zwangsläufig die Verhaltensformen und die gesellschaftlichen Spielregeln, mit denen man dort konfrontiert wird.

Wer also in diese Länder reist, tut gut daran, sich vorher darüber zu informieren, wie sich die Verhaltensnormen von den bei uns üblichen unterscheiden, welche Verhaltenserwartungen an ihn/sie gestellt werden. Es würde jedoch den Rahmen des Buches sprengen, alle nationalen Eigenheiten genau zu beschreiben. Stellvertretend möchte ich deshalb die beiden größten Staaten Lateinamerikas, Argentinien und Brasilien, vorstellen.

Argentinien

Im Jahre 1516 wurde die Mündung des Rio de la Plata durch den Spanier Juan Diaz de Solis entdeckt. 20 Jahre später gründete Pedro de Mendoza die Stadt Buenos Aires, das 1776 Vizekönigreich wurde. Nach dem Aufstand gegen die spanischen Kolonialherren im Jahr 1810 unter General San Martin und dem erfolgten Zusammenschluß der La-Plata-Provinzen bekam das Land 1826 seine erste Verfassung. Seit 1853 heißt das Land Argentinien. Wie für den ganzen süd- und mittelamerikanischen Raum sind auch für Argentinien die europäischen Lebensformen des ehemaligen Koloniallandes prägend und auch heute noch vorherrschend. Die einheimische Zivilisation wurde größtenteils ausgerottet, zumindest so an den Rand gedrängt, daß deren Kultur und Lebensformen kaum Bedeutung haben.

Die heute im Land lebenden Argentinier sind teilweise spanischer Abstammung, haben sich aber im Laufe der Zeit mit den vielen europäischen Einwanderern vermischt (vor allem aus Italien).

Amtssprache	Spanisch
International	Englisch

Begrüßung, Verabschiedung
Händeschütteln, unter Verwandten, Freunden. Bei guten Bekannten sind Umarmungen (wie in Spanien) üblich.

Anrede: Siehe Spanien. Das »Du« findet man nur unter wirklich guten Freunden.

Vermeiden: Nicht von sich aus die »Distanz« überwinden. »Duzen«, in dieser Beziehung sind die Argentinier sehr formell!

Titel: Besonders akademische Titel erhöhen das Prestige, obwohl man natürlich auch Wert darauf legt, mit vorhandenen anderen Titeln angesprochen zu werden (siehe Spanien).

Visitenkarten: Sind im Geschäftsleben obligatorisch, in den oberen Schichten werden auch private Visitenkarten verwendet.

Verhaltensnormen für Frauen
Von Gleichberechtigung ist noch nicht sehr viel zu merken, obwohl die Frauen die gleichen Rechte haben und viele Frauen (vor allem die jüngeren) berufstätig sind, teilweise sogar höhere Positionen besitzen. Die Stellung der Frau ist noch immer an die althergebrachten Traditionen gebunden, was von den meisten Frauen akzeptiert wird.

Die Männer treten den Frauen mit größter Zuvorkommenheit entgegen und behandeln sie allgemein sehr galant.

Europäische Frauen sollten sich darauf einstellen, daß sie allgemein höflich behandelt werden.

Vermeiden: Zu selbstbewußtes und emanzipiertes Auftreten macht keinerlei Eindruck, weder auf Frauen noch auf Männer. Ganz im Gegenteil, es wird als unpassend und taktlos empfunden.

Kleidung
Die Argentinier legen allergrößten Wert auf elegante Kleidung, die sich an der italienischen Herrenmode und dem klassischen, britischen Stil orientiert.

Geschäftsmänner tragen ausnahmslos ein »Business suit«, dunkler Anzug, weißes Hemd, dezente Krawatte. Der bevorzugte Stil ist klassisch. Wichtig ist dabei beste Qualität, bevorzugt werden Maßarbeit oder Maßkonfektion.

Frauen kleiden sich äußerst elegant und geschmackvoll, im Beruf wird klassische Kleidung bevorzugt.

Bei gesellschaftlichen oder offiziellen Anlässen wird von den Herren bevorzugt das Dinnerjackett oder der Smoking getragen. Damen erscheinen in einem eleganten Seidenkleid oder einem dezenten Cocktailkleid, während man in langen Kleidern nur ältere Damen sieht.

Bei inoffiziellen Einladungen sollte man sich genau nach den Kleidungswünschen der Gastgeber erkundigen! Manchmal tragen die Männer nur ein schwarzes, langärmliges Hemd, ohne Sakko und Krawatte, während die Frauen wie üblich elegant erscheinen.

Vermeiden: Jede Art von Freizeitkleidung, besonders bei geschäftlichen, offiziellen wie auch privaten Anlässen. Hosen bei Frauen gelten als sehr unweiblich. Bei einem Stadtbummel, im Restaurant, bei Kirchen- oder Museumsbesuchen ist die bei uns übliche Freizeitkleidung absolut verpönt.

Gastlichkeit, Gesellschaftsleben

Die Argentinier haben eine aufgeschlossene, freundliche Lebensart. Gastfreundschaft besitzt einen besonderen Stellenwert. Wie auch in den anderen lateinamerikanischen Staaten finden private Gesellschaften in einem Hotel oder Restaurant statt. Einladungen von Geschäftsfreunden ins Privathaus werden erst nach längerer Bekanntschaft ausgesprochen und sind als besondere Auszeichnung anzusehen.

Wichtig: War man eingeladen, dann darf man auf keinen Fall vergessen, eine Gegeneinladung auszusprechen. Eine wichtige Rolle im gesellschaftlichen Leben Argentiniens spielen diverse Klubs: Poloklub, Jockeyklub, Golfklub. Internationale Serviceklubs sind ebenfalls vertreten.

Vermeiden: Einladungen nicht anzunehmen gilt als Beleidigung.

Tischmanieren, Tischsitten: Europäische Tischmanieren gelten als absolut korrekt.

Geschenke: Hübsche Kleinigkeiten; bei Blumen sind besonders dekorative Arrangements beliebt.

Pünktlichkeit: Im Geschäftsleben wird größter Wert darauf gelegt, im Privatleben toleriert man die »akademische Viertelstunde«.

Trinkgeld: Wie in Spanien.

Tabus: Allzu freizügiges Verhalten in der Öffentlichkeit und Themen wie Politik, Inflation sollten vermieden werden.

Brasilien

Als der fünftgrößte Staat der Erde und das bevölkerungsreichste Land Südamerikas unterscheidet sich Brasilien von seinen Nachbarländern in erster Linie durch seine Sprache, denn hier spricht man portugiesisch.

Der Grund dafür ist vor allem darin zu sehen, daß 1500 portugiesische Seefahrer am Strand von Bahia landeten. Im Jahr 1554 waren es Jesuiten, die São Paulo gründeten, und 1650 begann von dort aus die Besiedlung des Landes. 1822 erlangte Brasilien seine Unabhängigkeit von Portugal.

Die Kultur der Brasilianer hängt eng mit der portugiesischen Kolonialherrschaft zusammen, doch auch die Einflüsse der Einwanderer aus Europa haben deutliche Spuren hinterlassen. Italiener, Franzosen, Deutsche, aber auch die vielen aus asiatischen Ländern stammenden Einwohner haben ihren Anteil an den Verhaltensnormen.

Amtssprache	Portugiesisch
International	Englisch

Begrüßung, Verabschiedung

Die Hände werden bei der Vorstellung bzw. der ersten Begegnung gereicht, das gilt auch bei langer Abwesenheit.

Umarmungen sind bei Männern untereinander üblich, bei Frauen ist das zwei- oder dreimalige Berühren der Wangen, auch der »Wangenkuß« verbreitet.

Anrede: Siehe Portugal. Das »Duzen« bleibt guten Freunden vorbehalten

Vermeiden: Man sollte nicht von sich aus das »Du« anbieten.

Titel: »Wer eine Krawatte trägt, ist ein Doktor und wird mit diesem Titel angeredet« – das ist zwar nicht ganz ernst gemeint, doch zeigt es, daß Titel einen entsprechenden Stellenwert besitzen.

Visitenkarten: Im Geschäftsleben unerläßlich.

Verhaltensnormen für Frauen

Wie in allen Ländern Lateinamerikas haben Frauen wohl die gleichen Rechte, sind aber noch weit davon entfernt, gleichberechtigt zu sein. Die traditionelle Frauenrolle besteht nach wie vor, die Männer haben noch immer die uneingeschränkte Vormachtstellung wie in allen südlichen Ländern. Allerdings finden sich die Frauen mit ihrer für unsere Begriffe untergeordneten Stellung ab bzw. scheinen die ihnen zugedachte Rolle gar nicht verändern zu wollen. Jedenfalls sind Bestrebungen, die Gleichberechtigung zu erlangen, kaum spürbar. Und das, obwohl auch dort viele Frauen (besonders der jüngeren Generation) hervorragend ausgebildet sind und einen Beruf ausüben.

Die Brasilianer begegnen besonders den Frauen der weißen Oberschicht mit großem Charme, behandeln sie zuvorkommend und höflich. Die Frauen quittieren dieses Verhalten mit großer Freundlichkeit.

Vermeiden: Jedes aufdringliche und zu emanzipierte Verhalten wird, wie in allen Ländern Lateinamerikas, negativ aufgefaßt, sowohl von Männern als auch von Frauen.

Kleidung
Im Geschäftsleben trägt man vorwiegend Anzug, weißes Hemd, Krawatte. Dieses Outfit ist identisch mit dem in westlichen Industriestaaten üblichen »business suit«. Maßarbeit wird bevorzugt, wichtig ist auch erstklassige Qualität.

Die berufstätigen Frauen bevorzugen eine klassisch-dezente Mode. Es wäre undenkbar, daß eine Frau sich so lässig anzieht, wie man es bei uns oft findet.

Zu offiziellen oder gesellschaftlichen Anlässen trägt der Herr einen Smoking, ein Dinnerjackett oder zumindest einen dunklen, eleganten Anzug. Frauen kleiden sich je nach Anlaß in ein langes Abendkleid, ein Cocktailkleid oder ein elegantes Seidenkleid.

Vermeiden: Kurze Hosen/Socken und Sandalen; Leger-Look, wie er bei uns üblich ist.

Gastlichkeit, Gesellschaftsleben
Die Brasilianer sind bekannt für ihre Gastfreundschaft. Einladungen in luxuriöse Restaurants sind üblich. Eine Einladung in das Privathaus wird dann ausgesprochen, wenn man sich gut kennt. Dann gilt es als besondere Auszeichnung.

Das gesellschaftliche und offizielle Leben findet vor allem in den internationalen Luxushotels statt.

Besonders gefeiert werden Geburts- und Namenstage, einen hohen Stellenwert hat der Silvesterball in einem Klub.

Wichtig: Eine Einladung sollte man so rasch als möglich erwidern. Am gesellschaftlichen Leben haben Klubs einen wichtigen Anteil, beispielsweise: Golf- und Yachtklub. Internationale Serviceklubs spielen ebenfalls eine wichtige Rolle.

Vermeiden: Niemals als Gast beim Abschied selbst die Türe öffnen, das bedeutet, daß der Besucher nicht mehr wiederkommt.

Gastgeschenke: Alkohol, wie Whisky, Cognac oder erlesene Weine, wird von den Männern sehr geschätzt. Frauen dagegen freuen sich über Confiserien. Blumen werden dankbar angenommen.

Pünktlichkeit: In dieser Beziehung herrscht ein gewaltiger Gegensatz zu den internationalen Regeln. Kein Gastgeber rechnet damit, daß die Leute pünktlich erscheinen. Eine halbe Stunde später ist durchaus normal.

Auch im Geschäftsleben kann man mit Verspätungen leben, allerdings sollte ein europäischer Geschäftsbesuch ruhig seine Pünktlichkeit beibehalten.

Trinkgeld: Siehe Argentinien.

Eigenheiten

Die Brasilianer gelten als ein stolzes, temperamentvolles Volk. Besonderen Wert haben Statussymbole: teure Autos, ein Haus in der richtigen Gegend, wertvolle Uhren, Schmuck.

Tabus: Jede Kritik am Land sollte vermieden werden. Keine politischen Themen ansprechen.

Afrika

Aus der Fülle der afrikanischen Länder, die größtenteils erst in diesem Jahrhundert die Unabhängigkeit erlangten, soll nur ein Land herausgegriffen werden. Südafrika ist zwar nicht einfach mit den anderen schwarzafrikanischen oder arabischen Ländern des Kontinents vergleichbar, aber aufgrund der bestehenden guten wirtschaftlichen Beziehungen zu Europa und der touristischen Bedeutung scheint es angebracht, dieses Land näher vorzustellen. Für die anderen Staaten des afrikanischen Kontinents sei auf die diplomatischen Vertretungen verwiesen.

Südafrika

Das Kernland Südafrikas besteht aus dem 1652 durch den holländischen Kaufmann Jan van Riebeck als niederländische Siedlung gegründeten Kapstadt und der benachbarten

Kap-Provinz. Diese wurde im Jahre 1795 von den Briten besetzt. 1852 kamen die Buren (niederländische, deutsche und französische Siedler) und gründeten die Burenstaaten Natal, Transvaal, Oranje-Freistaad. Der Krieg zwischen Großbritannien und den Buren, der von 1899 bis 1902 dauerte, führte nach harten Kämpfen zur Eingliederung des Burenstaates in das britische Empire und zur Zusammenlegung des Buren-Territoriums mit den englischen Kolonien Kapland und Natal. Erst in diesem Jahr, 1994, wurde in allgemeinen freien Wahlen die Apartheid, d. h. die Unterdrükkung der schwarzen Mehrheit, abgeschafft und damit ein neues, demokratisches Kapitel in der Geschichte des Landes begonnen.

Durch die vielen Einwanderer, die aus den unterschiedlichsten Kulturkreisen kamen, konnte sich keine einheitliche südafrikanische Kultur entwickeln. Allerdings haben sich neben den angestammten Sitten und Bräuchen der afrikanischen Ureinwohner auch die aus den Herkunftsländern der zugewanderten Menschen erhalten. Das gleiche gilt bei den Verhaltensnormen: Sie entsprechen hauptsächlich denen in Großbritannien und den Niederlanden, werden aber in vielen Fällen wesentlich legerer gehandhabt.

Landessprache Afrikaans, Englisch

Begrüßung, Verabschiedung

Händeschütteln, in jeder Situation.

Anrede: Wie in Großbritannien üblich.

Titel: Siehe Großbritannien.

Visitenkarten: Im Geschäftsleben notwendig.

Verhaltensnormen für Frauen

Frauen besitzen Gleichberechtigung, dennoch kann man nicht übersehen, daß auch hier noch an den alten Traditionen festgehalten wird. Frauen der jüngeren Generation sind bestens ausgebildet, haben einen Beruf, doch Führungspositionen werden auch hier vielfach noch von Männern besetzt.

Vermeiden: Ein allzu emanzipiertes Auftreten wird nicht unbedingt wohlwollend aufgenommen.

Kleidung

Männer bevorzugen im Geschäftsleben klassisch-konservative Kleidung, Anzug, Hemd, Krawatte (die Farben sind gedeckt), in ausgezeichneter Qualität.

Frauen kleiden sich dezent, im Berufsalltag vorzugsweise in ein Kostüm.

Bei privaten Einladungen (z. B. Grillparty) ist legere Kleidung üblich.

Bei offiziellen oder gesellschaftlichen Anlässen tragen Herren Smoking, Dinnerjackett oder dunklen Anzug, Frauen ein kleines Abendkleid (kurz) oder elegante Kleidung.

Vermeiden: Legere Kleidung beim Stadtbummel, im Restaurant usw.

Gastlichkeit, Gesellschaftsleben

Die Südafrikaner gelten als sehr gastfreundlich, Einladungen werden schnell ausgesprochen, allerdings hauptsächlich zwischen den Angehörigen der gleichen Schicht. Das ist natürlich auch für das Geschäftsleben relevant.

Das Gesellschaftsleben ist rege. Großen Anteil haben daran verschiedene Klubs – »Rugby«, »Golf«, »Cricket« usw. Sport ist überhaupt wichtig. Darüber hinaus haben internationale Serviceklubs Bedeutung.

Gastgeschenke: Es gelten die gleichen Regeln wie bei uns.

Trinkgeld: Üblich – etwa in der gleichen Höhe wie in Europa.

Tabus: Fragen nach der Intimsphäre. Zu legere, nachlässige Kleidung. Keine Themen wie Politik, Religion usw. von sich aus anschneiden.

Konventionen

Ein Wort, das man immer wieder in den verschiedensten Zusammenhängen hören kann, denn es bedeutet soviel wie Übereinkunft, Abkommen, Zusammenkunft. Es kann aber beispielsweise genauso mit Vertrag oder Vergleich übersetzt werden. Mit diesem, ursprünglich aus dem Lateinischen (convenire – »zusammenkommen«) stammenden Wort kann auch ein völkerrechtlicher Vertrag zwischen mehreren Staaten (z. B. die Europäische Konvention zum Schutz der Menschenrechte und der Grundfreiheiten) bezeichnet werden. Und in einem Fremdwörterbuch aus dem Jahr 1910 wird der Begriff »Konventionen« auch übersetzt mit: »Anständigkeit des Betragens im geselligen Leben«.

Das Wort steht daher genauso für Förmlichkeit, Riten, Bräuche, Usancen. Es bezeichnet das Traditionsbewußtsein eines Volkes, die Form der Überlieferung von Vorstellungen, Werten, Verhaltensweisen, die von einer Generation an die nächste weitergegeben werden.

Mit Konventionen, Traditionen, Sitten ist beispielsweise auch das Brauchtum eines Landes gemeint. Dieses wiederum steht in einem engen Zusammenhang mit den üblichen Regeln und Vorgaben, die an das Verhalten im Umgang der Menschen miteinander gestellt werden, die über einen längeren Zeitraum Gültigkeit besitzen und gepflegt werden. Sie sind somit ein Versuch, mit anderen Menschen zu einer gültigen Übereinkunft zu kommen. Konventionen sind aber auch dazu da, alle vorhandenen Unterschiede zwischen den Schichten, zwischen national und international, regional oder überregional zu erkennen, zu respektieren und letztendlich (so gut wie nur möglich) zu beseitigen.

Hierher gehört der Kampf der Industriearbeiter um die Beteiligung an der politischen und gesellschaftlichen Macht Mitte des 19. Jahrhunderts ebenso wie die marxistische Vorstellung einer »klassenlosen Gesellschaft« als Endziel des Klassenkampfes, der dadurch gekennzeichnet war, alle Gegensätze zwischen Herrschenden und Beherrschten abzuschaffen und eine neue gesellschaftliche Entwicklungsstufe, die allen gleiche Rechte einräumt, zu erreichen. Der Versuch der Arbeiterschaft im Frankreich des 19. Jahrhunderts, die Bourgeoisie, das wohlhabende, städtische Bürgertum, als führende Klasse einer kapitalistischen Gesellschaft zu stürzen und im Zuge einer Revolution zu entmachten, mißlang.

Nach dem Ersten Weltkrieg, ganz besonders jedoch in den Jahren des Wiederaufbaus nach den Wirren des Zweiten Weltkrieges und der ständig zunehmenden Industrialisierung verloren die Konventionen immer mehr an Bedeutung. Nicht nur der Adel hatte seinen Einfluß verloren, auch die alten bedeutenden sozialen Schichten besaßen genaugenommen nicht mehr das Gewicht wie in den Feudalzeiten. Die Schaffung einer »Einklassengesellschaft« war das angestrebte Ziel des Sozialismus.

Doch der Kapitalismus besteht noch immer. Die machttragende Schicht hat noch immer das Sagen und bleibt unter sich. Das Bürgertum ist allerdings größer geworden, hat an Bedeutung gewonnen und strebt noch weiter nach oben. Die arbeitende Schicht kann noch immer als Proletariat bezeichnet werden, das seine eigenen, abweichenden Verhaltens- und Umgangsformen teilweise beibehalten hat. Zwar wird von den Politikern peinlichst darauf geachtet, das Denken in Klassen zu vermeiden, doch im Prinzip bestehen die gesellschaftlichen Unterschiede noch immer – wenngleich in einer gänzlich anderen Form als früher.

In allen Städten gibt es Gegenden, in denen »man« wohnt, oder gibt es Lokale, in denen man als Angehöriger einer bestimmten Schicht nicht verkehren kann, will man nicht sein »Image« verlieren. Selbst von Ort zu Ort und erst recht von Land zu Land gibt es enorme Unterschiede, die das gesellschaftliche Miteinander prägen. Zwar gibt es offiziell kein »oben« oder »unten« mehr – das Gleichheitsprinzip macht aus allen Menschen gleichgestellte Bürger. Doch inoffiziell existieren viele unterschiedliche »Oben«, es gibt auch die »Mitte« und erst recht das »Unten«.

Alle sozialen Schichten unserer Gesellschaft haben sich ihre eigenen Verhaltensnormen aufgebaut, die ihr Tun, ihren Sprachgebrauch, aber auch ihre Umgangsformen beeinflussen. Daher werden auch die Konventionen davon berührt. Sie haben sich verschoben, denn was früher verpönt war und als Verstoß gegen die guten Sitten angesehen wurde, wird heute von den meisten Menschen ganz selbstverständlich praktiziert, und die Konventionen verschieben sich laufend weiter, sie folgen den übrigen raschen Veränderungen – daher sind Flexibilität und vor allem Toleranz wichtige Kriterien, um das Miteinander trotz aller vorhandenen Unterschiede im Verhalten positiv zu gestalten.